Paul Gratzik

Transportpaule oder wie man über den Hund kommt

Rotbuch 171

Paul Gratzik

Transportpaule oder wie man über den Hund kommt

Monolog

Rotbuch Verlag
Berlin

1.–6. Tausend 1977
Lizenzausgabe des VEB Hinstorff Verlages Rostock

Satz IBV Lichtsatz KG Berlin
Druck Fuldaer Verlagsanstalt Fulda

ISBN 3 88022 171 5

1

Ich war in die Stadt N. gezogen, allein zwar, aber mit allem, was ich so hatte. Ein dreiviertel Jahr war's her, daß ich begann, unter jenen glücklichen Menschen zu leben. Sie sind in der Tat glücklich, darum blieb ich. Sie sagten zu mir: Wenn man über den Hund kommt, kommt man auch über den Schwanz. Da war ich nun rüber, oder war ich's noch nicht?

Die Stadt N. wurde in jedem Jahr schönste Stadt der Republik an dritter Stelle. Sie schafften das immer wieder, eine strenge Kommission von ihrer Tüchtigkeit zu überzeugen. Um den riesigen Dreckhaufen, der mitten in der Stadt stank, hatten sie ein gewaltiges Transparent genagelt. Da stand drauf:

Wir Einwohner
grüßen die hochverehrte
Kommission

Und kam die Kommission, dann war was los. Sofort bei der Begrüßung wurden nach alter Sitte auf einem Holzbrett Brot und Salz gereicht. Man setzte sich dann auch, war der übliche feierliche Rundgang geschafft, zum Abschied nach alter Sitte eine Minute schweigend gegenüber: hier die Einwohner, dort die strenge Kommission. Die Menschen wußten, wir sind wieder die Besten, und die Kommission hatte an den Erfolgen zu schleppen. Doch sofort ging das normale Leben wieder los. Das Transparent verregnete ein bißchen, und die Menschen luden dahinter weiter ihren Kram ab. Man würde, dachte ich, im nächsten Jahr, wenn ich noch gesund wäre und lebte, mit dem Übermalen des Schildes nicht hinkommen, man würde ein größeres davorbauen müssen.

Mein Obermeister Gernod aus der Möbelfabrik »Siebenter Oktober« und der Schauspieler Fred, dazu Willy, ein Mann mit hoher Funktion in der Partei, und ich, wir trafen uns fast regelmäßig im Tröpfchen. Wir spielten dort unseren Skat mit Ramsch und Feuer aus allen Rohren. Wir hatten versucht, uns an einem bestimmten Abend zu treffen, doch diese hastige Zeit, in der wir vier lebten, ließ auch in dieser Stadt keine genauen Fahrpläne zu. Das wußten wir und bekamen keinen Kopf davon. Das Wichtigste aber, warum ich blieb und mich nicht trennen wollte von dieser Stadt am Fluß: ich fand hier ein Mädchen, das ich liebte. Endlich!

Sie hatte zwei helle Augen im Gesicht, und ihr beweglicher Körper reichte mir bis zum Kinn. Ich mußte sie mir, wenn wir uns stehend küßten, anheben, doch nur, wenn sie nicht allein auf die Zehenspitzen hochwollte. Wann und wie ich kam, sie empfing mich immer und dann so, daß sie sich an mich schmiegte, ganz fest drückte und schließlich zu sich zog. Sie war das schönste Mädchen der Republik. Sie hatte mit Glanz und tausend Geschenken die Jugendweihe, das große Fest der Kindheit, hinter sich, und wir wußten: wir werden uns immer lieben! Sie hieß Rose. Ihr Vater war der Mann, mit dem ich im Tröpfchen Skat spielte und über Politik schwatzte. Die Menschen, die glaubten, daß er sie regiere, nannten ihn: unser Willy. Er sagte einmal, während er ein neues Spiel mischte und die Karten verteilte: Die Menschen in unserer Stadt sind das gewöhnt, regiert zu werden. Aber in Wahrheit regieren sie sich allein, und unser Trick besteht darin, sie nie dabei zu behindern. Und das ist mein Ärger, daß ich trotzdem sein muß. Sie zahlen mir für mein Amt ein gutes Gehalt, es könnte vielleicht mehr sein, aber ich bin trotzdem zufrieden, andere bekommen weniger und schuften mehr. Ich verfüge auch über ein Dienstauto und einen Fahrer. Ich hoffe, er hatte die Karten verteilt und zog den Skat mit der flachen Hand zu sich, ich hoffe, daß es die Jugend, wenn sie groß ist, nicht mehr nötig hat, einem für alle ihre Leistungen die Orden und für die Fehler, die sie natürlich verzapfen wird, die Schuld anzulasten. Grand aus der Hand!

Die Gäste im Tröpfchen bewegten sich, wenn Willy am Tisch saß, kaum anders als sonst. Sie hatten sich an ihn gewöhnt; er biederte sich nicht an und hielt sich dort, wo es dringend wurde, nicht zurück.

Manchmal verzichtete ich auf ein sicheres Kontra, oder verwarf mich um zwei oder drei Augen, wenn er am Verlieren war, was trotz seiner glänzenden Spielweise vorkam. Er hatte dann seine einundsechzig Augen. Und mehr mußte er nicht haben. Ich fühlte, daß es für ihn, den führenden Genossen, wichtig war, daß er immer einundsechzig Augen hatte. Wie er siegte, war mir egal. Willy hob seinen Kopf, sah uns mit seinen Menschenaugen an, und ich hatte das Gefühl, er sei mir ganz und gar nicht böse. Mir wäre soviel Edelmut unheimlich gewesen, Protest einzulegen gegen meine Absicht, ihm zu helfen, den ganzen Sieg deswegen hinzuschmeißen. Darum hatte ich Willy lieb. Dazu kam, daß an seiner linken Hand der kleine Finger fehlte. Er hatte ihn sich abgehackt, als er in seiner Jugendzeit als Zimmermann einem Mädchen nachschaute, die an seinem Beil vorübergewippt war. Er soll gesagt haben, als sein Blut in die Späne spritzte: Ihr Hut, ihr Hut! Aber die Krempe, die ist gut! Nur gefiel mir Willy nicht, wenn er seine Brille von den Augen fort auf die Nase zog und uns der Reihe nach ansah. Das war Theater, nichts weiter. Gewiß, er kannte die heimlichen Ecken in Moskau besser als die in unserer Stadt, auch soll er den Oberbürgermeister einer sehr großen englischen Stadt unter den Tisch getrunken haben, und mitten auf einer berühmten Pariser Straße hatte er sich als Apollon malen lassen. Aber das war noch viel früher. Ich habe dieses Bild wirklich gesehen, und vor dem Pfeil, der genau auf den Betrachter gerichtet war, sogar ein bißchen Furcht empfunden. Aber er konnte doch, während er uns anschaute, nicht so tun, als ob er uns wirklich sähe! Er wollte uns verwirren oder feststellen, ob wir tatsächlich so dumm wären und seine Spielweise nicht kapierten.

Gernod vermutete, daß ich mit Willy unter einer Decke steckte, womit er nicht ganz unrecht hatte. Rose lachte, wie altmodisch ich redete: Wie ein amerikanischer Pfarrer, sagte sie. Und altmodisch, ich bin fast doppelt so alt wie sie, bestand ich auf Treue. Sie aber, wer weiß, woher sie das hatte, bestand auf sogenannter gegenseitiger Freiheit. Ich wußte nicht, ob ich diese Freiheit ertragen würde. Rose mochte das nicht, wenn ich grübelnd vor mich hin sah. Sie ging viel lieber mit mir über den Platz der Befreiung und grüßte die hübschen Burschen. Die waren alle gut gewachsen und höflich, gaben mir Feuer, wenn ich rauchen wollte, und sahen mich an wie Willy. Ich dachte mir dann, so viele Söhne konnte Willy in seinem Leben nicht gezeugt haben.

Einen Platz der Befreiung hatte diese Stadt wie jede andere, aber die Schillergasse mit Weinrestaurant, in der eine ungarische Zigeunerkapelle unendlich hinreißende Melodien geigte und zupfte, gab es auch und eine Breitscheidstraße und den Ernst-Thälmann-Platz. Aber das beste für mich waren Rose, dann das Werk und schließlich die Skatrunde mit dem Schauspieler Fred, meinem Obermeister Gernod und Willy.

Alles aus Liebe zu dir, du verfluchter Kerl, sagte sie. Ihr Gesicht war bleich. So wie das geschminkte der Marlene Dietrich, der Schauspielerin in diesen alten Filmen. Wir schlichen zum Haus ihrer Eltern und benutzten den hinteren Eingang. Dieses Haus war dicht an den Fluß gebaut. Alle wichtigen Dinge in dieser Stadt waren dem Fluß nahe. Die Wiesen, das Parteigebäude, in dem Willy arbeitete und das die rote Burg genannt wurde, und auch das Haus der Kindheit meiner Rose. Im dunklen Wohnzimmer ihrer Eltern hörte ich auf das Arbeiten dieses Flusses, ein Rauschen war das nicht, eher wie ein Ziehen unterm Herz, wenn Rose und ich uns nicht treffen konnten. Sie hatte mich aus dem Tröpfchen zu sich gerufen, weg von ihrem Vater. Ich erkannte sie immer an unserem Zeichen, auch wenn sie noch weit entfernt war. Wir konnten mit Zunge und Gaumen laut knallen. Ich bezahlte meine Biere bei Siggi, dem Kellner, und ging raus. Übrigens wußte Willy recht bald, daß wir zusammen liefen, aber nicht, daß wir uns richtig liebten. Wußte er das wirklich nicht? Ängstlich saß ich auf dem teuren Sofa. Schließlich war ihr Vater ein bedeutender Mann. Ihre Mutter hatte ich noch nie gesehen. Nur die Gewißheit, daß wir uns gern hatten, nahm mir einen Haufen Angst aus meinem blöden Kopf.

Rose hatte einen Kleiderschrank aufgeklappt. Dahinter wühlte sie. Ich zieh ein Kleid von meiner Mutter an. Von meiner Mutter paßt mir alles, nur meine Brust ist größer. Einmal hab ich ihre Stiefel angezogen, die waren aber modern! Was denkst du, wie hoch mein Vater sprang, als ich in der Früh an seinem Bett vorbeiwollte! Er gab mir eine Schelle, und ich bin durch dieses Zimmer geflogen, von dort bis hierher! Sie zeigte mir das, aber ich sah nur ihre Beine und spürte, wie ich rot wurde. Sie versteckte sich hinter der Schranktür. Ich flüsterte, daß wir hier fort müßten und wie ich vor der Mutter Angst hätte. Sie beeilte sich. Aus der Stadt gingen wir noch langsam, gesittet, wie man so sagt, Händchen an Händchen. Als wir endlich die Schillergasse, die Wiesen und die rote Burg hinter uns hatten und in die Hügel stiegen, die die Stadt umfassen wie die Schale eines Hühnereies Weiß und Dotter, hielten wir uns so aneinander, daß wir uns am Höherkommen hinderten. Wir suchten eine Stelle. Weiterzugehen war sinnlos, so gierig waren wir aufeinander. Wo wir standen, fielen wir auf das Waldgras. Meine schöne Rose war die ganze Welt für mich, ich nichts weniger als die Welt für sie. Wie ich als Welt für Rose war, das wußte ich natürlich nicht. Ich bin schließlich keine Frau.

Wie viele hast du schon gehabt?

Ich wollte sofort, wie immer, schwindeln, beschloß aber aus irgendeinem Grund, die Wahrheit zu sagen: Meine erste war die Inge. Das ist lange her und ich war achtzehn. Ich sagte Rose, wie ich ahnte, was Inge von mir wollte, wie ich aber nicht fassen konnte, daß dieses Mädchen mich ausgesucht hatte, und wie wir beinah den lieben langen Tag verlaufen hatten, immer rum um die Decke, die ich vorsorglich zwischen niedrigen Kiefern auf einem sandigen Hang irgendwo in Mecklenburg versteckt hatte, und wie unsere Kreise um diese verdammte Decke immer enger wurden. Von vielleicht fünf Kilometern Umfang bis zu fünfzehn Metern. Und wie während der ganzen Lauferei ein wunderbarer Regen fiel, und ich dachte, das geht doch nicht im Regen!

Und dann?

Na, sie war wohl ungeduldig geworden. Sie fragte mich: Der Apfel bittet die Birne um ihre Liebe. Die Birne antwortet mit einer italienischen Hafenstadt! Ich war zu blöde für eine praktische Antwort. Sie nannte die Stadt: Neapel! Ich begriff nicht. Sie wiederholte: Nee Apfel! Sie fragte weiter: Nach einer Weile bittet der Apfel die Birne wieder um ihre Liebe. Sie antwortet mit einer spanischen Stadt. Ich war völlig benommen. Während ich dachte, sie kann nicht Sevilla meinen, sagte sie tatsächlich: Se will ja!

Und dann?

Na, schließlich, als Mann hat man einen gewissen Mechanismus, eine Frau, der man sehr nahe ist, zu erobern. Ich beschrieb Rose, wie ich sie angetatscht und mich bis zum Saum ihres Rokkes hochgetastet hatte. Ein neuer Geruch war in meinen Kopf gestiegen. Sie zog mich auf die nasse Kiefernnadeldecke, und ich war erschrocken von Anfang an. Der Schreck dauerte und hörte nicht auf. Zuerst dachte ich, der Wald stöhnte und schrie, aber sie war es. Damals war's das erstemal, daß ich mit allem uneins wurde. Mit Inge, mit mir, mit dem Regen, mit allem. Am anderen Tag bin ich nach Rostock gefahren. Ein junger Offizier hatte mich eben ausgelernten Tischlergesellen überzeugt, auch Offizier in der Volksarmee zu werden, obwohl mein Vater gleich einundvierzig im Osten ins Gras gebissen hatte und ich damals dem Westen alles, den Kommunisten nichts glaubte. Das war die Mode, was sollten wir denn schon besser wissen als unsere Meister und die Herren Gesellen? Dieses Kunststück schaffte der junge Offizier. Aber in Rostock vor der Kommission war ich unsicher, weil ich immer an Inge denken mußte. Sie haben mich nicht genommen.

Und die nächste?

Da wohnte ich im Westen, in Wattenscheid, und lag in Bochum im Elisabethkrankenhaus. Ich hatte eine kleine Operation fast überstanden, stand aber zu früh aus dem Bett auf. Blut stieg in mir hoch. Ich schluckte alles wieder zurück. Abends gab es Grießbrei. Den mußte ich essen. Die frommen Schwestern sind nicht nur hilfreich, sie können auch sehr streng sein. Meine liebste Schwester hatte einen schweren Dienst, immer zwölf Stunden. Vielleicht ist es jetzt besser geworden. Ich taumelte auf die Toilette, griff nach dem Wasserglas und wollte trinken. Keine Kraft hatte ich, das Glas fiel in das Porzellanwaschbecken. Ich stürzte mit der Stirn auf die gußeisernen Rippen der Heizung. Das Splittern des Glases muß die Nachtschwester gehört haben. Sie schleifte mich über den langen Flur und hob mich auf mein Bett. Ich schämte mich, daß ich ihr so gar nicht helfen konnte und brach alles aus mir raus. Die Schwester war erschrocken, wie ich in meinem Magenblut lag, und holte den Arzt.

Und dann?

Mein Bettnachbar, ein ebenso junger Kumpel aus der Zeche Centrum, ein Kohlewagen hatte ihn gequetscht, sagte, ich hätte Möglichkeiten bei der Schwester. Nur ich, ich dachte an diese Waldgeschichte in Mecklenburg und konnte die fromme Schwester nie ansehen, wenn sie mir ihr Medikament in den Oberschenkel stechen mußte. Wir durften beide zugleich aufstehen. Der Kohlekumpel und ich baten den Chefarzt um Ausgang zum Friseur. Das war ein eigenartiger Laden, in den er mich führte. Die Damen, die uns die Haare schnitten, fingerten mit seltsamen Händen. Ich bekam Angst, bezahlte den Schnitt und wartete draußen. Als er nach einer gewissen Zeit herausgepfiffen kam, sagte er mir, daß ich ein seltenes Rindvieh wäre!

Weiter!

An einem Abend las ich in meinem Zimmer Bücher. Mich packte die Sehnsucht nach einer Frau. Egal was, dachte ich, die Inge kann nicht alles gewesen sein. Ich ging unsicher wieder dorthin. Ein Mädchen in einem völlig durchsichtigen blauen Seidenumhang rief mich hinter ihre große Glasscheibe. Sie muß die Menschen gut gekannt haben, denn zuerst nahm sie mir die dumme Angst. Seitdem liebe ich die Farbe Blau! Sie nahm alles Geld, das ich hatte, es war sehr viel. Und zu ihr ging ich immer wieder, ein Jahr lang, solange ich in Wattenscheid lebte. Ich lieferte ihr alle zehn Tage meinen Tischlerlohn ab. Seitdem habe ich nie Geld in meinen Taschen, es fliegt davon. Später packte mich Heimweh nach Mecklenburg. Heimweh ist mehr als eine gute Arbeitsstelle oder der beste Puff Europas. Ich kaufte mir eine Fahrkarte nach Berlin und ging zum letztenmal zu ihr. Ich wollte auf Wiedersehen sagen, nur das war nicht einfach. Sie war ärgerlich über meine Blödheit, wieder nach dem Osten zu fahren. Als ihre Wut vorbei war, weinte sie bitterlich, drückte mir Geld in beide Hände, kniete vor mir und bettelte mich zu bleiben. Ich schämte mich, denn ich hatte nichts getan, daß ein Mensch vor mir knien mußte. Ich sagte ihr, sie solle mitkommen, als ich weich wurde und unter ihren Tränen mein Mecklenburg verschwamm. Da gab sie mir eine Schelle, und ich sah wieder ziemlich klar. Ich weiß nur noch, wie sie schrie, daß ich kein Deutscher wäre. Unsicher fuhr ich nach Berlin, woher ich gekommen war.

Du hast sie geliebt!

Das stimmt, ich habe sie sehr gern gehabt.

Und die nächste?

Da ging ich in die Abendoberschule für Berliner Berufstätige. Ich versuchte mein Abitur nachzuholen. Am Abend die Schule, am Tag die Arbeit in einer Möbelfabrik in der damaligen Fruchtstraße. Da waren zwei Frauen, die mich interessierten. Die eine, die mir alles gewährte, liebte ich nicht, die andere, die mich hungern ließ, verehrte ich. Ich fragte Rose, von welcher ich erzählen solle.

Sie verlangte, etwas von der ersten zu hören.

Ich sah jenes Mädchen plötzlich in der Pause auf dem Flur, obwohl ich auch sonst meine Augen offen hatte. Ich bat sie, da ich Tischler sei, bei ihr einen Schrank reparieren zu dürfen, was ich auch richtig tat. Ich sollte, als ich nach der Reparatur traurig meine Werkzeugtasche packte, ihr Ausziehsofa öffnen. Dabei fiel ich mit dem Kreuz in einen Glasschrank. Und sie liebte mich wirklich, aber ich liebte sie nicht. Nach jeder Schulstunde stand sie auf dem Flur. Nach der Mathematik bei Doktor Boru, nach Physik und nach jeder Lateinstunde auch. Immer! Ich blieb schließlich in der Klasse, aber sie kannte kein Maß und kam rein. Die anderen taten, als sähen sie nichts. Doch ging die Stunde wieder voran, bekam ich Glückwünsche und Liebesgedichte zugeschickt. Und die, die neben mir saß, die sah mich nicht.

Ich zählte auch die anderen alle her, eine nach der anderen, unter welchen Umständen wir uns liebten und wieder auseinander liefen. Rose wollte alles wissen. Jeden Kuß, alles, restlos! Und sie war mißmutig, wenn ich ungenau war. Ein seltsames Mädchen, das sich da auf einem Hügel über dieser Stadt an mich huschelte. Worte sind ja nie genau. Die Erinnerungen gehen ineinander über. Ich verwechselte die sanfte Karin aus Kleinmachnow mit der scharfen Marietta aus Frankfurt an der Oder. Schließlich brachte ich die Freundinnen des Schauspielers Fred mit meinen durcheinander. Jede liebte sich mit jedem, wie in der Urgesellschaft. Rose schob alle mit leiser Stimme auf ihren Platz, in Schächtelchen geordnet: Hierhinein die geliebten, dorthinein die ungeliebten und in die große Kiste Mädchen, die länger blieben. Die, die's nur einen Tag aushielten, warf sie mit einer Handbewegung in den Fluß, der unter uns gemächlich hinzog.

Das Gras begann uns zu stechen. Wir suchten unsere Hosen und Hemden zusammen. Der Mond half uns nicht viel dabei. Wir tasteten im nachtkalten Gras Stück für Stück zusammen. Ich wußte, was ich wußte, und beschloß, dieses Mädchen, egal, was und wie ich dafür arbeiten mußte, mir zu erhalten. Unter allen Bedingungen, denn einer wie ich weiß, was an der Liebe dran ist.

Ein paar Tage später saß ich am Kaffeetisch zum ersten Mal Roses Mutter gegenüber. Ich spürte auf jeder meiner Bewegungen ihre prüfenden Augen. Trank ich aus der Kaffeetasse, zitterte meine Hand so sehr, daß ich die Tasse schnell absetzen mußte. Das Porzellan klirrte, das silberne Löffelchen rutschte über den Untertassenrand und setzte auf die weiße Tischdecke einen braunen Punkt. Roses Mutter tat nicht nur, als ob ich nicht da wäre, sondern ich begriff jede ihrer wenigen Bemerkungen, als meinte sie: Merken Sie nicht, daß Sie sofort hier weg müssen? Ich saß da, schwer wie eine einbetonierte Hobelmaschine. Ich aß den trockensten Kuchen der Welt. Willy schwatzte mit Patricio, einem Kubaner, der sich in unserer Stadt das Theater besah. Sie stritten über die Führung des Tempelherren durch den Regisseur in der neuen Nathan-Inszenierung. Willy wollte wissen, was denn da seit zwanzig Jahren Neues hinzugekommen wäre, er habe jenen Tempelherren schon damals wie einen Panzer über die Bühne tigern sehen. Ich konnte nicht mithalten, und die Möglichkeit, die beiden Frauen zu unterhalten, nutzte ich auch nicht. Jener Tempelherr interessierte Willys Frau nicht, eher der Schauspieler Fred, der ein wunderbarer Nathan gewesen wäre, hätte er die Rolle bekommen. Das bestätigte ich Ahnungsloser sofort, wofür ich aber nur einen verächtlichen Blick von Willys Frau bekam. Rose war für den Tempelherrn, er sei groß und stark gewesen, der einzige richtige Mann in diesem Theater, worüber Willy nur grinste, er habe nicht mehr erwartet. Rose und ihrer Mutter Augen hingen immer öfter an Bart und Gesicht Patricios. Ich wollte gehen, aus Wut, verletzter Eitelkeit, aus Haß auf Patricio, der, kaum daß er den Mund aufmachte, gleich zwei Frauen für sich interessierte. Willys Frau bat mich zu bleiben, ich war überrascht. Sie meinte, daß wir morgen früh, wenn die Nacht vorbei wäre, alle auf ihre Datsche fahren könnten. Sie schickte Willy nach Wein, mich überzeugte sie, nichts zu trinken außer Cola, damit ich in der Früh das Auto steuern könnte. Schließlich hielt sie Rose an, für Musik zu sorgen. Dann besah sie sich von oben bis unten, zupfte an ihrem Kleid und ging. Willy rief seine Frau zurück, goß sich Cuba-Rum ein, die anderen bekamen Wein, und sie tranken. Ich sah nur Roses Mutter. Sie schluckte das Weinglas in zwei Absätzen leer. Die erste Hälfte trank sie, als wollte sie nur kosten, beim zweiten Schluck war ihr Glas leer. Und sie sah in das Glas und schien nicht zu glauben, daß alles raus war. Sie neigte es auf die Seite, ob sich noch ein Tropfen fände. Wie sich wirklich eine Winzigkeit Wein auf der schrägen Glaswand sammelte, freute sie sich, hob den Kopf und tropfte diesen Rest auf ihre Zunge. Sie bemerkte, wie ich sie ansah, hob hilflos beide Hände gegen mich und lief hinaus. Rose zwinkerte mir zu und war nun glücklich.

Die Nacht bis zum frühen Morgen war ziemlich wirr. Willys

Frau stand zwischen uns, schön und vorwurfsvoll, wie einer dieser seltenen Tulpenbäume, die um die Mitte des Frühlings in unserer Stadt aufblühen, und ich ahnte, daß sie schon ein gewisses Alter erreicht haben müßte. Patricio und ich seufzten zugleich. Willy goß ihm, seiner Frau und sich wieder die Gläser voll. Sie tranken sich zu. Ich konnte nur mit meiner schwarzen Cola anstoßen. Sie schmeckte widerlich süß. Ich spuckte sie ins Glas zurück. Auch Rose ging, aber wir merkten es kaum. Patricio und ich hatten sie vergessen. Beide setzten wir uns auf den Teppich, vor die Füße der Mutter und schwangen die süßesten Reden. Ich schwöre: Roses Mutter hatte Funken in den Augen. Willy murmelte vor sich hin. Ihm war offensichtlich wohl. Es war, als würde sich die Menschheit gerade in diesem Moment ihrer Gesetze bedienen, als würde nun alles gut werden. Wir seufzten und sahen hoch. Rose kam zurück. Sonst etwas kühl, spielte sie einen schroffen Gegensatz zu ihrer Mutter. Ich empfand, daß das, was bei Willys Frau zugeschlossen war, bei ihr offenstand. Die Mutter erstarrte. Fort waren die Funken aus ihrem Gesicht. Mir schien, sie habe keine Augen. Rose kauerte sich zu ihr in den Sessel. Sie sprach leise auf sie ein, und ebenso leise belebte sich das Gesicht der Mutter. Und als Rose sie über Gesicht, Arme und Nacken streichelte, dachte ich, die Tochter wäre nun die Mutter und die Mutter das Kind. Da waren ihre Augen wieder offen und in ihnen die flirrenden Funken. Beide lachten zu uns hinunter.

Patricio, der Kubaner, sorgsam aufgenommen in unserer Stadt, doch weit weg von seiner eigenen Mutter, abgetrennt von allen, die ihn liebten, sagte, was er dachte und was Willy, seine Frau, meine Rose und mich zum Frieren brachte: er habe Heimweh!

Solche Feste haben in sich eine Gefahr. Diese Gefahr kommt von den Menschen selbst. Uns ist diese Art Freiheit, die wir uns auf engstem Raum schaffen, ungewohnt. Und solche isolierte Freiheit, zu gewollt, um real zu sein, schäumt hoch und zerschlägt sich im engen Raum.

Rose drückte einige Knöpfe, und im Zimmer war ein Tango. Rose kam auf uns zu. Das war kein Gehen mehr, sondern die Grenze hin zum Tanz. Was heißt hier Grenze? Bei meiner Rose gab es keine, sie war entweder in diesem oder in einem anderen Zustand, der erste vom zweiten durch einen messerfeinen Hieb getrennt. Sie tanzte zu Patricio. Patricio stand sofort. Er wirbelte, gezügelt noch auf einem Fleck, in Rhythmen, die ich nicht kannte, die ich nur hier und dort mal gesehen hatte. Und sah ich sie, beunruhigte es mich, weil mir schien, daß es keine menschlichen Bewegungen wären, sondern die von Wesen aus dem Urwald, immer an der Grenze von Lächerlichkeit und Schrecken. Wenn man nicht dabei ist! Doch hier, als ich Rose und Patricio sah, zwischen Zement und Stein, merkte ich, wie jener fremde Punkt irgendwo auch in mir war. Rose tanzte nicht wie ein Mädchen aus unserer Stadt. Sie konnte mit den Urwaldmenschen, die ich mir dachte, jene, die die großen Tiere kennen und mit den Geistern der Flüsse sterben, morgens wenn die Blumen kommen, und die den Göttern der Berge befehlen, Rose konnte wirklich mithalten. Patricio tanzte mit allem Anstand um die Zuneigung meiner Rose. Ich drehte die Schallplatte um und begriff, er würde so lange tanzen, wie seine Kraft reichte, auch wenn er dann tot umfiele. Als ich die Platte wechselte, kam mir in den Holzkopf, er und Rose tanzten nur noch des Tanzes wegen. Ich sah, als ich es mit Willys Frau unbeholfen versuchte, wie sie beide ihre Augen geschlossen hatten, und waren sie mal offen, so schienen sie blind. Ihre Gesichter glichen Masken erstarrter und alles vergessender Innigkeit, wenn nicht auf Patricios Stirn eine Schweißspur geglitzert hätte, die sein Gesicht belebte. Sie hörten nichts als diese dumpfe Musik. Rose hatte mehr Kraft. Ich erschrak.

Willys Frau und ich hatten es aufgegeben, auch so was wie die beiden zu finden. Ich war nicht sicher genug, um mit ihr zu tanzen, kam aus jedem Rhythmus, wenn ich Rose sah. Außer den beiden konnte wohl nicht viel sein. Ich brachte Willys Frau zu ihrem Sessel, sah sie um Verzeihung bittend an, aber sie war natürlich verstimmt. Willy sah zu ihr hin, und ihr Gesicht war wie jene Sonne, die durch dichten Herbstnebel muß. Sie schwamm. Willy betrachtete seine Tochter Rose. Er sagte zu mir: Die hat verdammt viel Musik in den Gelenken, ich bin mir nicht sicher, was das noch wird. Wohin soll das rollen? Aber, seh ich uns nicht gern fröhlich? Dann betrachtete er einen nach dem anderen, so wie ich's aus dem Tröpfchen kannte, sehen und doch nicht sehen. Nur, es achtete keiner auf ihn. Ich war mit meiner blöden Cola beschäftigt, die ich heimlich mit Rum würzte. Rose lief zum Plattenspieler und ließ sich von der Technik die Musik wiederholen, wischte Patricio den Schweiß vom Gesicht, lachte mich glücklich an und schaukelte sich wieder fort. Willy brüllte: Schluß!

Ich erschrak so sehr, daß ich die schöne Rum-Cola fallen ließ. Sie schäumte auf dem Teppich. Willys Frau begann mit Servietten den Fleck abzureiben. Nur die Musik ging noch. Ich stellte sie schnell ab und setzte mich hin. Rose rutschte in meine Arme. Patricio war verlegen. Vielleicht dachte er, er habe was falsch gemacht, von dem er eigentlich wußte, daß es erlaubt sei. Und während er sich duckte, kam etwas Lauerndes in ihn. Willy gab ihm schnell einen Schnaps. Patricio nippte nur und grinste plötzlich, begann von Kuba zu erzählen und versuchte etwas zu retten, was vorbei war. Willy warf mir Garagen- und Wagenschlüssel in die Hände, ich setzte Rose von meinem Schoß und ging aus dem Zimmer, das, als Patricio und Rose tanzten, keine Mauern und auch keine Betondecke über unseren Köpfen gehabt hatte. Uns alle hatte ein seltsamer Wind angerührt.

Traurig stolperte ich zur Garage, öffnete die auf den Fußwegplatten schleifenden Torflügel und setzte mich in Willys Auto. Kalt war alles, Metall und Polster. Vorsichtig fuhr ich den Wagen rückwärts raus. Als ich das leidlich geschafft hatte, überlegte ich, ob ich verschwinden sollte, fortrennen oder so was, doch Denken und Handeln zur gleichen Zeit waren noch nie meine Stärke. Die Stunde zwischen Nacht und Tag zog über unsere Stadt, von der die Franzosen sagen, das wäre die Zeit zwischen Hund und Wolf. Meine Rose und ihre Mutter kamen aus dem Haus, die Außentreppe runter, dahinter Willy, seinen Arm auf Patricios Schulter. Da Willy immer eine Stufe höher blieb, er konnte den Frauen schließlich nicht in die Hacken treten, überragte er alle. Eine Persönlichkeit war er, das mußte ich ihm bescheinigen. Er war überall rauszufinden, hier, im Tröpfchen oder auf einem Pressefoto. Außerdem sang er. Halb beschwipst, versteht sich:

Dem Morgenrot entgegen,
ihr Kampfgenossen all',
bald ziehn wir aller Wegen,
bald weicht der Feinde Wall...

Laut und gut. Doch er hatte zu hoch begonnen und mußte bei: Arbeiterjugend, will sie mit? auf seine eigentliche Stimmlage runter, was ihn in seiner Eitelkeit verletzte.

Wir fünf saßen in seinem Auto. Ich fuhr, er sang. Alle die Lieder seiner Kampfjahre in der Freien Deutschen Jugend und auch von noch früher welche. Seine offene Leidenschaftlichkeit gefiel mir, auch dieser Schuß nichtbestimmbarer Romantik drin, dieses: Es wird leider nie mehr so sein. Das liegt uns Deutschen sehr. Zwischendurch befahl er: Fahr zu, du Holzwurm, nutz die Kraft des Motors, für wen hebst du sie auf? Und zwischen den Versen seiner Strophen kommandierte er: Rechts!... am Flusse entgegen dem Wind!... ihm die alte Mutter Erde, rechts!... und der Morgen grüßt schon aus der Ferne, links! Links! Ich kannte den Weg zu seiner Datsche recht gut, nur wußte er nicht, daß meine Rose und ich ihn mit diesem Auto schon zweimal gefahren hatten. Mit einer Stimme wie Samt und Seide sang er dann eins der alten Lieder, die man heute selten hört, ein Volkslied, einfach und schön und nicht gekünstelt, wie's die sogenannten Volkschöre im Radio plärren. Und wie er zweimal mit diesem Lied durch war, begann auch ich zu singen, er arbeitete an der zweiten Stimme, und auch Patricio hielt sich nicht zurück. Er klopfte an die Türscheiben links und rechts seinen fremden Takt, und ich muß sagen, dieses Lied in der spanischen Sprache von Patricio gesungen mit der dritten Stimme, die er auf Anhieb fand, glich einem weißen Stein auf dem Grund des Flusses unserer Stadt. Das war für mich wie die Entdeckung einer ganz neuen Arbeitsweise, nachdem zweihundert lange Jahre auf gediegene Art getischlert worden war. Als wir keinen einzigen Vers mehr hatten, sang ich das Lied nur noch im Kopf für mich. Willy murmelte dazu: Ein Auto ist ein Wunder. Das ist vielleicht soviel Leistung, wie alle römischen Staatsstraßen hintereinander gelegt. Ich will den Ruhm der Menschen, die vor uns schafften, nicht klein machen, dadurch werde ich noch lange kein Perikles, doch denkt mal nach, wieviel Arbeiterfleiß allein in diesem schimmernden Karosserieblech steckt. Und erst die Taktstraße, von der alle zehn Minuten so ein Zauberauto rollt! Das ist die Spitze einer ganzen Industrie, und diese Industrie nur ein Nebenzweig der Industrie der Republik. Alles für den Spaß einer Wochenendfahrt in die Berge. Hört ihr, wie die Reifen schwirren? Alles bewegt sich. Unglaublich!

Und links und rechts der Straße, mal hier, mal dort, kam uns der Fluß entgegen. Kleiner wurde er, aber sauberer unter den vielen Brücken, die ich immer langsamer überfuhr. Ich mußte nicht sagen: Seht euch bitte dieses gläserne Blau der schnellen Wellen an, beachtet unter ihnen die grünen Steine! Sie sahen alles! Ich glaube, Patricio zum erstenmal und aufmerksam, obwohl er müde war.

Ganz in meinem Innern, da wo noch keiner reingesehen hatte und ich sicher auch nie jemanden reinsehen lassen werde, verneigte ich mich vor all den fleißigen Menschen, die früh schon vor die Haustüren ihrer morgensauberen Häuser getreten waren. Das ist nie ein Zuckerlecken gewesen, in den Bergen zu leben, für jedes Stück Brot muß man hier doppelt arbeiten. Da hat's der Mensch in der Stadt schon leichter, nur daß dem die Bäume und so ein Flüßchen fehlen. Alles Gute kommt halt schwer zusammen.

Ein Kind, vielleicht fünf Jahre alt, das Nachthemdchen hoch überm Po, stand auf dem Brett eines offenen Fensters. Mit der einen Hand winkte es uns zu. Die zu einer kleinen Faust gekniffene andere Hand hatte es halb in den Mund geschoben, es zutschte hungrig daran.

Ich starrte in den Innenrückspiegel. In der Armbeuge Patricios, den Kopf auf seiner Brust, lag meine Rose. Ich wußte von mir, sie horchte auf sein Herz, wie es klopft, das tat sie immer gern. In der anderen Armbeuge Patricios, ihren wissenderen Kopf ebenfalls auf seiner Brust, lächelte ihre Mutter. Sie hörte die gleichen Herzschläge. Neben mir rauchte Willy mit schmalen Lippen seine Zigarre. Er erzählte mir, wie er nicht begreifen könne, daß ihn diese leichte Luft niederdrücke, warum er unruhig wäre, als fehlte ihm was. Ich stellte sein Auto auf den Randstreifen der vom letzten Winter aufgebrochenen Straße, stieg aus und ging durch das staubige Straßenrandgras zu dem frischen des Flußufers. Willy trat neben mich. Er schimpfte mit mir, daß die Menschen hier in den Bergen das gar nicht mögen, wenn wir ihnen das bißchen Wiese zertreten, das ihnen Berge und Wälder lassen. Auch er sah auf das Flüßchen, hin zu einem Wasserwirbel, der über einem Stein schäumte. Dieser Stein war nicht zu sehen. Wir stellten ihn uns im stillen vor, wie er da auf dem Flußgrund von dem eiligen Wasser überspült wurde.

Willy berührte meinen Arm, schmiß seinen Zigarrenstummel in diesen Wirbel und schubste mich hinter das Steuer. Die drei hinter uns, schien mir, waren wie vorher. Doch ich, ich wußte, daß ich meinen Augen nicht glauben durfte, wenn ich mich nicht irren wollte. Ekliges Mißtrauen hemmte jeden vernünftigen Gedanken in meinem Schädel. Mir schien, als hätte ich noch nie so klar gesehen. Mein Mißtrauen sortierte alles, was ich hörte und sah. Das einzig Reale war die mir entgegenrollende Erde.

2

Willys Frau lag auf einer bunten Schaukel zwischen zwei Fichten oben am Berghang, im Garten, der zu ihrem Häuschen gehörte. Sie sah auf das Dorf. Dieses Dorf war links und rechts an einer langen, krummen Straße gebaut. Wenn zwei Fahrzeuge sich entgegenkamen, mußte eins stehenbleiben, damit das andere vorbei konnte. Neben dieser Straße floß ein Bach. Straße, Bach und Häuser hatten nur so viel Platz, wie ihnen die zwei Berghänge übrigließen. Die Berghänge, Südhang und Nordhang, begannen da, wo der Bach in einem anderen Dorf unter einer Schmiede aus der Erde trat. Sie endeten, wo dieser Bach in ein Flüßchen mündete, weiter unten im Tal. Dort zweigte jene Straße ab, auf der wir gekommen waren. Bach und Flüßchen arbeiteten sich seit hunderttausend Jahren durch den Granit hindurch bis zum Fluß unserer Stadt. Der Südhang, auf dem Willys Frau zwischen ihren Fichten auf der bunten Schaukel hing, hatte, im Gegensatz zum Nordhang, viel Sonne. Die reichen Leute bauten immer auf der sonnenbeschienenen Seite des Baches, die schwarzen Köhler in den feuchten Nordhang. Auf der Sonnenseite konnte nur solch ein Köhler bauen, der durch Grenzschmuggel zu Geld gekommen war, aber auch dabei mußte er Glück haben. Bergleute, die nach Zinn gruben, hatten viele Kinder und keine Zeit zu schmuggeln. Doch sie kannten kilometerlange Gänge unter dem Gebirge, und so konnte auch manch alter Hauer, wenn er nicht vor der Zeit seine Lunge stückweise heraushustete, vom Nordhang zum Südhang überwechseln. Die Kommunisten, die man neunzehnhundertsechunddreißig, früher wagten sich die Faschisten nicht in das Dorf, allesamt in einer Schneise erschoß, es waren auch Sozialdemokraten dabei, doch sie empfingen die gleiche heiße Kugel, waren sämtlich vom Nordhang. Im Dorf wurden die Schweine, wie man noch heute erzählt, nur auf der einen Seite des Baches geschlachtet, und man buk auch die Quarkspitzen nur dort.

Rose saß im Schneidersitz vor dem liegenden Patricio. Mit dünner Stimme sang sie:

Ich bin nun mal ein Mädchen,

du bist nun mal ein Mann,
und das ist wunderbar!

Auf ihrer Gitarre zupfte sie sachte zu diesem Liedchen den Rhythmus. Der Kubaner schlief, das Beste, was man zwischen diesen Bergen tun konnte.

Jemand schnitt am Nordhang mit einer stumpfen Kreissäge schon jetzt sein Winterholz. Das Sägeblatt, stumpf, daß man getrost auf ihm von hier aus in unsere Stadt hätte reiten können, ärgerte meine Tischlerohren. Jener Stümper schnitt unermündlich, Kraft statt Feile, dachte ich.

Ein anderer klopfte auf dem Südhang unter uns sein klingendes Sensenblatt. Er saß auf einem dreibeinigen Bock und hatte den schmalen Stahl auf einen winzigen Amboß gelegt. Eine Frau, die Fäuste in den Hüften, starrte auf die Hände dieses Bauern. Der Mann hielt plötzlich seinen Hammer oben, als wollte er ihn auf sie werfen. Sie lief weg, und er klopfte weiter auf den blitzenden Stahl. Aus dem Haus, vor dem er seine Sensenschneide dünn schlug, kam die Frau mit einem Kochtopf und rief glucksend und mit schriller Stimme: Puuut! Put, put, put, put! Weiße Hühner rannten auf sie zu, auch unbeholfene Enten. In eine Ofenkachel schüttete sie Futter, spülte einen Napf und füllte ihn mit frischem Bachwasser. Die Enten hatten das Pickrecht nach den Hühnern. Sie warteten mit langen Hälsen und schlabberten im Wassernapf. Die Frau bewegte sich wie ein langes Uhrpendel. Endlich war sie fertig. Sie kam an ihrem Sensenmann nicht vorbei, blieb hinter ihm stehen, stemmte wieder ihre Fäuste in die breite Taille und sah in seinen Nacken. Der Postbote dieses Dorfes tat einen großen Schritt aus seinem Posthaus, große Ledertasche, Stock und Schirmmütze mit Emblem. Er ging seinen Gang. Immer wenn er an der Ecke eines Dorfhauses vorüberging, schlug er kurz mit seinem Knüppel dagegen. Er bediente talab zunächst den Südhang, dann würde er, am Ende angekommen, über den Bach zum Nordhang wechseln und vom schmalen Fußweg aus, zwischen Bächlein und Hausmauern, dort die Ecken schlagen.

Willy rauchte schon wieder eine Zigarre. Er besprach ein Tonband. Das Mikrofon hing unter seinem Hals, und als ob er an dem Kabel hinge, umkreiste er das Diktiergerät, so wie einer dieser Dorfhunde unter uns seine Hütte. Manchmal blieb er stehen, legte seine Hände auf den Rücken und wartete, so schien mir, auf den stumpfen Schrei der Säge. Dann sprach er weiter. Er würde mit diesem Sägeton auf seinem Tonband etwas von dem Dorf mit in sein Parteigebäude nehmen.

Ich hatte mir Arbeit gesucht und schlug eine Kreuzhacke in die Hangerde. Von Erde konnte keine Rede sein, das war fast alles Gestein. Bald schmerzten meine Arme vom Rückprall. Ich suchte die Stelle, wo das Abwasserrohr verstopft war. Ich glaubte, sie ziemlich genau erkundet zu haben, mußte mich aber doch um einen halben Meter geirrt haben. Ich rechnete, daß ich in zwei Stunden meine Arbeit besorgt haben konnte. Willys Frau beobachtete mich, was mir nicht paßte, denn ich schwitzte, mußte mein Hemd ausziehen und die Hosenbeine hochkrempeln. Dieser Tag war so heiß, daß ich am liebsten nackt wie ein Kumpel, der unter dem Gebirge auf Pechblende aus war, gearbeitet hätte. Ich dachte mir, wie es durchaus möglich wäre, daß ein Bergmann, der irgendwo unter mir das Gebirge zerschnitt, in einem alten Zinnstollen das Skelett eines vierhundert Jahre alten Kollegen finden könnte. Ich schmiß meine Hacke neben das Loch und ging zu Willys Frau. Ich bat sie um eine Zigarette. Sie rutschte sofort von ihrer weichen Schaukel und holte mir von Willy eine Zigarre. Wie ich dann auf der bunten Schaukel saß, ich hatte mir eine Zeitung untergelegt, ging Willy zum Loch. Er griff sich die Hacke, schlug mit unkontrollierten Rundschlägen zwei- oder dreimal auf einen Stein, ließ die Hacke fallen und sah schnell zu mir. Ich betrachtete den emsigen Postrat unter mir im Tal. Willy flüchtete zu seinem Diktiergerät zurück. Mißtrauisch sah er von der Seite zum aufgerissenen Rasen mitten auf seinem Grundstück. Ich rief, daß ich den Fehler habe und er in zwei Stunden beseitigt sei. Er könne danach wieder die Wasserstrippe ziehen und müsse nicht mehr mit einem Papierchen in den windigen Wald. Als Willy grinste, hob Patricio träge seinen Nacken, fand, als er mit schlaffem Arm nach Rose griff, nur ihre Gitarre, taumelte zum Loch, nahm die Hacke und begann zu arbeiten. Er konnte mit der schweren Kreuzhacke umgehen, er schlug sie nicht sinnlos auf die Steine, sondern sah, während das Werkzeug durch die Luft flog, dahin, wo sie treffen mußte. Er nimmt sich sogar meine Arbeit, dachte ich mit frischem Mißtrauen, sogar diese selbstgesuchte Arbeit nimmt er sich! Hinter der Datsche holte ich zwei Steingutrohre hervor und legte sie neben das

Schachtloch. Wie ich über Patricios krummen Rücken sah, entdeckte ich auf dem Grundstück nebenan zwei Neuerungen: eine gewaltige Fernsehantenne, größer fast als das Anwesen, und nur darum so gewaltig, um auch hier den Westen zu kriegen, und ein handgeschmiedetes hohes Tor mitten im knietiefen Zaun. Der Besitzer fotografierte seine Bulldogge. Die schon ältliche Tochter hatte ihren gelben Badeanzug tief unter den Bauchnabel hinabgezogen. Ihr Gesicht versteckte sie unter einer gewaltigen Sonnenbrille, auf ihrer Nase klebte ein Papier. Willys Frau rief nach Patricio und mir. Sie öffnete uns beiden zwei brunnenkühle Bierflaschen. Wir tranken uns zu. Obwohl ich den Kubaner jetzt nicht mehr mochte, war ich mir ziemlich sicher, daß er ein guter Mensch war. Im Innersten spürte ich, wie meine Arme hochwollten, um ihn zu drücken, doch ich trank lieber den letzten Schluck aus der Flasche. Bald fanden wir das geplatzte Steingutrohr und buddelten es mühselig aus, wir mußten noch fast einen dreiviertel Kubikmeter dieser steindurchwachsenen Erde wegschlagen und auswerfen. Allein wäre ich nie fertig geworden. Während ich dann das ausgehobene Gestein mit meiner breiten Schaufel in das Loch zurückschob, stampfte er Steine und Erde mit einem schweren Rundholz zusammen. Er hatte seine linke Hand an diesem Holz gerissen, und ich hatte den Riß mit meinem Taschentuch verbunden. Sein Blut sickerte durch. Wir deckten die Schachtstelle mit Grassoden ab, damit nicht zu erkennen war, wo wir gewühlt hatten. Roses Mutter brachte uns kühlen Kartoffelsalat. Auf dem Salat lag Fleisch. Sie hatte es auf einem kleinen Rost gegrillt und ab und an mit Bier übergossen. Das war genau das Richtige für uns beide. Willy strich um uns herum, er schimpfte, daß er noch gar nicht gekostet habe. Schief sah er auf seine Frau und lobte dann unsere saubere Arbeit. Beiläufig sagte er, und da war kein Theater dabei, daß er in der Zeit, als wir hier gewühlt und seine Frau nur uns beide ordentlich versorgt hatte, mehr für uns alle getan habe, als wir dächten. Patricio und ich teilten mit ihm unser Fleisch, während Willys Frau die nächsten Stücke auf den Rost legte. Rose kam bergan aus dem Dorf zurück. Sie hatte die neuste Mode zu gehen, Kleider zu tragen und vor allem die Art, sie wegzulassen, vorgeführt. Sie war zufrieden. Jener Mann, der Bock und Sense fortgeräumt hatte, stand neben seiner Frau. Er hatte seine Arme auf die Brust gepackt, die Fäuste unter den Achseln. Die Frau versteckte ihre Hände unter ihrer Trägerschürze. Sie schimpfte. Der Postrat, der seinen Rundgang endlich geschafft hatte, stand vor seiner Posthaustür und fuchtelte mit seinem Knüppel. Die Frauen vom Nordhang, kein junges Volk dabei, lagen auf den Fensterbrettern, und mir schien, als blickten sie vorwurfsvoll auf uns. Die Kreissäge ging wie vorher. Der Schrei, mit dem sie sich durch das Holz fraß, kam stur und regelmäßig. Rose freute sich. Ich konnte mir gut denken, wie sie durch das Dorf getanzt war, und grinste mir eins. Willy starrte auf seine Tochter. Wenn Patricio und ich nicht neben ihr gestanden hätten, er hätte ihr bestimmt eine runtergehauen. Willys Frau tat, als sähe sie nichts, öffnete eine Flasche Bier und bespritzte das sich über den glühenden Kohlen windende Fleisch. Willy setzte sich in den Gartenstuhl, Rose schob sich auf seinen Schoß, flüsterte mit ihm und zog mit beiden Armen so lange an seinem steifen Genick, bis sein Gesicht ihre Wange berührte.

Wie ich beide sah und Patricio, der mit einem Tablett Luft zur Kohle trieb, mußte ich plötzlich an meine Mutter denken. Sie war eine Landarbeiterin in Ostpreußen gewesen und hatte vor mir zwei Töchter geboren, nach mir noch eine Tochter, dann meinen einzigen Bruder und schließlich wieder eine Tochter. Keines, so sagte sie, sei ihr willkommen gewesen. Keines! Aber sie liebte uns trotzdem, einen wie den anderen, doch auf so eine Art, daß wir heute noch zuerst an unsere Fehler, nie aber an unsere Stärken denken. Das ist in dieser Zeit, in der wir leben, falsch.

Ich sah zu Patricio rüber. Er legte Holzkohle unter den Rost. Ich dachte an die kubanische Armee und stellte mir den Kampf der Bärtigen in den Bergen vor, dann erinnerte ich mich an unseren Ersten Mai. Menschengruppen, Spalier, Blumen, Ballons, Schülerinnen in frühlingsblattgrünen Trikots, dahinter andere Sportler, wieder Blumen, Girlanden, Musik, darüber die Begrüßungsreime aus den Lautsprechersäulen, von Fred gesprochen:

Wir Möbelwerker baun mit Holz
den Sozialismus auf – und stolz!

Er genierte sich über diesen Mist, das merkte ich daran, wie er ausatmete. Es gab auch einen guten Vers, der sich aber nicht reimte: Wir verurteilen die imperialistischen Machenschaften und fordern Freiheit und Selbstbestimmung für alle unterdrückten Völker. Die Kernbauer haben siebenhundertsechzig Solidaritätsmark eingezahlt! Sie verpflichten sich, eine Schulklasse komplett einzurichten! Ein Hoch unseren tüchtigen Kernbauern! Wir riefen unser: Hoch! Fred sprach den nächsten Vers, reim dir oder ich freß dich, für das nächste Kombinat. Gelächter, Blumen. Dann war die Demonstration zu Ende. Die Menschen warteten noch auf irgendwas, aber da waren schon, wie von Zauberhand gestaffelt, die orangefarbenen Kehrmaschinen. Die runden Stahlbesen rieben den Dreck in ihre Eisenbäuche. Die Fahrer lenkten mit der linken Hand, sahen rauchend aus den offenen Fenstern, am Hut die rote Nelke. Vierzehn Stück. Wie sie vorbeigekrochen waren, blieben an den Fensterhäusern nur die Fahnen. Von irgendwoher begann die erste Tanzkapelle zu schabbern, bald darauf andere in anderen Straßen. Die Mädchen hatten keine Lust heimzufahren und zogen los, die Burschen in einigem Abstand hinterher.

Nach diesem Maimarsch hatte Mäcke, mein Kollege, fast geheult. Er wolle am nächsten Ersten nicht antreten, weil ein paar Blödlinge im Spalier hinter der Absperrleine darüber gelästert hätten, daß er so klein war. Einem Menschen dieser Stadt vorzuwerfen, daß er nicht klug oder nicht politisch gebildet sei, ihm vielleicht sogar ins Gesicht hinein zu sagen, er sei zu dämlich, einen Eimer Wasser umzustoßen, war lange nicht so beleidigend, wie auf einen unproportionierten Körper anzuspielen. Etwa auf Plattfüße, ein zu schmal geratenes Kreuz oder auf Mäckes körperliche Größe. Ist ein Mensch groß, sagt man vielleicht: Wird dir da oben nicht schwindelig? Mäcke hatte so ein Strolch zugerufen: Wohin will denn der Stahlhelm mit der Zwergspitzmaus? Wir hörten das nicht, denn Mäcke war ein guter MPi-Schütze, und der Feind würde ihn kaum treffen. Er konnte in einem völlig ebenen Gelände einen Maulwurfhügel in einen strategischen Punkt verwandeln, wenn er sich dahinter verbarg. Und hinterm Maulwurfhügel hervor schoß unser Mäcke auf den Feind. Er ist ein Vorbild, sagte unser Kommandeur, nur daß er immer seinen Helm irgendwo liegenließ oder in einem dornigen Gestrüpp von seinem größten Feind, dem Schlaf, überwältigt und gefangengenommen wurde. Und während wir schon Häuserstraßenkampf übten und gleich damit fertig waren, die Konterrevolutionäre zu vernichten, krabbelte Mäcke rechts von mir auf Schulterhöhe, benutzte einen alten Eimer ohne Boden als Tarnung und feuerte aus seiner Maschinenpistole fast ein ganzes Magazin Patronen in langen Feuerstößen auf die Küchenfenster einer ehemaligen Ausflugsgaststätte. Zuerst klirrten die Oberlichter, danach spritzten die gelblichen Kacheln an die Decke. Ich sparte mir den Schuß aus der Panzerbüchse für den zerbeulten Lastkraftwagen auf. Unser Kommandeur hob seine Pistole, und wir stürmten die restlichen fünfzig Meter mit Handgranaten und Hurra!, ohne uns hinzuschmeißen. Mir graute es erst danach, und ich hatte dann, als ich Mäcke suchte, wer weiß, wo er nun schlief, den irren Gedanken, wie viele von uns auf diesen schrecklichen fünfzig Metern hätten fallen können. Mäcke gewiß nicht, er war klein geraten. Ich hatte immer das Gefühl, daß Mäcke, rechts von mir, mich kaum allein lassen würde. Auch denke ich mir, daß es etliche Kämpfer in unserer Holzbude gab, die Mäcke ähnelten. Ich rechne ein, daß natürlich jeder seinen Fehler hat, aber immer einen anderen, so daß sie sich, gegeneinandergesetzt, irgendwie aufheben. Ich kenne sie alle, obwohl jeder zum Essenfassen sein Kochgeschirr auf die gleiche Art hinzuhalten schien. Ich hatte den Tick, mir die wartenden Hände anzusehen, ganz genau, wie alle dann löffelten, wieviel gute Suppe der eine in das Waldgras wegkippte, auch wie der andere das Brot anfaßte und wieviel der dritte von seiner Zigarette in die Walderde buddelte. Auch sah ich mir sehr genau an, wie die, die nach der Nachtschicht in unserer Möbelfabrik während der Übung immer wieder hochruckten, um nicht einzuschlafen. Ich beobachtete unsere Art zu arbeiten. Alles Kleinigkeiten!

Als ich Mäcke nach dem üblichen Maimarsch in die Bahnhofsmitropa zum Bier einlud, er konnte keins zahlen, weil seine vielen Kinder ihm die Haare vom Kopf fraßen, begannen wir über die Verteilung der letzten Holzprämie in unserer Tischlerbrigade zu klagen. Nach dem zweiten hastigen Bier, ich hatte ihm schon ein drittes zwischen seine schweren Hände geschoben, und wir wischten uns den Schaum von der Oberlippe, sagte Mäcke: Ich darf nichts sagen, mich nicht beschweren. Ich hab mein Maulgeld bekommen. Eingebüßt, wie andere, habe ich nichts. Aber das ist ungerecht, wie sich vier Mann von uns zweiundsiebzig Holzwürmern in der Hauptabteilung das Fett teilen!

Mäcke und ich standen am letzten der Stehtische neben dem Transportband, auf das die Gäste ihre leeren Teller, Gläser und auch die Essenreste absetzten. Ab und zu ruckte das Transportband vor, fuhr so lange, wie die Frau am Ende des Bandes das Geschirr runternahm. Hatte sie genug Arbeit vom Band genommen, stoppte sie es.

Was hat Gernod dir gegeben? Fünfundzwanzig Mark! Weil du sozusagen neu im Betrieb bist. Hast du gesehen, wie der Alte die Fettposten mit einem Blatt Papier abdeckte, damit einer nicht sieht, wieviel der andere bekommt? Das ist nämlich so, Paule, das, was man dem einen nicht gibt, kann man sich selbst raufpacken.

Er hatte das dritte Bier wie nichts gekippt, was normal ist, weil bei uns in der Holzbude viel Staub aufgewirbelt wird. Wir verarbeiten keine Plaste, um uns jene Kunden bei der Stange zu halten, die nach der naturzufälligen Struktur unserer Furniere verrückt sind.

Aber ich weiß alles! Ich habe meine Hose nicht mit der Kneifzange angezogen! Und was ist der Erfolg? Zwietracht und Haß! Gernod hat sich tausendvierhundert genommen, der Parteisekretär bekam achthundert, der Transportbrigadier nahm sich tausendzweihundert und der Stellvertreter von unserem Alten faßte tausenddreihundertfünfzig. Da will ich nichts sagen, der hat viel im Kopf zu halten, der schafft ran! Wenn arbeitsmäßig was zu klären ist, er hat die Übersicht.

Ich war mir nicht sicher, ob er tatsächlich in Rage geriet oder das nur spielte. Wir schluckten das vierte Bier, diesmal einen halben Liter, und die Leute um uns horchten schon.

Die anderen haben von dreihundert abwärts ihr Fett bekommen, wie ich. Wer, Paule, hat aber dieses Geld eingearbeitet? Wofür bewegt sich unser Alter? Rennt rum wegen Oper und solcher Scheiße, damit wir am Abend diese Arien hören sollen und, was mittags war, vergessen! Das denkt er. Und er faßt für diese Kultur extra was. Ich geh da nicht hin, auch wenn ich für die Eintrittskarte nichts bezahlen muß, da schieb ich meine Kinder vor, weil die Wahrheit – und plötzlich schrie er völlig unerwartet über die Köpfe der Gäste hinweg: Die Wahrheit soll mal einer sagen. Aber das wagt keiner! Jeder hängt an seinem Fett! Aber über die Arbeit, er war über sich erschrocken, und ich tat, als hätte er nie geschrien, ... fehlt ihm die Übersicht völlig. Der faßt kein Holz mehr an!

Ich mußte ihn beruhigen, ihn ermahnen, weil es nicht gut ist, in der Mitropa laut zu werden. Wir Holzarbeiter sind's jedoch gewöhnt, laut zu sprechen, weil uns die starken Maschinen dazu zwingen, wenn wir uns unterhalten wollen. Das wissen die anderen nicht. Sie denken, wir sind betrunken, und holen die Transportpolizei. Das kann bis in die Brigade zum Alten kommen. Darum sagte ich schnell und leise: Das ist einfach, Mäcke, was ich nicht von dieser blöden Holzprämie gefaßt habe, und ich war nicht scharf drauf, das glaubst du doch, hat mein Transportbrigadier mehr. Denn, da er kein Stück Holz anfaßt, kann er ja nichts kaputt machen. Und unser Alter, unser Gernod, ist ein feiner Kerl, er brüllt keinen an und schmiert sich nirgends ein. Das stimmt auch nicht, wie manche erzählen, daß er welche hat, die an seiner Tür kratzen, wenn sie mal einen ausgehorcht haben. Gernod ist vielleicht der Beste von uns allen.

Mäcke sagte jetzt erst mal nichts. Er sah auf das Transportband, das so zwei Meter vorfuhr. Dann fragte er: Du spielst doch mit ihm Skat im Tröpfchen, und mit dem Schauspieler? Ich sage dir, er hat dir noch weniger als mir gegeben. Beim Geld hört die Freundschaft auf, für Geld kannst du den Teufel tanzen lassen. Man muß das Geld abschaffen, schon wegen der Gerechtigkeit. Man muß den Kommunismus einführen, dann werden die Menschen anders, weil man niemanden mehr kaufen kann, für Geld. Warum redet Gernod nicht mehr vom Kommunismus? Früher immerzu, da hatte ich eine Wut auf ihn, und heute?

Wir tranken das fünfte Bier, also den zweiten halben Liter. Drei kleine und ein großes Glas hatten wir auf dem Transportband vorfahren lassen. Ich sah an seinen Augen, wie auch meine aussahen. Wir hatten kühne Gedanken. Ich konnte mich gut als Mitglied des Politbüros vorstellen und Mäcke als Minister, der endlich Gerechtigkeit in diese Welt bringt.

Er hat mir eine Wohnung besorgt – unser Alter.

Er betonte: Unser Alter. Nun versuchte ich so genau wie möglich zu formulieren: Also die, die die Prämienlisten schreiben, nehmen sich das meiste, das sind die, die das Sagen in unserer Truppe haben!

Und die Verantwortung auch, fügte Mäcke hinzu.

Ich dachte in meinem fröhlichen Bierschädel darüber nach, wo die Verantwortung beginnt und wo sie endet. Ich kam nicht klar. Ich fand nur, daß man sie mit Willys Verantwortung nicht so leicht vergleichen konnte. Ich versuchte mir die Verantwortung vorzustellen und sah mit meinem inneren Transporterauge schließlich ein volles Glas Bier, riesig und mitten in der Wüste. Der Schaum quoll etwas über und verlief sich im heißen Wüstensand, und ich, ein durstiges Kamel, reckte den Hals, bestaunte dieses Funkeln und wußte nichts damit anzufangen, ich leckte nur ein bißchen im Schaumsand, spuckte und drehte mich weg.

Was denkst du, Paule? fragte mich mein Freund Mäcke.

Ich bin, weißt du, ein richtiges Kamel, sagte ich zu ihm, und er gab mir recht.

Früher war der Alte anders, da hat er die Prämienlisten öffentlich an unsere Wandzeitung gezwackt. Wir haben diskutiert, nicht alle, Paule, aber fast alle! Ungerechtigkeiten gab's auch, aber die Unterschiede waren nie so eklatant wie jetzt, wo das nun heimlich ausgekaspert wird.

Das Fremdwort hatten wir von Heinz, unserm Brigadier. Er bringt oft neue Worte, wie Image oder Statussymbol.

Seit Gernod sein gelbes Auto hat, ich hätte mir ein dunkles angeschafft, aber davon hat er natürlich keinen Schimmer, ist er wie verwandelt. Bald hab ich auch einen Wagen, Paule! Wenn nur nicht immer Weihnachten dazwischenkäme. Doch wenn die Kinder erst raus sind, ändert sich alles!

Danach sagte er eine Weile nichts. Ich mußte daran denken, wie mein Mäcke sich vor unserem Alten überschlug, wenn er mal frech zu ihm geworden war. Wer so viele Kinder wie Mäcke hat, denkt leicht, er kann sich's nicht leisten, lange frech zu sein, und trotzdem muckt er oft genug auf. Und da keiner dieses Aufmukken wahrhaben will, wird verbreitet, er sei blöd. In die Partei hat man ihn noch nicht aufgenommen, obwohl wir unbedingt zwei Arbeiter rein haben müssen. Doch mein Schieber Heinz, der Brigadier, ist genau wie ich der Meinung, daß Mäcke gar nicht so dumm ist, nur daß er zuviel Minuten abgibt, meist vor einem Fest, damit er eine hohe Prämie fassen kann. Ich wüßte nicht, was ich tun sollte, wenn es Gernod einfiele, mich an Mäckes Arbeitsplatz zu stellen. Drum sag ich nie, daß ich gelernter Tischler bin und fahr ruhig meinen Gang als Transporter, denn ich kriege

Mäckes Durchschnitt. Ich versorge ihn aber, so gut ich kann, mit dem besten Material. Alles seiner Kinder wegen, versteht sich, denn ihretwegen nur erhöht sich die Norm, wenn er Minuten abgibt. Das wird hoch bezahlt. So achthundert Mark!

Wir tranken den Rest von unserm dritten halben Liter, und Mäcke fragte nebenbei, ob er mir die Hälfte vom Biergeld erst morgen früh dazuzugeben brauche. Ich sagte ihm, er solle mich nicht beleidigen, worauf er mir offen erklärte, daß ich ein guter Mensch sei. Er riet mir, nie zu heiraten, denn: Verheiratet ist die Mark nur noch einen Fünfziger wert, kommt ein Kind dazu, nur noch fünfundzwanzig Pfennig. Und ich habe vier Stück davon. Aber eins ist mir so lieb wie das andere. Mein Benni spielt schon Fußball!

Dann, plötzlich, sah er mich nicht mehr. Ich glaubte, er träumte von seinem Trabant und wie er dieses Autochen vor dem Werk einreihen würde. Dann sollten sie mal sehen!

Ich nehme dich mit, Paule! Dich nehm ich mit.

Wieder ruckte das Transportband an. Verstohlen sah er auf mich, dann hinter sich und, so schnell wie ein Mäuschen, hinauf auf dieses Band. Er machte sich lang, er brauchte ja wenig Platz, und rief: Ich fahre vor!

Alle stellten ihre Tätigkeiten ein, nur die Kasse ratschte. Jemand rief: Da fährt einer voll vor! Die Stehbiertische umstolpernd, lief ich neben dem fahrenden Mäcke her. Einer fragte: Gehört der Kleine dir? Die Menschen wurden munter. Alle sahen auf den kleinen Mann im Transportbandkanal. Eine Frau beäugte den glücklichen Mäcke und starrte schnell auf die Mitropauhr, als gäbe es nur diese Uhr und nichts weiter. Sie schämte sich, obwohl mein sacht dahingleitender Mäcke, den Kopf neben einem liederlich abgenagten Eisbein im restlichen Sauerkraut, doch sicher nicht ihr Mann oder Bruder war. Sie ekelte sich. Ich bat die Kasse, ob ich vorbei dürfe, trat zur Abwaschfrau und sagte: Mein Freund kommt vorgefahren. Ich nehm ihn gleich mit!

Die Waschfrau griff ihn sich und reichte ihn mir. Sie meinte, daß nur Besoffene zu ihr kämen und wischte von Mäckes linkem Ohr eine Sauerkrautfussel. Ich reichte der Frau ein Zweimarkstück. Sie hielt die ausgestreckte Hand vor sich hin, auf der nassen Haut lag das blinde Metall. Ich sah sie an, und sie sah mich an. Ich drückte eine Mark daneben, die Hand schloß sich schnell, und ich schleppte Mäcke durch die Pendeltür. Zwei Transportpolizisten schossen an mir vorbei. Meinen Mäcke deckte ich vor ihnen ab.

Der Heimweg war nicht so schlimm, wie ich fürchtete, obwohl er schwer genug war. Vor seinem Neubaublock ruckte er sich gerade, aber gegen seine Wohnungstür mußte ich ihn wie ein langes Brett an eine glatte Wand stellen.

Paule! Ich bin vorgefahren!

Das waren Mäckes letzte Worte. Ich klingelte, hopste eine Treppe tiefer und horchte. Seine Frau war freundlicher, als ich geglaubt hatte. Mir schien, sie horchte hinab, aber ich konnte mich irren. Als sie die Tür leise zudrückte, wußte ich, daß mein Mäcke eine prima Frau hatte. Ich war neidisch und ging.

An diesen Ersten Mai dachte ich, als ich auf dem vorabendlichen Südhang dieses Bergdorfes lag und den vollen Duft der Sommerblumenwiese roch. Ich wünschte mir, tausend Jahre zu leben, auf dieser Wiese zu liegen und zu sehen, was aus dem Dorf würde. Dieses Dorf unter mir gehörte zu den wenigen Flecken, die ich liebgewonnen hatte.

Am Gartentor bockte ein Wolgataxi vorn hoch. Mühselig hatte es sich den schmalen Hangweg hochgemahlen, war unter den neugierigen Weiberblicken, die links und rechts vom Talhang die Fahrgäste zählten, vorbeigefahren, wieder talab gestaubt, war unten sachte vorbeigebrummt, hatte gewendet und war schließlich wieder zu uns hochgekommen. Sie suchten wen. Rose, immer noch auf Willys Schoß, hatte dieses Auto genau beobachtet. Zwei Jungs, Studenten, das sah ich sofort, und ein FDJ-Mädchen krochen aus dem Blech, sahen auf mich, auf die Datsche, und winkten Rose zu, die kaum die Hand hob. Das FDJ-Mädchen bezahlte. Der Fahrer reichte ihr eine Quittung. Das Taxi fuhr wieder den Hang hinab und dann durch das Dorf davon, in die gleiche Richtung, aus der wir gekommen waren. Die drei versuchten, einer nach dem anderen, die Gartenpforte zu öffnen. Der kleinere von beiden tat mit der Pforte etwas, was mich empörte, weil es nicht dem Schema in meinem Tischlerschädel entsprach, daß Studenten unpraktisch seien und eigentlich nur zu faul zum Arbeiten: er hob das Pförtchen einfach aus, ließ seinen Kumpel und das blaublusige Mädchen an sich vorbei und hängte die Lattentür, ohne zu fummeln, wieder ein. Seine Hände rieb er aneinander sauber, danach gab er der Pforte einen leichten Fußtritt. Der zweite Student trug ein paar Hartpapierrohre unter der Achsel. Alle drei warteten in gehöriger Entfernung. Rose sah auf Willy. Er schob sie von seinem Schoß. Beide flüsterten, nebenan jaulte die Bulldogge. Rose führte die Burschen und das Mädchen an den Tisch, wo Willy sie begrüßte. Willys Frau fragte, was sie den Gästen anbieten könnte. Patricio garte nun allein das Fleisch und bot den Gästen davon an. Sie nahmen und aßen sofort. Willy bekam wieder nichts. Der lange Student schmiß die Hartpapierrohre zwischen die Blumen, um seine Hände für das Fleisch frei zu kriegen. Das Mädchen wünschte sich Tee. Sie konnte wohl ihre Aufregung nicht so verbergen wie die Studenten, und sie zupfte unentwegt an den Ärmeln ihrer fahnenblauen Bluse. Der freche Student, der, der die Gartenpforte ausgehängt hatte, wünschte sich Kaffee, und der andere, sein Fleisch war schon fort, fragte um Bier. Willys Frau brachte alles und schien zufrieden, wie diese unerwarteten Gäste nach und nach ihre Scheu vor Willy vergaßen. Willy winkte mich an den Tisch. Ich holte aus dem Kühlschrank seinen Rum, dazu Eis und kaltes Mineralwasser. Willy schnitt sich eine Zigarre und sah auf mich, als wollte er sagen: Na, einen Fackelzug bitte! Ich nahm Streichhölzer von seinem Gartentisch, brannte eins an und hielt die Flamme an seine Zigarrenspitze. Er pustete den blauen Rauch an meinem Schädel vorbei und hatte nun sein Staatslächeln. Der Student, der so schnell essen konnte, reichte dem Mädchen eine Zeichnung aus dem Rohr. Das Mädchen hielt die Rolle zurück. Rose hatte sich hinter ihren Vater gestellt und gab dem Mädchen und den Studenten Zeichen. Sie kannten sich alle.

Das Mädchen, das die Zeichnung auf Roses Anweisung hin noch zurückhielt, hatte die Hände einer Arbeiterin. Das sah ich sofort. Ihre Finger waren kurz, aber nicht so kurz, daß ihre Hände keine Wärme haben könnten. Die Hände waren rund und glichen roten Kugeln. Als das Mädchen die Zeichnung faßte, sah ich, daß die Innenflächen ihrer Hände schwärzliche Risse hatten, die Handrücken waren zerknittert, wie die Haut bei alten Frauen. Ich dachte mir, daß sie in der Chemiebude arbeitete und empfindlich für irgendeine chemische Verbindung war. Die

Ärmel ihrer blauen Bluse hatte sie bis an die Handgelenke herabgezogen. Durch die Ärmelschlitze sah ich auf der Innenfläche ihrer Unterarme rote Pickel, in der Mitte immer ein Härchen. Die Pickel mußten das Mädchen sehr jucken, aber sie kratzte nicht, auch wenn sie unwillkürlich mit der linken und rechten Hand hinfuhr. Ich dachte mir, daß sie schnell zu einem Hautarzt müßte, wußte aber, daß die gegen so etwas nichts tun konnten. Sie gaben irgendwelche Mittelchen, führten auf ihrer Krankenkarte ein genaues Protokoll, und das war alles.

Kurz bevor ich in meiner Möbelbude zu arbeiten begonnen hatte, wurde, erzählte mir mein Schieber Heinz, ein Kollege in die Akademie geschafft. Der hatte jahrelang mit einem synthetischen Leim gearbeitet und eine Härterkomponente anscheinend nicht vertragen. Und immer, wenn Heinz vom Besuch aus der Akademie kam, sagte er beim ersten Kaffee: Jetzt ist die nächste Fingerkuppe abgefallen! Für das Mädchen gab es nur ein Mittel: diese Arbeit hinschmeißen und etwas anderes beginnen, was aber nicht so einfach ist, wenn man sich eingearbeitet hat, alle Tricks beherrscht und Geld zu verdienen beginnt. Und so sicher ist das gar nicht, daß dann ein Ausgleich gezahlt wird, da muß die Sache ja durch den Betrieb entstanden sein. Und das weise erst mal nach, wenn die Ärzte nicht klar sehen. Empfindlichkeit gegen eine bestimmte Arbeit ist noch lange kein Grund für begründete Ansprüche. Kurz, diese Pickel mußten das Mädchen sehr jucken, aber sie saß ruhig und schien nur vor Willy Angst zu haben. Willy sah alles. Auch er hatte ihre Hände besehen, angefaßt, gedreht und weggelegt. Sie lächelte dabei so einfach und befangen, wie ich's selten sah. Willy betrachtete sich dieses FDJ-Mädchen und dachte nach. Es war klar, die Studenten schickten sie vor, den Alten zu greifen. In dieser Zeit, es wurde kein Wort geredet, das mir gefiel, wo auf irgendwas gewartet wurde, trank Willy seinen Rum. Das Mädchen rollte die Zeichnung auf dem runden Tisch aus. Die Ecken der Zeichnung beschwerte sie auf einer Seite mit ihrem Teeglas, auf der anderen mit Willys schwerem Trinkglas. Die Zeichnung lag flach, mit zwei Handgriffen hatte sie die Spannung der Rolle aufgehoben. Auf der Zeichnung war ein Turm abgebildet. Der Student, der die Gartenpforte ausgehoben hatte, legte einen alten Stich darüber. Der zeigte die Seitenansicht eines der Türme vom ehemaligen Stadtgraben, mit der Mauer im Hintergrund. Der Stich zeigte unsere Stadt vielleicht Anfang des sechzehnten Jahrhunderts, da herrschte die Pest. Auf diesem Stich waren vermummte Männer zu sehen. Sie luden einen zweirädrigen Karren voll Leichen, zwischen der Doppeldeichsel wartete ein gutgenährtes Pferd. Der Student überdeckte den Stich mit einem Zeitungsausschnitt. Der Turm nach dem letzten Luftangriff der Amerikaner neunzehnhundertfünfundvierzig. Nur ein Achtel seiner wunderbaren Kuppel stand, wie ein krummer Zeigefinger hineingestochen in den nackten Himmel. Auf dem durch seine Trümmer eingeengten Vorplatz verbrannten Männer in teuflischen Schutzmasken einen Berg Leichen. Als ich das sah, dachte ich mir, daß sie sich dieses Bild hätten sparen können, das kannte jeder, aber sie mußten es ja wissen. Ich blickte auf Willy. Er sah sich dieses Bild nicht an. Er dachte nach. Das Mädchen überdeckte das Bild schnell mit einem Foto. Rose schien sie gewarnt zu haben. Ein Transparent war zu sehen, und darauf war deutlich zu lesen:

Wir Einwohner
grüßen die hochverehrte
Kommission

Das Mädchen gab Stich, Zeitungsausschnitt und Foto schnell an den kleinen Studenten zurück, der andere unterhielt sich mit Patricio. Er sah gierig auf das Fleisch, er verschlang es mit den Augen. Willy sagte: Nun macht ihn endlich satt! Der Student bekam von Willys Frau zwei große Stücke auf einen Teller, eine zweifingerdicke Scheibe Brot dazu und eine große Flasche Bier. Und wie er endlich satt zu sein schien, kam er an unsern Tisch zurück. Dann legte er seine Hände, er hatte sie abgewischt, mitten auf die Zeichnung und grinste Willy voll ins Gesicht. Mir schien, er wußte nicht, wen er ansah, und Willy war sauer. Willy verbarg das auch nicht. Er sagte: Weiter, Freunde, nun?

Was jetzt passierte, wunderte mich. Dieses Wundern war ein Wundern aus völliger Unkenntnis der Dinge, die sich in unserer Stadt begaben. Ich glaubte, ich werde, wenn ich mal meine Augen für immer zuklappe, nicht wissen, was wirklich um mich herum geschehen war. Rose küßte ihren Vater auf den Mund, umhalste ihn, und dann, als sie ein Stückchen von ihm abrückte, küßte ihn auch dieses Arbeitermädchen, auf beide Backen allerdings, so wie's eigentlich den Staatsoberhäuptern zusteht. Auch die beiden Studenten schienen verblüfft. Ich erklärte mir diese Welle fast peinlicher Zärtlichkeiten damit, daß er das Projekt, den Aufbau eines Klubs für die Jugend unserer Stadt auf den Trümmern dieser Turmruine begrüßte. Er ließ sich das Projekt von dem satten Studenten genau erläutern. Der Student war tatsächlich in der Lage, so klar zu formulieren, daß alle das Vorhaben begriffen. Hauptsächlich bemühte er sich um den Nachweis, daß keine Produktionseinrichtungen der Industrie unserer Stadt dafür blockiert werden mußten. Der Aufbau sollte, so stellte er sich das vor, ein Spiel der Jugend nach Feierabend sein. Er schaffte es tatsächlich, diese Ausgeburt blühender Phantasie in den Bereich realen Denkens zu bringen. Der Student konnte mehr als Brot essen. Willy freute sich.

Die Summe aller Engpässe in unserer ehrwürdigen Stadt war stets konstant. Warum das so war, hab ich nie begriffen. Die drei wichtigsten Werke, die Möbelwerke, das Chemische Kombinat, dazu der Generalauftragnehmer für alle Rechenautomaten unserer Republik, dieses schreiende Riesenbaby, vergrößerten sich so, daß sie Anzügen glichen, wo hier mal ein Hosenbein zu kurz wurde, dort ein Ärmel aufplatzte und manchmal ein Stück neues Futter einzunähen war. Das alles zerrte an den Nerven der Menschen, obwohl in diesen Betrieben schönes Geld gemacht wurde. Dazu kam die Unzufriedenheit der Arbeiter über den Zustand ihrer Wohnungen und ihres Transports zum Betrieb. Viele kauften sich Autos, um es ein bissel bequemer zu haben, aber das half mit der Zeit auch nichts, denn nun verstopften sie sich gegenseitig die Wege in die Werke. Das waren dann diese Momente, wo unsere Stadt überzukochen schien. Es gab auch die Unzufriedenheit darüber, daß es zuviel Zeit fraß, sich Essen und Trinken zu besorgen: ein Paket Nudeln zu kaufen, dauerte bei mir einmal so lange, daß ich dachte, in dieser Zeit hätte ich zwei Pakete im Handbetrieb hergestellt. Natürlich waren wir Arbeiter in unserer Stadt eine gefragte Klasse. Unsere Hände waren Gold wert. Einen von uns auf die Straße zu schmeißen war nicht möglich. Selbst Gernod, mein Obermeister, hätte da ziemliche Mühe gehabt, und Mäcke wußte das auch. Aber die Unzulänglichkeiten nur festzustellen, damit war noch nicht viel getan.

Die Studenten schickten eine kluge Arbeiterin vor, und sie wollten diesen Dreckhaufen überbauen, auf dem inzwischen schon beachtliche Birken wuchsen. Kostenpunkt: eine Viertelmillion Mark. Ich grinste. Dieses Fett reichte gerade für die Fenster. Allerdings mußte ich im stillen den unberechenbaren Fleiß der Jugend in Betracht ziehen. Gelänge es, einen gewissen Teil dieser Kraft für eine kurze Zeit in eine Richtung, auf dieses Bauwerk hin zu lenken, wäre dieser Bau für unsere Stadt am Fluß ein Sonntagsvormittagsvergnügen, der Nachmittag bliebe für die Einweihungsfeierlichkeiten. Gelänge es!

Willy schien traurig. Offensichtlich war er ärgerlich. Vielleicht dachte er darüber nach, warum man wieder mal zu ihm käme. Und ich dachte, daß er trotz seiner, wie ich fand, richtigen Ansichten vom Regieren schließlich doch immer den roten Faden in der Hand hielt. Falls es schiefginge, würde sein Kopf gebraucht, ginge es gut, bekäme er den Orden. Warum also grämte er sich? Manchmal wollte auch Willy nicht wahrhaben, daß wir noch nicht im Kommunismus waren, daß es bis dahin noch eine Weile dauern würde.

Das Arbeitermädchen sprach schnell und mit solchen Worten, daß man ihr unbedingt glauben mußte. Sie sprach, und man empfand das Wort gut als gut und das Wort schlecht als schlecht. Die erste Etage, so meinte sie, wird die Etage der Reinigung sein. Hier sollen alle jungen Menschen, wenn sie unseren Turm betreten, sagen, was ihnen das Herz abdrückt, alles, restlos. Denn vieles, so meinte das Mädchen, haben wir, ohne genug darüber nachzudenken, einfach übernommen. Das müssen wir wegwerfen. Darum, weil wir uns reinigen müssen, muß diese erste Etage für dieses Bedürfnis gebaut sein. Das wird unsere erste Etage! Ich heiße Hedwig, sagte sie zu Willys Frau, ich arbeite in der Chemie. Das ist richtig, daß du uns empfängst, Genosse, heute am Wochenende, und mit uns sprichst, einfach und ohne Umschweife!

Diese Hedwig hatte Haare auf den Zähnen, denn von Willy waren bisher nur ein Satz und eine Aufforderung gekommen, nämlich daß man den Burschen satt machen solle, und jene drei Worte: Weiter, Freunde, nun? mit ihrer seltsamen Wirkung. Das war also fast nichts. Ich sah, wie der kleine Student einen Schreck bekam und zu Rose hinsah. Rose war aber sehr zufrieden, sie mußte ja ihr Väterchen kennen. Willys Hände waren nervös geworden. Damit nichts zu sehen war, legte er die Handflächen gegeneinander. Seine Fingerspitzen waren auf Hedwig gerichtet.

Hedwig tat das gleiche. Ich kannte das recht gut. Man war bei Willy, und schon übernahm man von ihm seine Äußerlichkeiten. Man atmete aus wie er und imitierte nach einer gewissen Zeit seine Sprechweise. Wenn ich in meinem Betrieb in der Zeitung las, forschte ich manchmal danach, wie lange ein neuer Journalist brauchte, seine eigene Sprache und damit seine eigenen Gedanken aufzugeben und so zu schreiben, wie Willy sprach. Im Tröpfchen teilte ich das dann Willy mit. Er freute sich nie darüber. Einmal schob er seine Brille auf die Nase und sagte ganz ernst: Ich kann nichts dafür, daß ich so gut bin!

Wie Hedwig also mit den Händen meinen Willy nachahmte, ohne es zu wollen, lachte ich mir eins. Sie sah mich zum erstenmal richtig an. Sie riß die Hände vom Tisch, legte sie auf den Rücken und kratzte sich. Ich will die zweite Etage erläutern. Das ist alles nur grob, was ich dir erzähle. Versteh bitte, Genosse, den Sinn meiner Worte. Die zweite Etage bauen wir für die Überzeugung. Wir müssen mit den Menschen sprechen. Wir dürfen nicht feige werden oder faul vielleicht, weil wir denken, wir haben die Macht und nun ist alles klar! Das ist nicht bloß Überheblichkeit, sondern auch gegen die Revolution! Konkret soll das so sein, daß jeder, der in die nächste Etage hinaufsteigen will, von der Solidarität aller Völker gegen den Imperialismus überzeugt werden muß. Wir werden hier davon berichten, wie die anderen Völker gewachsen sind, was sie essen, wie sie sterben und lieben! Und vor allem davon, wie sie sich Luft schaffen und was sie Schönes für die Menschheit erfunden haben. Hier wird Wissen vermittelt werden durch Genossen, die ihr Volk nicht über andere und nicht unter andere Völker stellen. Solche Menschen sollen hier lehren, die nicht vorher fragen, was kriegen wir, wenn wir geben. Das wahre Leben soll hier rein!

Willys Gesicht zeigte verwirrtes Erstaunen, sein Kopf versuchte etwas zu fassen und es schließlich aufzugeben. Er tat, als sähe und hörte er Hedwig gar nicht und wäre in Wahrheit ganz woanders. Doch er beobachtete ganz genau, das wußte ich. Wir allerdings sollten denken, er begriffe nichts. Seine Bewegungen wurden ungeschickt, so wie die Bewegungen dieser Hedwig am Anfang ihrer Rede. Mir war alles klar: er begehrte dieses Mädchen. Wer Willys Charakter erahnte, wußte, wie er sich ohne Rücksicht auf seine Stellung, mit Konsequenz seinen Anteil auf

Liebe in diesem Leben verschaffen konnte. Seine Freunde hatten dann beide Hände voll zu tun und ratlose Köpfe. Manche aber säten gewissenlose Gerüchte über Willy in alle Ecken unserer Stadt. Willys Lippen zuckten. Ich sah auf seine Frau. Sie tat, als sähe sie nichts. Das konnte ich freilich nicht begreifen.

Willy liebte Hedwig, wie man bei Stendhal nachlesen kann, in der ersten Phase. Ich wußte von mir selbst, was geschieht, wenn diese verfluchte Liebe über den Verstand hergeht. Willy aber war nie jener Mann gewesen, der seine fünf körperlichen Sinne seinen geistigen unterordnete. Er haßte diejenigen, die das trennten. So kam es, daß er vielen half, die sich im Irrgarten der aufgekommenen Sitten verzweifelt ihren Weg suchten. Es wurde erzählt, daß er einer untadeligen Parteiarbeiterin die Wohnungstür eingetreten und das Gas selbst abgedreht hatte. Er half aber auch oft schon vor der Katastrophe, und sein Ansehen kam wohl auch daher. Manchmal erstickte dieses Ansehen sogar die miesen Gerüchte derjenigen, die ihrem Haß das Mäntelchen hochanständiger Sitten umzuhängen versuchten.

Und wie Hedwig weitersprach, dachte ich in meinem Tischlerschädel, was wohl an diesem Mädchen dran sei. Ich dachte mir, woher Männer wie Willy, Patricio oder ich wissen sollten, was im Kopf dieser Hedwig tatsächlich vor sich ging oder was Willys Frau in diesem Moment dachte, als sie auf ihren Mann sah und ihm seinen Weg nicht verbaute; und schließlich meine stille Rose, die, indem sie mich küßte, über meine Schulter hinweg mit Patricio sprach.

Was wußten wir denn schon, wir Transporter, Obermeister, Brigadiere und Parteiarbeiter von unseren Frauen? Ich meine, daß es recht ist, immer noch, wenn wir schon von Liebe schwatzen, beim Mann anzufangen und auch bei ihm aufzuhören. Das ist ganz natürlich, und liegt darin begründet, daß Männer sich immer zutraun, die Wahrheit gepachtet zu haben, Frauen selten. Denn wie soll ein Mann wissen, wie's im Herzen einer Frau in Wirklichkeit aussieht, wenn sie keinen Mund zum Reden hat? Ich grübelte auf diesem Südhang meines stillen Tales darüber nach, ob es auch bei den Frauen breite Risse im Kopf gibt, breit, daß man nicht wagen kann hinüberzusteigen? Männer würden letztlich über Männer reden können, über Frauen nicht. Und las ich manchmal in Büchern, suchte ich sie zunächst immer nach der Liebe ab. Ganz selten fand ich, von Frauen aufgeschrieben, was Frauen dachten. Ich legte mich in die vorabendliche Sommerblumenwiese und sah an Hedwig hoch, wie sie auf dem Gartenstuhl saß und sprach. Sie müßten, grübelte ich, aufschreiben, für meinen Freund Willy und vor allem für mich, was sie denken, wenn sie einen verrückt machen. Die Männer, die ihre Frauen wirklich lieben, sägen den Ast ab, auf dem sie sitzen. Ich dachte mir, daß eine richtige Frau im Kampf um einen anständigen Platz im Leben ihr Liebstes nicht schont. Ich wünschte mir, zu meinem Nutzen, daß die Frauen alles aufschrieben, was sie wissen, so viel meinetwegen, daß die lebenden Schriftsteller, Dichter ausgenommen, von diesen Papierlawinen erschlagen würden. Es gibt viele Mittel, ob sie nun die Verse mit Schweißdraht auf Stahl brennen oder auf den Schaltpulten ihrer Technik Rhythmen schlagen, daß E-Werke tanzen, Maschinen in die Luft fliegen, Straßenbahnen rückwärts fahren. Sie müßten mit den Zahlenkolonnen in unseren Selbstbedienungsläden, wenn sie ihre Abrechnungen hinpacken, ihre Heldengedichte gleich dazuliefern, in Zahlen oder Formeln, wir würden das gewiß lesen lernen, und sie sollten sich auf keinen Fall Orden für schreibende Arbeiterinnen umhängen lassen. Sauft, dachte ich, das ganze Leben in euch rein. Recht habt ihr nur, wie Hedwig bei Willy, wenn ihr euch dieses Recht nehmt.

Hedwig hatte ihr Gefecht eröffnet, mitten auf dem Wochenendgrundstück des führenden Genossen Willy. Ab und an rannte über den runden Tisch eine dieser roten Waldameisen. Hedwig begriff, wie sie zufassen mußte. Das tat sie mir ruhigen Händen und in einem so klaren Deutsch, daß ich erstaunt war, wie schön ein Mensch sprechen kann. Allerdings war sie auch verwirrt, als sie spürte, wie sie diesen einflußreichen Mann durcheinandergebracht hatte, auch schien sie zu begreifen, wie das durchaus keine Kinderei war. Sie begriff die Gefahr. Nur, sie sprach weiter, denn sie wußte, was sie wollte.

Ich erinnerte mich an die Zeit, als ich die Abendschule für Berliner Berufstätige besuchte, um auch mein Abitur zu haben, weil das, dachte ich damals, wichtig sei. Einmal hatte ich eine sehr junge Rednerin gehört, auch in blauer Bluse, und nicht weit von ihr saß Otto Grotewohl. Vor beiden so viertausend Menschen. Grotewohl hatte eben gesprochen, einen Moment lang kam was von ihm auf mich. Nach ihm stellte sich dieses Mädchen an das Mikrofon. Lieber Genosse Grotewohl, sagte sie, und alle die Menschen in dem Riesenraum waren verzaubert. Alle sahen auf sie, auf diesen einen Mund. Grotewohl drehte sich mit seinem unbeschreiblichen Lächeln ihr zu, und ich dachte, sie wäre nicht wirklich da, sondern nur erfunden, ausgedacht, weil mir schien, so etwas wie sie könnte es nicht geben. Aber sie war wirklich. Was sie sprach, vergaß ich, aber wie sie sich bewegte, vergesse ich nie. Und so eine Frau ist mir später nur einmal noch, auf einer unserer Gewerkschaftsversammlungen im Möbelwerk begegnet. Das war nun das dritte Mal, hier oberhalb der spitzen Dächer dieses Dorfes.

Hedwig sagte, daß sie den Bau einrichten wollten wie das Leben selbst, jedenfalls dem Leben entsprechend. Nur das, was sie erzählte, paßte so auf Willy und sie, daß ich beinahe annahm, sie machte sich über ihn lustig. Willy sah sie immerfort an, und sie ging aufs Ganze.

Die dritte, vierte und fünfte Etage wollen wir nicht festlegen. Das sollen die Menschen dann, wenn die Umfassung da ist, nach Belieben einrichten. Wir sind, was den Grundriß betrifft, nicht einig, wir haben uns nur darüber verständigt, daß wir beweglich bleiben müssen. Wir wollen nun versuchen, die beiden letzten Etagen zu installieren. Die vorletzte, sechste Etage soll die Etage der Künste sein. Ich bitte dich, Genosse, schon jetzt zu erlauben, daß wir hier Zirkus oder Theater haben müssen. Wir wollen ein Theater, in dem unsere Dichter nicht beleidigt werden und arm in den Ecken rumgammeln und ihre ledernen Jacken an den Zementwänden abscheuern. Darum soll auch der Dichter M. in diesen Turm, wenn nötig als Pförtner, damit er sein regelmäßiges Geld hat und sich nicht verkriechen muß, will er uns sehen oder reden. Ich liebe ihn. Seine Verse erinnern mich an Majakowski, und doch erinnert er darin nur an uns selbst!

Willy hörte aufmerksam zu. Ich wußte, wie auch Willy der Meinung war, daß jener Dichter jahrelang den Mund zu halten hatte, keine Silbe war von ihm gedruckt, hieß es, keine Rede von ihm im Funk übertragen worden. Der Dichter aber, hieß es, blieb der Sache der Arbeiterklasse treu.

Der kommt, Willy sprach durch die geschlossenen Zähne, nicht in euren Turm. Du weißt nicht, was du sprichst. Er hat unsere Sache verraten.

Hedwig schien nicht mal erschrocken, sie sagte: Das habe ich dummes Ding nicht gewußt, denn dieser Dichter, man spielt ein Stück von ihm in Nowosibirsk, und keiner kennt es bei uns, sagt, sein Vater war ein Schuhmacher, wie du ein Zimmermann! Er wird Etagenleiter!

Er kommt, solange ich noch was zu sagen habe, nicht in den Turm, den Verräter nehme ich zurück, er hat sich tatsächlich einige Jährchen zurückgehalten.

Dann, sagte sie, die Chemiearbeiterin, dem Willy so ebenbürtig, daß er Spaß bekam an diesem Wortgefecht, dann kommt der Turm zu ihm. Die Zeit geht voran, unser Theater wird ein politisches Theater. Nicht abgesondert, von den Menschen weg, sondern mitten unter uns und Licht auf jeden.

Ich stellte Willy den zweiten Rum an die rechte Hand, gab ihm Feuer. Ich muß sagen, er war voll da.

Wir sind, sagte Hedwig weiter, mit dem Theater in unserer Stadt unzufrieden, weil es, manchen Problemen ausweichend, ein arg unpolitisches Theater geworden ist. Es scheint mir, alle möglichen Leute haben ihren Spaß daran, wir aber nicht. Wir wollen rote Stücke auf der Bühne sehen, keine rosaroten. Darum wollen wir den auf uns gekommenen alten Raum aufreißen und der Sache öffentlichen Charakter geben. So wie's die Griechen übten. Das wird kein Zuckerlecken. Doch, das lehrst du uns, man muß immer neu leben, das Ziel, ein Arbeitertheater, nie aus dem Kreis heraus an seinen Rand schubsen, sondern im Mittelpunkt dieses Kreises fest einbauen. Shakespeare wird nicht weinen! Dafür muß man allerdings in unserem Theater was riskieren. Da geht's uns besser, Genosse! Wir, die Arbeiterjugend und die Studenten, wir haben alles vor uns. Drum verzeih uns unsere Leichtfertigkeit.

Hedwig war nun gar nicht mehr zu bremsen, trank sogar aus Willys Glas, und ihm begann zu dämmern, wen er sich da aufgehalst hatte. Was sie sagte, schien ihm nicht neu, wie sie es sagte, allerdings, freute ihn.

Wir sind nicht dumm, von euch erzogen, und fleißig sind wir auch. Offene Wände, Musik und Tanz, so wie das Theater war, ganz am Anfang. Wir wollen auch jedem, der in diese Etage kommt, ein Abendgeld zahlen, damit er sich Bier oder Limonade kaufen kann. Jetzt zitierte sie Friedrich Schiller. Sie sprach die Stelle aus den Kranichen des Ibykus, wo die Völker versammelt warten, daß endlich die übergroßen Gaukler und Richter auftreten.

Hedwig hatte spätestens hier mein Herz gewonnen. Ich wußte einen eingebildeten Menschen von einem tatsächlich gebildeten zu unterscheiden.

Sie stand vor uns, versteckte ihre Hände und sprach immer weiter. Mir schien, als schwebte sie genau ein hundertstel Millimeter über der Wiese. Rose horchte mit offenem Mund. Patricio fingerte ab und an einen Ton auf der Gitarre, und Willy sah nur dieses Mädchen. Willys Frau ging um sie herum und goß ihr Tee nach und fragte, wieviel Zucker sie einwerfen solle. Willy winkte seine Frau um Ruhe, sie setzte sich dann zu mir. Ich dachte mir, wenn alle Stränge reißen, mit Schiller kriegt sie Willy garantiert. Rose mußte ihr gesagt haben, welches Buch Willy fast immer in seiner Gesäßtasche mit sich herumschleppte, im Kleinformat, auf dünnstem Papier gedruckt: die Briefe des jungen Schiller. Hedwig erläuterte die siebente Etage. Die Studenten hörten nicht mehr zu. Sie besichtigten das Grundstück und betrachteten schließlich das Dorf im Tal, hinter dem die Sonne niederging.

Die siebente Etage wird, hoch unter der Kuppel, die Etage der Liebe sein. Hier sollen alle reinkommen, die nicht allein sein wollen, die sich nach einem Mann sehnen oder nach einem Mädchen. Wer glaubt, er habe nun endlich sein Glück, soll's nehmen und wiederkommen dürfen, bis er's tatsächlich geschafft hat. Aber das Wichtigste neben anderen wichtigen Tätigkeiten wird sein, daß auch hier wieder Genossen sind, immer nur ehrenamtlich, die den Mädchen, so sie kommen, helfen, ihre Scheu vor sich selbst loszuwerden. Jede, die hier reinkommt, soll frei sein nach Herzenslust. Der Mann, der einsieht, daß da eben wir, die Frauen, herrschen, mag uns herzlich willkommen sein!

Willy fragte: Und wie werdet ihr mich empfangen, mich armen alten gramgebeugten Mann?

Hedwig antwortete ihm: Dich werden wir holen, als den, von dem wir lernen. Wir nehmen dich auf als den, der du bist: eine interessante Persönlichkeit in unserer Stadt!

Willy schien das bisher Vorgetragene einzusehen. Ich würde euch raten, die drei Etagen unter der siebenten nicht frei zu lassen, sondern hier eine Gewerkschaftsschule in drei Abteilungen einzurichten. In der ersten Abteilung müßte gelehrt werden, wie in unseren Betrieben mitregiert werden kann. Hedwig unterbrach ihn und wies ihn sofort zurück: Das Mitregieren muß an Ort und Stelle in unseren Betrieben selbst verwirklicht werden, das kann man nicht lehren, das muß durchgesetzt werden. Eine lockere Schule, sagen wir mal, eine Schule der sozialistischen Kunst in der fünften Etage, das scheint real zu sein. Das muß, denke ich, berücksichtigt werden!

Und wollt ihr der Arbeiterklasse gar nicht helfen? Weißt du, wie schwer das ist, sich ohne Hilfe durchzusetzen?

Ich stand auf, ging zu Willy, drückte ihm die Hand und ging wieder zur Seite.

Hedwig aber antwortete: Darum werden wir uns selber kümmern, dort, wo wir mehr zu sagen haben müssen. Außerhalb gestellt, wird die Sache zu einem Witz, über den man lachen könnte!

So stelle ich den ganzen Turm in Frage!

Die Studenten bekamen lange Ohren. Jener, der so viel gegessen hatte, zerbrach vor Wut über Hedwig eine Hartpapierrolle, was eine ziemliche Leistung war.

Hedwig antwortete: Das hab ich mir gedacht. Ich hab dir ja gesagt, daß du den Sinn begreifen sollst, und du hast den Sinn nicht begriffen. Die ideologische Arbeit im Turm werden wir, und so mußt du das begreifen, dem Leben entsprechend einrichten. Wenn die Arbeiter in den Turm kommen und wollen das Mitregieren studieren, so kommen sie halt. Was die Frage der Gewerkschaften betrifft, habe ich dich begriffen.

Und Willy sprach nun die geradezu historischen Worte: Nun, dann baut los. Wir wollen ein Beispiel haben. Ich wünsche euch Erfolg und Glück. Laßt eurer Phantasie freien Lauf. Weil ihr wißt, was ihr wollt, freue ich mich über euch. So, und jetzt alles noch einmal, aber ohne Belletristik!

Er nahm den langen Studenten und Hedwig bei den Schultern. Sie gingen in den Garten hinein, kamen zurück und waren, wie man so sagt, einig. Hedwig schien in einer Position nachgegeben zu haben, ich war mir nicht sicher, in welcher. Ich rollte das Stromkabel zusammen, trug das Diktiergerät ins Haus, und Willys Frau, Rose, Patricio und ich bauten eine festliche Tafel im abendlichen Licht. Der kleine Student hatte Blumen gepflückt, die er auf die weiße Tischdecke streute. Der Student, der kaum sattzukriegen war, lungerte nun bei uns herum.

An die Nacht dann bis zum frühen Morgen und den folgenden Tag und die nächste Nacht, als ich im Werk pünktlich fünf Uhr fünfzehn meinen Kran einschaltete und sauber geschliffene Tischplatten von der Schleifmaschine aufnahm, kann ich mich kaum erinnern. Ich dachte mir, daß jemand an diesem Wochenende in der Abteilung gearbeitet haben müsse. Ich war recht froh, meinen gewohnten Holzstaub einzuatmen. Nachdem ich die Platten in die Spitzerei gefahren hatte, fuhr ich meinen Kran bis zu den Endschaltern durch. Es konnte also, nach meinem Ermessen, keine Last abstürzen.

Ich stand in meiner Bodenkammer, der vorläufigen Wohnung, hoch über der Stadt. Nach der Frühschicht hatte ich ein bißchen geschlafen, Kaffee in meiner ungarischen Kaffeemaschine gekocht, ihn fast ausgetrunken, und sah nun ratlos auf die Dunstglocke über der Stadt meiner geheimsten Wünsche.

Der Kaffee aus dieser Espressomaschine war ohne Tadel. Tschapa, der Wirrkopf, einer meiner Arbeitskollegen, hatte das Maschinchen aus Budapest, seiner Heimat, mitgebracht. Er sagte: Kollege! Hier mein Geschenk für fünfzig Mark! Ich zahlte sofort, ehe die anderen zugriffen.

Wer auch nur einen Tag in unserer Stadt zugebracht hat, lernt bei uns das Kaffeetrinken. Der Lebensrhythmus der Menschen zwischen ihren alten und neuen Mauern richtet sich nach ihren Kaffeepausen. Sie trinken ihn süß, heiß und in ziemlichen Mengen. Man könnte, wäre man Anarchist, die Menschen allesamt demoralisieren, würde man die Zufuhr des geliebten Kaffees sperren. Die Arbeitermacht bei uns darf sich Fehler erlauben, nur den nie, das Herbeischaffen des Kaffees auch nur einen Moment lang zu vergessen. Setzten wir, daß zum jetzigen Zeitpunkt in- und außerhalb unserer fleißigen Stadt für ich weiß nicht wieviel Milliarden Mark Waren produziert werden, rechne ich das dem Kaffee zu. Eine andere Rechnung, zum Beispiel in der Zeit Versammlungen abzuhalten, da in unserem Möbelwerk Kaffee getrunken wird, halte ich für falsch. Kaffeetrinken ist Arbeit. Die wesentlichen Entscheidungen fallen nach der zweiten Tasse, dann, wenn das zweite Würfelzuckerstück mit Kaffee vollgesogen auf der Zunge meines Brigadiers Heinz ohne Störung dahinschmilzt. Wehe, der Kaffee ist kalt. Kalt wird dann entschieden. Ist er heiß, kann Gernod viel erreichen. Alles könnte er erreichen, bezahlte er ihn. Doch Gernod ist, seit er sein Auto hat, geizig geworden. Unsere Fußballmannschaft konnte zum Beispiel den fast erreichten Pokal der Gewerkschaft nicht fassen, weil uns die Klubmannschaftsanhänger der Schwesterstadt, wo unser Kaffee geröstet und abgepackt wird, in diesen entscheidenden Wochen alten Kaffee schickten. Er war zum Ausspucken! Die Mannschaft unserer Schwesterstadt aber bekam den Pokal. Die Lehre daraus war, eine eigene Rösterei zu bauen. Allerdings haben sich unsere Mannschaft und ihre Anhänger noch lange nicht erholt. Der Schlag war hart.

Wie lange kann ein Transportarbeiter, der langsam ist wie ich, vor sich hinschauen und nichts sehen als schmutzgetränkten Himmel, der melancholisch macht? Unvorstellbar lange. Die Melancholie geht ins Maßlose und die Schwachheit wird so stark, daß sie einen Arbeiter wie mich umwerfen kann.

Ich fiel auf meine Liege, trank den allerletzten Schluck Kaffee und zog aus meiner Arbeitstasche, zwischen altem Frühstücksbrot, einem gestohlenen Messer aus unserer Werkküche, es war das letzte Stahlmesser, die neuen sind aus Aluminium, darum nahm ich es natürlich mit, einer zerfetzten Arbeitshose, die ich schon drei Wochen mit mir herumschleppte, und einer Menge einzelner Pfennige, die auch unsere Einholefrau nicht nimmt, einen Kriminalroman hervor.

Diese Tasche hatte so manches gesehen. Daran darf ich gar nicht denken! Eine abgeschabte Tasche, aber handlich. Da paßte viel rein. Auch an den Taschen, die die Menschen in unserer Stadt, mal links und mal rechts, trugen, sah ich ganz gut, was sie waren. Doch selbst der vornehmste Diplomatenkoffer kann nichts verdecken: wenn der Mensch um vier Uhr nachmittags in der Straßenbahn sitzt, abgeschuppte Fingernägel unter ihm versteckt und vor allem nicht darauf achtet, durch welche Straße die Bahn gerade fährt. Der Mensch ruckt erst dann hoch, wenn er da ist, wo er hingehört. Ein Arbeiter bleibt ein Arbeiter, er mag sich verstellen, wie er will.

Es war ein englischer Kriminalroman. Der Schauspieler Fred hatte ihn vom Dichter M., der, vor einigen Tagen aus Hamburg zurückgekommen, nicht am Tröpfchen vorbeigegangen war. Ich sah diesen Dichter nur ganz kurz. Er trug eine krähenschwarze Brille, eine sehr gute Hose, ich glaube Cord, und hielt den Oberkörper etwas geneigt, was aussah, als schleppte er was auf dem Buckel. Als er das Tröpfchen betrat, dachte ich, er wäre blind, so vorsichtig trat er durch die engstehenden Stühle zur Theke und brannte sich an der ewigen Flamme eine Zigarre an. Fred begrüßte ihn sofort laut und haute ihm kräftig auf die Schultern. Das tat dem Dichter weh. Als Fred zum Skattisch kam, dauerte es nur so wenig Zeit, wie ich ein neues Spiel gemischt hatte, und dieses Buch war von Fred zu Gernod, meinem Obermeister, übergewechselt. Da Gernod den Moment hatte, wo seine Nase tropfte, griff ich mir dieses Büchelchen aus seiner vornehmen Arbeitertasche, kam aber nicht dazu, es heimlich wieder reinzustecken, weil er sich diese Tasche vorsorglich zwischen die Knie klemmte. Willy wollte wissen, was da gemauschelt würde, ich hob die Schultern und ließ sie wieder fallen. Willy sah zum Dichter, sah ihn aber nicht. Der Dichter hielt sein Gesicht in unsere Richtung, aber ich glaube, wir interessierten ihn nicht. Sein Gesicht zeigte keine Regung, es war nur käsig. Er rauchte an seiner Zigarre. Wie er hundert Gramm Wodka getrunken hatte, nahm er sein schmales Reisegepäck und ging. Ich glaube, er hat mich, bevor er rausging, angesehen. Aber ich kann mich irren, sicher sah er auf Willy, denn wer bin ich schon für einen berühmten Mann?

Nie hätte ich diesen Roman gelesen, wenn sich jener Dichter nicht so schnell davon getrennt und die anderen nicht so verrückt darauf gewesen wären. Auf dem Umschlag war eine Leiche zu sehen. Die Füße ragten unter dem Laken hervor, weil dieses Laken viel zu kurz war. Das ist, dachte ich mir, nicht schlimm, denn als Leiche hat man sowieso immer kalte Füße, und wen geht das, dachte ich in meinem Schädel, schon was an, wie man als Leiche aussieht? Allerdings hätte man nicht geizig sein sollen, denn das sieht nicht gut aus, wenn tote Füße unter einem bleichen Laken rausstarren. An diesen Füßen sah ich, daß sie zu einer Frau gehörten, auf den großen Zehen wuchsen keine Haare. Es waren die Füße einer sehr jungen Leiche, ich meine, die tote Frau muß jung gewesen sein, bevor sie eine Leiche wurde. Als Tischler mußte ich einmal ein junges Mädchen einsargen, es war siebzehn Jahre alt gewesen. Ihre Füße und die Füße auf dem Umschlag waren keine Altweiberfüße. Das sah ich sofort. Damals, bei den echten toten Füßen, hatte ich, als ich sie anfassen mußte, um die Tote von der Bahre in den Sarg hinüberzuheben, oben faßte mein Geselle an, und ich, der Lehrling, unten, so geheult, daß ich nach draußen vor die Flügeltore der Leichenhalle treten mußte. Ich hatte Angst. Mein Lehrgeselle sprach streng mit mir, und wir vollendeten unsere Arbeit. Als das Gesicht der bleichen Leiche schön auf dem Papierkopfkissen lag, ihre langen schwarzen

Haare links und rechts auf ihren Schultern, setzte sich mein Geselle auf die nun leere Bahre und begann zu essen. Wieder lief ich vor die Halle. Ich hörte, wie er murmelte: Unser Meister, dieser Hund, der lebt, sie mußte sterben!

Lange sah ich, auf meiner Liege liegend, auf diesen schönen Umschlag und begann dann zu lesen. Beschrieben war eine zwei Meter hohe Rosenhecke. Sie blühte vollständig. Dicht an dicht blutigrote und reinweiße Rosen, beide Farbmassen, je nachdem wie zufällig der Gärtner die Rosenstöcke eingegraben hatte, mal nur rot und dann wieder nur weiß. Also nicht rot und weiß wie Kraut und Rüben durcheinander, sondern ganz für sich. Dicht neben dem rotweißen Rosenwall ein pfeilgerader Weg, streng abgegrenzt von einer Rasenfläche. Weit im Hintergrund, am Ende der unendlichen Auffahrt, der Besitz: eine Villa. Das Mädchen, in ihrem teuren Auto, eine Dramaturgin eines linken Theaters in London, befindet sich in Begleitung eines Mannes. Augen hat er wie Christus auf den Bildern von Albrecht Dürer, dazu einen roten zotteligen Bart. Sie sagt: Laß dich von dieser Auffahrt nicht beeindrucken. Ich liebe dich sehr! Sie stoppt den Wagen millimeterdicht an der ersten Stufe der Treppe zur Villa. Zwischen den Fugen der natursteinernen Treppe wächst zartes Gras. Immer neben dieses Fugengras tretend, steigen sie zum Eingang des einsamen Schlosses hinauf. Sie öffnet die bescheiden gebaute Eingangstür und sagt zu ihrem jungen Freund: Mir gehört das alles nicht. Ich bin nur seine Geliebte. Aber dich liebe ich. Du weißt das, und ich kann ohne dich nicht sein!

Diese letzten Sätze las ich wieder und wieder. Ich mußte ein bißchen weinen. Ein Mann allein, und er weiß, er wird nicht beobachtet, und auch in einer Stunde wird keiner kommen, gestattet sich manchmal zu weinen. Weil ich weiterlesen mußte, wischte ich meine Tränen mit dem Handrücken ab, dachte an Rose und nahm die nächste Seite des Romans vor meine Augen.

Der rotbärtige Junge, ein ultralinker Student der Journalistik, bekommt, als er hört, daß sie die Geliebte eines reaktionären Verlegers ist, einen Schock und rennt über die Auffahrt auf die Pforte zu, die blutigroten und mildweißen Rosen fliegen an ihm vorbei und verschmelzen zu einem rosafarbenen Wall. Er hat kaum noch Luft, ich nahm an, er muß ein starker Zigarettenraucher gewesen sein, und prallte endlich an das schwarze Metall der Pforte. Nur wie soll er eine elektronische Tür öffnen? Als er sich bückt, um seine Hosenbeine hochzustreifen, fallen vor seine Füße drei dieser blutigroten Rosen. Erstaunt nimmt er sie auf und schiebt diese drei Rosen zwischen die Jacke und seine nackte Haut. Zufällig sieht er in seine Hände. Sie sind blutig. Er reißt die Jacke auf, auch seine nackte Brust ist blutverschmiert. Er schaut hinter sich, dorthin, von wo er gerannt kam. Aus dem einzigen lukenartigen Fenster der Vorderfront dieses gewaltigen Besitzes weht wie eine Fahne die Gardine. In diesem Moment öffnet sich die elektronische Pforte. Unbedacht stolpert er hindurch, das Eisentor klickt zu, aber als er wieder hinein will, zurück zur Villa, in die Arme seiner Dramaturgin, kriegt er das Torgitter nicht mehr auf. Der Wagen, in dem beide gefahren waren, ist fort. Er packt die Eisenstäbe, rüttelt und ist verzweifelt. Der Student rennt los. Am anderen Morgen liest er in einer Zeitung, wie seine Geliebte aufgefunden wurde. Man weiß nicht, wer sie umbrachte. Die Jagd hat begonnen.

Ich habe diesen Roman nie zu Ende lesen können. Ich hörte hastige Schritte auf der Holztreppe zu meiner Kammer. Ich kam nicht sofort hoch. Rose stieß die Tür mit einem Fußtritt auf. Sie sah auf mich und wollte wissen, ob ich geweint hätte. Ich stritt das ab. Sie wollte nun wissen, ob ich ihretwegen geweint hätte, was ich erst recht abstritt. Ich wälzte mich von meiner Liege und saß unentschlossen auf der Kante. Rose hielt beide Hände vor sich. Sie waren zu einer Kugel geformt. Drinnen piepste was. Ich ging zu ihr. Sie öffnete die Hände, ich sah einen nackten Vogel kauern. Seine Augen waren fast geschlossen, fast! Der Kopf, hauptsächlich Schnabel, schien ebenso groß wie der restliche Körper. Alles das zitterte frierend in Roses Händen.

Ist er nicht süß? fragte Rose. Ihre Stimme war zärtlich, wie ich's noch nie bei ihr gespürt hatte. Mit meinem kleinen Finger wollte ich den breiten Schnabel des Tieres anrühren, aber sofort war das Vieh dabei, ihn zu verschlucken. Ich schüttelte den hungrigen Vogel in ihre Hände zurück und setzte mich auf meine Liege.

Der Dachdecker hat im Pferdestall das Dach ausgebessert. Ein Schwalbennest fiel runter. Vier kleine Schwalben waren tot, aber diese lebt. Ich konnte doch das süße Vieh nicht von meiner Erdmute tottrampeln lassen.

Willy hatte seiner Tochter zum Geburtstag ein Pferd, Erdmute, geschenkt. Er leistete sich dieses Geschenk aus drei Gründen: das Lederzeug erhielt er gratis zum Pferd dazu, was vielleicht, so erzählte er mir, das teuerste war, und ein Rentner versorgte das Tier und noch einige andere für wenig Geld, die Pferdeliebhaber zahlten jeder ihren entsprechenden Teil. Der dritte Grund war, daß er die Tage seiner frühesten Jugend während der Emigration in Mexiko nicht vergessen konnte, als er, mit noch anderen deutschen Emigrantenkindern auf einen roten Berg geritten war und als er später, wieder reitend, seine Frau, sie war gerade fünfzehn Jahre alt, kennenlernte. Darum hatte er Rose dieses Pferd gekauft und behalten, obwohl manche Genossen ihn hänselten. Er habe, so grinste Willy, nun kleinbürgerliche Manieren. Dazu das Häuschen, sie mußten ja so denken, dabei wäre es ihn noch billiger als das Pferdchen gekommen und seine Frau verdiene schließlich mit. Sein festes Gehalt als Berufsrevolutionär schließe es völlig aus, bürgerliche Lebensweise praktizieren zu können, denn er sei nicht einer, der sich zu seinem Gehalt noch ein Gehalt dazu machen könne! Rose, sagte er, würde reiten, solange sie Spaß daran habe und der Rentner das Pferd versorge.

Ich fragte Rose noch einmal, was das für ein Vogel sei, und sie sagte wieder, daß es eine Schwalbe wäre, was ich nicht glauben konnte, denn sie war gar zu nackt.

Was soll ich mit dem Tier, schimpfte ich, es krepiert sowieso! Schmeiß es der Tina vor!

Rose war erschrocken. Außerdem hatte der Vogel in ihre Hand gekackt. Ich setzte das Tier auf die Leselampe und reinigte Roses Hand. Durch das offene Bodenkammerfenster hörte ich, von der Spielwiese her, die Kinder lärmen. Diese Kinder, es waren zweiundzwanzig, wohnten im Parterre und in der ersten Etage des Hauses, unter dessen Dach auch ich provisorisch lebte. In der ersten Etage, neben dem weiten Schlafsaal der Kinder, wohnte ein Erzieherehepaar mit zwei eigenen Kindern, sie fütterten einen Hund, der Tina hieß. Im Parterre war ein großer Raum, in dem sich die Kinder aufhielten, wenn es regnete oder wenn sie auf den Fernsehkasten sahen. Hier spielten und lernten sie. Eine kleine Küche, Toilette, und Treppenaufgang füllten die restlichen Quadratmeter umbauter Fläche. Dieses Haus soll früher eine Mühle gewesen sein, was denkbar war, denn vor dem Haus floß ein kleiner Bach. Über den führte eine hölzerne Brücke zur Spielwiese. Allerdings hätte man auch über den Bach springen können, was die Kinder natürlich taten, wenn Stefan, ihr freundlicher Erzieher, im Haus zurückblieb und mit seiner Frau in der dritten Etage Kaffee trank. Sein Hund, die Tina, vertrug sich nie mit den Kindern, vielleicht roch er, daß sie als schwererziehbar galten. Die Schwererziehbaren ärgerten sie dafür. Ich weiß nicht, wer wen zuerst ärgerte, die Tina diese Kinder, wenn sie sie anknurrte, oder die Kinder diese Tina, wenn sie sie mit Steinchen, Knüppeln oder auch nur mit vor die Nase gehaltener Wurst wild machten. Tina lag an der Kette. Es ist durchaus möglich, daß Tina durch das Kettenleben unfreundlich geworden war, aber es ist auch möglich, daß die Kinder in Tina jemanden hatten, den sie ohne weiteres ärgern konnten. Unter den Kindern gab es sogar Spezialisten. Ich hatte einen Jungen beobachtet, der gemeinsam mit seinem Freund eins von Stefans Hühnern zur Tina scheuchte. Tina packte das Huhn, zerrte es in ihre Hütte, und bald warf sie Federn zum Loch heraus. Tina war eben dabei, diese Federn zu verscharren, als Stefan kam. Er ging zurück ins Haus, holte die Hundepeitsche und drosch den Hund durch. Die beiden Jungen standen am Rand der Spielwiese und taten, als sähen sie in den Bach zu ihren Füßen.

Tina und ich jedoch, wir waren uns freundlich zugetan. Als ich einmal schwer vom Bier nach Hause kam. hielt ich die Hundehütte für meine Höhle, kroch hinein und schlief darin bis zum Morgen. Als ich erwachte, schämte ich mich, aber Tina sah mich mit ihren schönen Augen an und leckte mein Gesicht. Seitdem dachte ich auch im Werk an Tina und schenkte ihr so manches zähe Schnitzel aus der Betriebsküche, eingewickelt in Papier. Tina wickelte sich das aus. Als die Schnitzel dünner wurden, fing Tina nach und nach die restlichen Hühner weg, bekam jedesmal mit der Peitsche, und Stefan legte sich Karnickel zu. Aus dem Möbelwerk brachte ich ihm Holzabfälle mit und Scharniere, die wir nicht mehr haben mußten, und wir nagelten gemeinsam die Buchten zusammen. Tina sah uns zu, den klugen Kopf auf beiden Pfoten. Ich fragte, warum er Tina nicht erschieße, wenn sie ungezogen wäre, aber er meinte, daß er sich nicht sicher sei, wo die Ursache für ihre Mordsucht liege. Auch könne er sich von Tina nicht trennen, sie erinnere ihn an seine Zeit, als er Grenzer war. Er hatte sie bekommen, weil sie damals schon ihre Mucken hatte.

Nachdem ich Roses Hand vom Schwalbendreck gereinigt hatte und sie es trotzdem ablehnte, das Schwälbchen an Tina zu verfüttern, sagte sie: Wir bauen der Schwalbe ein Nest, und dieses Nest stellst du hierher in dein Bücherbord, wo es schummerig ist, denn in einem Schwalbennest ist es nie hell! Ich war nicht einverstanden: Anfangs wirst du herkommen und dich kümmern, weil's wirklich süß ist, aber dann, wenn dieser Vogel Arbeit macht, wird er auf mir sitzenbleiben. Und für das Tier wird das erst recht eine Quälerei. Eine Schwalbe, wenn es wirklich eine sein sollte, frißt am Tag soviel fliegendes Ungeziefer, wie sie selber wiegt, und ihr Gewicht nimmt sehr schnell zu! Und alle diese Tierchen schluckt sie lebendig, tote Tiere kann sie gar nicht sehen! Ich will nicht! Niemals!

Ich fing in meiner Dachkammer eine Fliege, man muß sie genau in dem Augenblick mit der hohlen Hand greifen, wenn sie startet, und sie fliegt dann mit dem Kopf genau in die Handfläche. Eine Fliege kann nur nach vorn starten. Ich warf sie dem Vogel in den aufgesperrten Schlund. Er schluckte, schüttelte sich und hob wieder seinen offenen Kopf. Ich griff noch eine Fliege und noch eine, aber bald spürten meine Zimmerfliegen, mit denen ich sonst ein gutes Verhältnis hatte, was ich wollte. Sie surrten schon fort, wenn ich meinen Arm noch nicht gehoben hatte. Wer versucht, ein Mädchen wie Rose mit Worten zu überzeugen, beweist, wie wenig er von ihr weiß. Wie dieser Vogel auf der Lampe saß und fror, beschloß ich also, einen ernsthaften Versuch zu unternehmen. Ich fand einen Sandalettenkarton, setzte die Schwalbe in diese gewaltige Kiste und lief damit auf die Wiese vor das Haus, wo zweiundzwanzig Kinder Krieg spielten. Einige hielten Maschinenpistolen, andere rollten wie Panzer direkt auf mich zu, gefolgt von zwei Schützenketten. Ich kniete auf der Wiese und zupfte trockenes Gras in den Sandalettenkarton. Die Panzer überrollten mich, wobei sie vorsichtig das Schwälbchen beäugten. Zwei MPi-Schützen warfen sich neben mich und gaben mir Feuerschutz.

Stefan, der freundliche Erzieher, kam zu mir, schenkte mir eine Zigarette, und wir berieten, was mit diesem nackten Tier zu tun sei.

Die Schützen sprangen hoch, liefen einige Schrittchen weiter, rollten sich, kaum daß sie gefallen waren, links und rechts ab und schossen in den Stadtwald. Ein Kind brüllte: Du bist tot! Du bist tot! Es begann zu weinen, weil sein Freund nicht tot sein wollte. Spaßeshalber griff Stefan nach einer kleinen Heuschrecke. Sie war noch nicht grün, sondern fahlgelb. Er hielt sie dem Schwälbchen vor den breiten Schnabel. Die Heuschrecke krümmte sich vor Angst, ich bin mir sicher, daß so ein Insekt keine Angst empfinden kann, aber irgendwas bringt ja die Abwehrreaktion in Gang, es mochte wohl dieser Schnabel sein, krümmte also vor Angst den wurmartigen Hinterleib und schiß. Das Schwälbchen riß den Schnabel zu einem gewaltigen Loch auf, Stefan hielt das Tierchen hinein, und mein Vogel verschluckte sie ohne Flügelschlag und sperrte seinen Schnabel nach der nächsten auf. Stefan und ich krochen über die Wiese, zwischen den toten und schießenden Kindern umher, griffen nach Heuschrecken und stopften unserem Schwälbchen den Schlund. Das Problem war kein Problem mehr. So klein das Vieh war, es zottelte sich so lange in das trockene Gras, bis eine richtige Kuhle entstand. Ich sah erstaunt auf das Tierchen, als es sein fast federloses Hinterteil über den Nestrand weghob und seinen Kot rausspritzte. Und wie ich sah, daß es die ersten Versuche unternahm, seine noch nicht geplatzten Federstummelchen zu putzen, war mir klar, daß es leben würde, wenn ich fleißig genug wäre. Nun kamen die Kinder, legten ihre Handfeuerwaffen ordentlich neben dem Nest ab und sahen in den Karton auf das Vorgelnest. Auch die Panzer parkten. Uwe, ich nannte ihn Üwchen, bat mich, die Schuhschachtel anfassen zu dürfen. Sie wurde von Kinderhand zu Kinderhand gereicht. Alle Augen wurden wie Roses Augen, die Stimmen ganz fein, und mein Uwe sang das Lied von der weißen Friedenstaube:

Kleine, weiße Friedenstaube,
fliege übers Land…

Ein Kind brüllte: Flugzeuge von rechts! Die Kinder griffen nach ihren automatischen Waffen, robbten über die Spielwiese zum Stadtwald, gefolgt von den Panzern. Stefan, der freundliche Erzieher, rief die Kinder zusammen. Sie durften antreten und zum Fernsehen abmarschieren. Ich lief an ihnen vorbei in das Haus. Rose kam mir von oben entgegen. Ich habe einen Zettel hingelegt. Ich muß fort! Mit ihren sanften Fingern strich sie über meinen Vogel und lief davon. Ich sah durch das Bodenkammerfenster auf die schmale Straße vor dem Kinderhaus. Rose stieg in ein Taxi. Sie setzte sich zum Fahrer und nicht nach hinten. Das Haus war still geworden. Das war immer so, wenn die zweiundzwanzig Kinder aßen. Ich hörte ihre Bestecke klirren. Sie aßen lange. Auch ich bekam Hunger. Die Schwalbe hatte sich in ihr neues Nest gemummelt. Ich wollte Roses Zettel nicht lesen. Wozu? Da war geschrieben: Mein lieber Transportpaule! Ich bin im Theater bei Patricio. Heute ist die Uraufführung eines neuen Stücks vom Dichter M. Komm bitte nach der Vorstellung, Vater gibt einen Empfang, und alle sind gespannt. Ich warte mit Patricio auf dich und halte einen Platz neben mir frei. Deine dich immer liebende Rose!

In das Schauspiel hatte sie mich also nicht eingeladen, ich war ihr zu dämlich. Ich dachte, daß sie und Patricio Haut an Haut sitzen würden. Mir wurde richtig schlecht.

Ich sah wieder auf die abendliche Stadt. Der Fluß hatte sie für immer getrennt, aber drei Brücken klammerten Altstadt und Neustadt zusammen. Während die Neustadt mit ihren Bruchhäusern aus den Gründerjahren mich nicht interessieren konnte, sank die sanfte Sonne hinter das berühmte Stadion, wo jener Flieger damals für viele tausend Menschen, die in den nächsten Stunden kaputt gehen würden, das erste Licht angezündet hatte. Und ich sah auf meine Altstadt, da war alles neu, auch die Bäume. Der einzige Trümmerhaufen, den die Jugend gern überbauen wollte, würde jetzt, da die Dunkelheit in seine Ritzen kroch, lebendig werden. Das waren die Ratten, die kein besseres Nest bei uns finden konnten.

Jener berühmte Dichter muß, dachte ich mir, am gleichen Fenster gestanden haben, damals, als er die Altstadt brennen sah. Er soll geweint haben. Ich dachte in meinem Tischlerschädel, wie er ein paar Jahre zu spät weinte, aber es war genau richtig für seine Biographie. Andere Dichter weinten nicht, sie schrien vorher, so laut, daß man versucht hatte, ihnen die Münder zu nehmen. Das war aber nicht gelungen.

Jeder DRITTE, der sich beschwert, wird erschossen. ZWEI waren schon da! Davor war ein Trommelrevolver gemalt, bunt, mit Haltering am Griffstück. Das Spaßschild hing neben der Theke. Jeder, der sich an sie lehnte, mußte diese Order lesen.

Wegen dieses Schildes waren im Tröpfchen nie Krawalle, höchstens mit den Polen, die noch nicht lange in unserer Stadt arbeiteten und darum vielleicht zuwenig Deutsch konnten, um es richtig zu lesen. In unseren Werken arbeiteten viele von ihnen, jung und stolz, und auch einige Mädchen, die mit unvergleichlicher Anmut über unsere holprigen Straßen gingen. Kam einem eine Polin entgegen und war sie vorbei, blieb eine Frage: Wie macht sie das, so schön zu sein? Sie wickelte doch, wie viele hundert deutsche Mädchen, die gleichen Anker an den gleichen Maschinen für Motoren, die dann auch in Warschau verkauft wurden. Doch nach kurzer Zeit war viel von dieser Anmut fort, und dann waren sie wieder weg, man merkte das gar nicht. Neue Mädchen schwenkten neue Röcke, billig, aber gut. In meinem Werk arbeiteten Ungarn: Juri, der Uhrmacher, Laszlo, unser schwarzer Raufbold, der Vogelstimmen und Fröschequaken ganz natürlich brachte. Ferenç, der goldhaarige Ritter, der soviel Mädchen hatte wie der liebe Gott Engel im Himmel, und Tschapa, der Wirrkopf, der Junge mit den linken Händen, immer dann, wenn er keine Lust zur Arbeit spürte. Er hatte ganz selten Lust, unsere Industrieproduktion war ihm ein Greuel, oft wurde er krank davon. Krach hatte ich nie mit ihnen. Es war, als trüge ich ein Schild vor meiner Brust. Da stand geschrieben: Ich verehre das stolze Polen, die Grande Nation! Auf dem Rükken ein zweites: Heiß liebe ich Budapest, die schönste Stadt Europas! Und manchmal war mir der Schädel recht seltsam. Früh, wenn ich in die Neun stieg, diese alte Schüttel, die mich in fünfundfünfzig Minuten quer durch die noch finstere Stadt fuhr, und meine Zeitung von gestern aufschlug, die neue wird erst in zweieinhalb Stunden verkauft, dachte ich manchmal, ich sei irgendein Kollege aus Magnitogorsk oder ein Fischer auf Sachalin: Arbeite wie Bassow, Kollege! Überprüfe deinen Arbeitsplatz! Da hatte ich früh schon die Schnauze voll. Ich dachte in meinem Schädel, was mein Kollege Bassow sagen würde, der vielleicht ebenjetzt seine Pause haben will, die Moskauer arbeiten ja schon, wenn ich erst aufgestanden bin, was Bassow sagen würde, läse er in seiner Zeitung: Arbeite wie Transportpaule, Towaristsch! Überprüfe deinen Arbeitsplatz! Da hätte er, wie ich, manches Rätsel zu lösen, wenn seine Zeitung ebenso ungenau wäre wie meine. Aber das glaube ich nicht. Seine Zeitung würde sehr genau sein: Fakten, Fakten, Fakten! Und ich hatte das ziemlich sichere Gefühl, daß jener Journalist aus meiner Zeitung noch viel Konsumbrot essen müsse, um jenen Funken zu finden, der mich und Bassow zum Brennen bringen könnte. Mein lieber Bassow, dachte ich, was hat man dir getan, daß ich um dich muß weinen? Und mittags, wenn ich am Essenschalter unser recht mittelmäßiges Essen faßte, es hält so viele Minuten im Bauch vor, wie es Pfennige kostet, und mich zu Jozsev Horvath, meinem Kollegen aus der anderen Schicht, setzte, weil wir gern zusammen schwatzten, er probierte unsere Sprache durch, wie meine Rose eine neue Melodie auf ihrer Gitarre, und stellte sie absichtlich auf den Kopf, wenn ich also mein Essen faßte, dachte ich, ich sei schon immer Metallarbeiter bei Csepel gewesen.

Ich war mal mit einer Delegation in den Csepel-Werken, die Werkküche gleicht einem ständigen Bankett, das sind keine sauren Flecke, sondern Träume auf Porzellan! Ich betrat die Werkhallen. Ich wagte kaum, meine Schuhe auf den Csepeler Estrich zu setzen, er war sauber, daß man von ihm Pellkartoffeln hätte essen können. So war dieser Estrich, nicht wie jener in den Arbeitshallen unseres Werkes, wo man glauben mußte, hier sei die Schlacht am Kursker Bogen durchgespielt worden! Doch trat ich am Abend in mein geliebtes Tröpfchen, und die polnischen Wortwellen überschlugen sich in meinen Ohren, dachte ich an meine Kindheit in Warschau.

Einmal kam ich aus dem Tröpfchen. Ein Pole riß am Grundstück der volkseigenen Gärtnerei nebenan eine Latte vom Zaun und wollte sie mir über den Schädel hauen: Faschist! Wo war dein Vater neunzehnhundertvierundvierzig? Ich wollte ihm sachte erklären, wie mein Vater schon neunzehnhunderteinundvierzig seine russische Kugel unters Herz empfangen hatte, und überlegte, ob es besser sei loszuschlagen. In diesem ängstlichen

Moment gellte ein Pfiff. André und zehn andere Polen schlossen einen Ring um mich. Sie schleppten mich in ihren polnischen Klub, wo wir Wurst, Käse und tadelloses polnisches Brot aßen, mit jenen Polinnen und zwei jungen deutschen Mädchen tanzten und schrecklich viel Wodka tranken. Bevor wir jedoch tranken, kam jener Schläger auf mich zu und bat mich um Verzeihung. Ich schämte mich. Die Polen sahen alles. Doch André lächelte ernst. Ihn hatte ich an einem heißen Tag in der Straßenbahn getroffen, als ich aus meiner Arbeitstasche eine Bierflasche griff, sie zunächst Mäcke reichte und danach trinken wollte. Ich hob die Flasche und meine Augen, sah Andrés Augen und den Durst in ihnen. Wir tranken gemeinsam. An der Straßenbahnstation hatte Rose auf mich gewartet. André gab ihr gleich einen Handkuß. Wir zogen ins Tröpfchen, allerdings ohne Mäcke, er ging nach der Arbeit immer gleich heim. Im Tröpfchen stießen wir auf eine Armee junger Polen. Wir versicherten uns gegenseitig, was für großartige Kerle wir seien, während André mit seinen traurigen Augen Roses Hände streichelte. Sie rückte unversehens an ihn, wohl weil so wenig Platz am Tisch war. Einige Wochen danach, als ich Senge kriegen sollte, war's André, der die Sache wieder ausbügelte. Menschen wie wir, dachte ich damals, sind die Polen nicht. Sie leben ganz anders. Ich bin mir jedoch nicht sicher, daß sie ihre Tage schlechter ausfüllen. Wenn ich könnte, würde ich sofort Pole werden. Aber natürlich muß ich bleiben, was ich bin. Man kann sein Land, das einen genährt und trokkengelegt hat, nicht wie eine Windel wechseln. Von der Erde, dachte ich mir, kann man nur auf die Erde springen. Und das, was wirklich ist, wenn ein junger Pole und ein Mädchen aus unserer Stadt zusammen flüstern, ist nicht zu fassen. Wir, sagte Willy einmal, nachdem wir meinem Obermeister Gernod ein Kreuzspiel umgerissen hatten und ein Pole uns eine Sport reichte, die Willy dann hustend rauchte, wir, die Brüder und ihr, die Söhne eurer erschossenen Väter, werden uns noch ganz schön reiben, um das trockene Blut, das hinter unseren Ohren klebt, abzuscheuern.

Ich lehnte an der Theke, sah auf diesen bunten Revolver und dachte an Rose und Patricio. Artur, der Wirt vom Tröpfchen, schenkte helles Bier unserer Vereinigten Brauereien aus. Seltener Schnaps, und wenn, dann Klaren, und ganz selten Weinbrand.

Aber da gab es im Tröpfchen keine Regeln. Wenn ich dachte, heute finde ich einen Platz, kam es vor, daß genausoviel Gäste mit dem Bierglas in der Hand dastanden wie solche, die eine Stelle hatten, wo sie ihr Glas zwischen zwei Schlucken hinstellen konnten.

Alle hatten ihre Hände fest am Glas, so als stünde einer hinter ihnen, der sie berauben wollte. Gut schmeckte Arturs Knoblauchwurst mit Senf und weißem Brot, man sagte einfach: Siggi, er war der einzige Kellner, eine Knobländer! Auch Brot mit Schinken, darüber zwei gepfefferte Spiegeleier, oder ein Stück Schweinefleisch konnte man sich auftischen lassen. Das alles schafften drei Menschen: Artur, seine überschwere Frau und Siggi, der einzige Kellner. Alle drei hatten außerdem noch Zeit für ein Schwätzchen oder den neuesten politischen Witz. Politische Witze waren die fröhlichste Information der Menschen in unserer Stadt. Lange Zeit wurden über Willy keine Witze rumgereicht. Als ich den ersten hörte, rief ich ihn an und schwatzte ihn schnell seiner Sekretärin durch. Sie lachte. Wenig später mußte ich von der Arbeit weg ans Telefon in die Meisterbude. Willy bedankte sich bei mir.

Artur drehte den Bierhahn zu und kam in seinen Shorts auf mich zu, das sieht seltsam aus, denn er hat, wie fast jeder Kneipier, seinen Bierbauch. Und er sprach mir ins Ohr, laut, daß alle mithören konnten. Während Artur flüsterte, daß ihn jeder verstand, lächerte mich's schon, denn ich sah alles, was er sagte, bildlich vor mir. Die Witze, die Artur erzählte, waren schlimm, und es war gut, daß ich sie nicht länger als zwischen Bier und Bier im Kopf behielt. Artur war nicht allein Artur. Er bestand aus zwei Menschen. Der zweite war Siggi. Siggi war der beste Kellner unserer Stadt. Nirgendwo hatte ich erlebt, daß ein Kellner fünfundvierzig Einwohner unserer Stadt und neunundneunzig Polen und siebenunddreißig Ungarn mit hellem Bier betrunken machen konnte. Siggi konnte das. Und die Menschen in meiner Stadt wußten recht gut, daß sie ein trinkfester Menschenschlag sind. Ich überlegte, wieviel Helles Siggi schleppen mußte, damit Ungarn, Polen und wir wenigstens mit einem kleinen Hieb aus dem Tröpfchen treten konnten. Siggi war also für mich der beste Kellner Europas, allerdings kannte ich nicht viele Kellner zwischen Swerdlowsk und Lissabon, doch Fred, der Schauspieler, er kannte entschieden mehr, stritt nie gegen meine Ansicht. Fred war wohl deshalb soviel im Tröpfchen, vermutete ich, weil er hier seine Gage, die ihm unsere Stadt zahlte, am freiesten unter die Menschen werfen konnte. Er war leidenschaftlicher Skatspieler und ein großer Kognaktrinker. Wie Willy gehörte er zur Prominenz im Tröpfchen. Alle, die hier eintraten, wußten durch ihn, was ein richtiger Künstler ist. Einmal hat ein Gast den Versuch gewagt, ihn auf der Bühne anzusehen. Er erzählte nie davon.

Fred hielt wieder mal eine seiner großen Reden: Vom Auto sprech ich nicht. Denn was, so frag ich, ist es euch? Ist das unendlich schöne Spielzeug nicht? Und außer daß es Spielzeug ist, verkörpert es mit seinem Wert auch Nutzen. Kann man das von jedem Spielzeug denn behaupten? Hier sind die Dinge, die mich, den Komödianten, vom Mutterbauche an bewegen, vereinigt: Haben wollen und erfüllen. Spielen müssen und erlauben, aber vor allem eines: gefährlich. Doch die Hauptsache, es ist nützlich. Ihr werdet sowieso nicht fassen, was keinen Nutzen hat. Ihr geht auch nicht in mein Theater, weil ihr denkt, wie der an seiner Theke da, wie schade um die Zeit!

Ich fragte Fred: Warum bist du heute nicht im Theater? Da ist eine Uraufführung von diesem Dichter. Warum bist du nicht dort, wo du eigentlich hingehörst, sondern schwingst hier große Reden?

Fred hörte mir zu, ließ sich aber nicht unterbrechen: Auch wenn ein Auto nur geringen Nutzen bringt, wer zählt die Toten, die haben eben Pech gehabt! Drum, Leute, gehört's zu euren Beschimpfungen, den schönsten, den Nutzen eines Autos anzuzweifeln. Es ist ein starker Druck auf euren Seelen, wenn ich sage: Du brauchst das Auto nicht! Sag ich jedoch: Du mußt die Frau nicht haben, wen juckt das? Und diese Gier, ich komme, Leute, nun auf den Beginn zurück von meiner Rede, diese Gier, unendlich viele Dinge anzuhäufen!

Einer sagte laut: Der hat den Arsch offen! Fred unterbrach sich nicht: Kaum hat der Teppich einen Kaffeespritzer, schon wird ein neuer rangeschafft. Wie laufen unsere Kinder rum? Alltags angezogen wie die Grafensöhne! Barfuß wie früher unsereins seh ich wohl keines nimmermehr. Hineingezwängt in enge Schuhe, Hosen, teure Mäntel! Auch wenn die Sonne noch so erbarmungslos auf ihre Kinderköpfe schlägt! – In unserer Stadt wird jeden Tag mehr weggeschmissen als produziert. Ich hab gesehen: drei Männer schlugen sich um einen Damenpulli, olivgrün, bis dieser Fetzen seinen Namen nicht verdiente! Sie rissen sich um dieses taubengraue Etwas, bis dieser Lappen wohl ein Lappen war!

Ich sagte dazwischen: Olivegrün! Jemand rief: Mach 'n Kopp zu, Paule! Fred kümmerte das nicht, er unterhielt uns weiter: Grün war er, der Pullover, nicht taubengrau, auch nicht olivgrün, sondern blau. Ist ja egal. Es können Lebensbäume auch in ihn hineingewebt gewesen sein! Es geht hier ums Prinzip, und das Prinzip ist so... Jetzt holte er Luft und sprach mit veränderter Stimme weiter, das Deklamieren aufgebend: Stundenlang ist die telefonische Verbindung zwischen unserer Stadt und Berlin blockiert, weil ein Gespräch zuviel geredet wird. Zwei Wirtschaftsfachleute hauen sich wegen einer Lieferung französischer Schuhe die schlimmsten deutschen Worte um die Ohren. Könnt ihr euch vorstellen, daß derweil irgendein Kraftfahrer gelassen auf seine Verbindung wartet, weil er wissen muß: Kommen die neuen Röntgengeräte für die Akademie tatsächlich in die Akademie oder nach Rostock, weil im Schiff der Solidarität gerade Ladefläche frei ist? Denn das muß er ja schriftlich haben oder persönlich von seinem Chef erfahren! Zwischendurch kann ein Mensch draufgehen! Ein Glück, sage ich euch, daß die Partei direkte Verbindungen hat. Doch telefoniert, schleppt, rafft und lächelt euch weiter ins Gesicht! Seht weg von den verhungernden Kindern in der Welt, und weg auch von unseren alten Menschen in den Veteranenklubs! Das sind aber die, die alles erst mal gebaut haben, damit wir weiterkönnen, nun können sie selbst kaum weiter. Berechnet, ihr Krämer, jede Erfindung, die ihr den Freunden in Moskau zeigt und die wir nicht für uns allein realisieren können! Das Land ist da so groß, das können wir nie beliefern. Berechnet trotzdem für jede Erfahrung, die ihr rüberreicht, was sie uns gekostet hat, plus zehn Prozent von dem Gewinn, den uns das Patent gebracht hätte: Rubel für Rubel! Unsere sowjetischen Genossen werden das gewiß richtig einschätzen. Doch kaufen bei uns Polen ein, schiebt sie vom Ladentisch weg. Reißt ihnen die Einkaufsnetze aus den Händen, und von einem Wagenrad ihres kleinen Autos schraubt das Ventil, wie ihr unlängst in Prag um Autoreifen und Ledertaschen standet. Schimpft flott auf die Tschechen aus Tepliçe! Denn, ihr werdet noch einmal davonkommen, und der nächste Parteitag schenkt euch das Nachdenken. Sauft euer dünnes Bier in großen Schlucken: Prost!

Einer sagt: Fred hat recht. Das müßte man alles der Regierung sagen! Fred sah diesen Sprecher nieder. Er packte mich, obwohl ich nichts gesagt hatte, beim Kragen, hob mich aus und schwenkte mich zu einer der jungen Polinnen. Er benutzte mich für sein Theater. Das war peinlich.

Schönste Braut, hast du alles fein beisammen? Den Ring? Die Blumen? Dieser Bräutigam ist sicher zu schusselig, alles mitzubringen. Sei nicht traurig, daß die weiße Hochzeitskutsche nicht zu mieten war. Unser Rat in dieser Stadt hat beschlossen, zwei Pförtner als Weißehochzeitskutscher abzustellen, damit in drei Schichten geheiratet werden kann. Nimm alles mit, nur vergiß das eine, das Ding, Mädchen, was kein Ding ist, das nicht anfaßbare: die Zuneigung! Die laß weg. Ihr habt sie euch eingebildet, das reicht. Hauptsache, dieser Bräutigam ist kein blöder Schauspieler aus dem Theater, sondern ein richtiger Filmstar, mit Gesicht wie ein Arsch, den Gedanken einer Kuh und dem Tritt eines abgerichteten Hundes! Hauptsache: dieser Mann hat Erfolg, versteht Geld zu machen und spielt so schön, daß Transportpaule gar nicht merkt, wen er da nährt! Hast du dich auch erkundigt, liebes Bräutchen, daß er sich tatsächlich nicht für die Politik engagiert, als du ihn fragtest: Bist du in der Deutsch-Sowjetischen Freundschaft, und er, brav der Mode gehorchend, ja sagte?

Immer noch war's still im Tröpfchen. Ich wand mich aus seinem Griff. Artur mahnte Fred, leiser zu sein. Der Abschnittsbevollmächtigte kam rein, kaufte Zigaretten, stellte sich zu mir an die Theke und trank seine Brause. Fred sprach weiter: Das ist nicht alles. Schlimmer ist, es lauert ein Genosse in ihm. Oh, Mädchen! Vielleicht hat er sein Parteiabzeichen versteckt, dich erst einmal zu greifen. Was machst du dann? Lächle nicht. Ich, der Staatsschauspieler Fred, ich, ein Mann, der mit allen Wassern gewaschen und von allen Hunden gehetzt ist, ich, ein Mann, der anderen Ruhm und Ehre erspielte, ich meine nicht irgendeinen Genossen, sondern den, der fähig ist, dein Strumpfgeld für

Vietnam hinzugeben!

Trotz der Hemmungslosigkeit Freds, ich freute mich über ihn. Diese Kunst gefiel mir.

Ach, Bräutchen, du hast es schwer. Denn wie sollst du sein Herz prüfen, ob er tatsächlich unpolitisch ist? Ich meine, allerfeinste Braut: hat er tatsächlich nichts von diesem keinen persönlichen Profit bringenden Gedanken in sich, der sich Kommunismus nennt? Keine dieser Gedanken, dich nicht auszubeuten, dich nicht an die Wand zu drücken? Versteht er tatsächlich nichts davon, daß du, arbeitende Frau, nur deine Ketten zu verlieren hast? Ist er immun dagegen oder wird er leben wie viele?

Wieder kam er zu mir, begrüßte unseren Polizisten mit Handschlag, packte mich am Schlafittchen und führte mich wie ein Kamel durch das Tröpfchen.

Denkt nur, morgen früh, gleich nach der Hochzeitsnacht, klingelt sein Telefon, nehmt an, er hat eins, und eine Stimme spricht: Wie lange willst du noch schlafen, Kämpfer Paule?

Die Gäste im Tröpfchen lachten in zwei Abteilungen. Einige gemein und schadenfroh, mit giftigen Bemerkungen, die ich vergaß, die andere Abteilung lachte verständnisvoll, wohlwollend, mit Herzlichkeit. Einige aber blieben still. Mir schien, sie dachten nach. Von der Polin aber bekam der Schauspieler einen heißen Blick, und er benutzte mich weiter wie ein Demonstrationsobjekt im polytechnischen Unterricht: Kämpfer Paule! Seit einer Stunde versuche ich dich wachzuklingeln, seit halb vier. Hast du mich gehört? Ich sagte in die Stille hinein: Ich diene der Republik! Fred pumpte sich voll Luft und wechselte die Hand, mit der er mich festhielt. Ich schämte mich. Aber was sollte ich dagegenhalten? Er hatte alle auf seiner Seite, und so sicher schien mir das nicht, daß diese Vorstellung keinen Mehrwert hatte. Klar war, daß Fred immer einen griff, wenn er in einer abscheulichen Stimmung war. Oft genug hatte ich mich über die gefreut, an denen er sich abreagierte. Nur, ich war auf mein Tröpfchen angewiesen, er nicht. Die Polin sah mich mitleidig an. Offensichtlich verstand sie alles.

Doch ich irre. Du bist eine Braut, die weiß, in welchem Land sie lebt. Bist ein bißchen romantisch, doch trägst du vielleicht schon jetzt ein gutes Kind im Bauch, während er auf einem abgemähten Roggenfeld liegt, durch seine Schutzmaske nach Luft würgt und über seine Panzerbüchse hinweg das Ziel sucht, das er vernichten will. Da hat er wenig Zeit, an dich zu denken. Höchstens spürt er, wie die Sonne eben hinter seinem Ziel hochkommt, deinen Schatten auf seiner Haut. Ahnst du, mein Bräutchen, was unter diesen Weltumständen Liebe heißt? Wenn das so ist, darfst du, Braut, von deinem Paule viel verlangen, denn er weiß, wie vorläufig er ist, wenn er Dinge als wesentlich ansieht, die sich in Staub auflösen werden!

Fred ließ mich endlich los, nahm nun die Polin an die Hand und führte sie in die Mitte des Raumes. Ein Mensch reichte ihm also heute nicht. Doch er brachte nur noch einen einzigen Satz: Schleif ihn zum Amt oder auch nicht, aber haltet zueinander, euer Leben wird kein Zuckerlecken!

Jetzt ließ er die Polin einfach stehen. Ich sah sie an. Sie sah mich an. Ich brachte sie auf ihren Platz und rückte ihr den Stuhl zurecht. Fred atmete schwer, er flüsterte, und aus beiden Augen kullerten Tränen: Beim frechen Gotte Amor. Der macht sich in seinem göttlichen Schädel keine Gedanken, federt seine schlimmen Pfeile hierhin und dorthin, und wen es trifft, dem bricht's das Herz entzwei!

Jemand sagte: Er ist der Größte, unser Fred. Siggi! Hundert Gramm auf meinen Deckel für Fred! Unser Polizist neben mir sagte vor sich hin: Die Tränen sind echt! Mir aber fielen die Worte meiner Mutter ein, die sie mir eingehämmert hatte, als ich unsere kleine Stube im Mecklenburger Strohdachhaus für die nächsten Jahre froh verließ, um das ehrsame Tischlerhandwerk anzufassen. Sie sagte: Reise mit Gott und bekläter di nich. Mach mir ja keine Schande, Junge, sonst will ich nicht, daß du mich Mutter nennst! Und ich war mir gar nicht sicher, ob ich sie heute ohne Bedenken meine Mutter nennen konnte.

Unser grauhaariger Polizist trank seine Brause weg und verließ schnell das Tröpfchen. An seinem uns allen bekannten Gang sah ich, wie er etwas verbergen wollte. Ich dachte mir, daß Fred in ihm irgendeinen Kummer aufgewühlt hatte. Jemand sagte: Seine Frau ist vor drei Wochen wegen Krebs fort. Die Polin wollte zahlen. Fred befahl: Bleib!

Ich jedoch, ich sehnte mich nach Menschen. Ich wollte nun nicht mehr denken. Mir war, als hätte ich Spinnweben vorm Gesicht. Fred stellte sich neben mich. Paule! Weißt du das, warum ich nicht in dieser Uraufführung bin? Er, der Dichter M., hat zehn Jahre geschwiegen, und nun? Paule, ich hasse ihn von heute an. Ich bereue jeden Hundertmarkschein, den ich ihm schenkte. Die, die ihm böse waren, hatten nicht soviel Haß, wie ich nun in mir empfinde! Soviel Genie, einer wie der andere, diese Genies alle! Und wissen nicht, wie sie leben sollen!

Ich sagte: Gesetzt den Fall, er ist nur halb so gut wie du, aus welchem Grund soll er weiter still sein? Hat er nicht endlich das Recht, nach zehn Jahren wieder vorzutreten? Soll er, wegen eines Prinzips, ich bin mir nicht ganz sicher, daß das kein bürgerliches ist, wahnsinnig werden, wie Hölderlin?

Was weißt du Rotznase von Hölderlin? Wagst du diesen Namen auszusprechen und hast keinen blassen Schimmer?

Der Name, sagte ich frech, ist doch schon etwas, was ich kenne! Vielleicht kenne ich nicht die Herren und Knechte, junge und gesetzte Leute und sehe nicht das Schlachtfeld, wo Hände und Arme zerstückelt untereinander liegen, indessen das vergossene Lebensblut im Sande zerrinnt? Treibt nicht, zitierte ich Fred ins Gesicht, ein jeder das Seine, muß nicht mancher immer noch jede Kraft in sich ersticken, wenn sie nicht zu seinem Titel paßt? Muß er nicht mit dieser kargen Angst heuchlerisch das, was er heißt, auch sein?

Nun wollte ich gehen. Ich hatte, schien mir, meins gesagt, doch Fred packte mich wieder und befahl: Sag das noch einmal!

Ich fragte unschuldig, was ich denn schon gesagt hätte? Wie soll denn einer, der gerade buchstabieren kann, das geringe Deutsch seiner Mutter spricht, wie soll so ein Dummkopf mitreden, wo er nicht selber drin ist? Was nützt uns beiden denn, sagte ich ziemlich mutig, wenn wir, die einfachen Menschen, euch entgegenstehen! Wir sind doch nicht eure Aufpasser, und ihr seid niemals die, die uns befriedigen! Wir merken doch, wenn man uns Honig ums Maul rumschmiert, das Faß aber selbst kassiert!

Fred hatte mir zum erstenmal zugehört. Es schien, als er wieder zu sich hindachte, er ginge in seine Welt zurück. Er ließ mir einen Schnaps kommen. Um ihn nicht noch einmal wach zu machen und weil ich mich in das Theater zu Rose hinsehnte und auch endlich den Dichter sehen wollte, trank ich schnell aus und zahlte. Und ich hatte Glück: ein nüchterner Mann stand in der Kneipe, der Fahrer eines Taxis, wir gingen vor das Haus, gleich saß ich drin, und die Lichter flogen an uns vorbei. Ich hatte große Lust, unendlich weit zu fahren.

Wohin soll's denn rollen?

Nach Palermo!

Der Fahrer grinste und meinte, das wäre eine Kleinigkeit, wir wären frühestens, wenn nicht gleich, dort.

5

Ich betrat das Schauspielhaus zum erstenmal, aber nicht wie alle durch das Foyer, sondern ich ging mit steifen Beinen zum Bühnenpförtner und sagte: Ich will, bitte, zu Herrn Patricio! Der Pförtner fragte mich, was ich von dem wolle. Was sollte ich sagen? Der Pförtner, der seinen Haß auf das, was keinen interessierte, offen zeigte, schickte mich mit einer Bewegung, einem leichten Neigen seines Glatzkopfes auf die rechte Seite, von seinem Glashaus fort. Ich stellte mich zu denen, die auch warteten. Die freuten sich. Da war also nichts mit: Ich will zu Herrn Patricio! Da könnte ja jeder kommen! Und ich dachte mir, ich hätte vielleicht compañero Patricio sagen müssen, vielleicht noch mit einem geflüsterten muchas gracias zum Ende hin. Um meine Transporterehre zu retten, sagte ich nur: Ich werde hier auf ihn warten!

Was für ein Nichts ich war, wurde mir klar, als Susanne K. hereinkam und schnell die Treppe nach oben ging, so schnell, daß bald nur noch ihre festen runden Beine zu sehen waren, und als die Füße forthüpften, hörte ich erst ihren Schritt, und wie das Geräusch nicht mehr in der Luft war, roch ich noch immer ihr Parfüm. Der Pförtner roch ihr, wie ich, hinterher, als wollte er sagen: Das ist eine Frau. Hier bin ich Pförtner. Ich habe viele kommen und gehen sehen!

Ich hatte Susanne K. bisher nur auf dem Fernsehschirm gesehen. Ihr glattes Haar war streng gescheitelt, ein weißer Strich Haut von der Stirn bis zum Beginn ihres Hinterkopfes. Im Nakken war das Haar zu einem Dutt zusammengesteckt.

Als ich klein war, ein Hosenscheißer noch, meine Mutter sagte, ich sei im fünften Lebensjahr noch nicht sauber gewesen und dann immer so breitbeinig durch das Dorf gewieselt, als ich also noch so klein war, sah ich meiner Mutter zu, wenn sie ihren Dutt zusammensteckte. Mir schien, sie steckte die langen Nadeln in ihren Hinterkopf rein. Das erschreckte mich.

Doch mehr als meiner Mutter Dutt im Nacken der Susanne K. beunruhigten mich ihre Augen. Dieser Augen wegen hatte ich ihr mit meinen schweren Händen einen Brief geschrieben. Man hat ihr diesen Brief sicher nie gegeben, denn sie hätte mir gewiß geantwortet. Das waren keine Ach-seid-doch-still-es-ist-ja-gar-nichts-passiert-Augen, auch keine Es-wird-schon-alles-werden-Augen! Das waren andere Augen. Mir war, als widersprächen die Augen der K. allen Fernsehdamenaugen.

Nach der ersten Folge eines mehrteiligen Filmes war Susanne K. uns Tischlern lieb. Der Unsinn, den sie sagen mußte, ging nicht in unsere Gehirne, dennoch, in der lächerlichsten Plattheit spielte sie eine Wahrheit, die wir erkannten. Uns war, als kannten wir sie seit langem.

Mein Kollege Inge, er heißt Ingo, wird aber Inge gerufen, weil er sein blondes Haar ziemlich lang trägt, hatte als erster ihr Bild auf die Innenseite seines Spinds geklebt. Vor einer Frühschicht, nach der zweiten Folge des Fernsehspiels, sagte Inge: Paule, die ist mir nackt lieber als du angezogen! Wogegen nichts zu sagen war. Meine Kollegen, die ihre Arbeitslumpen schon drauf hatten, feixten. Ich kämmte mich, als ginge ich nicht in einer Minute in die Werkhalle, sondern zu einem Ball, und dachte an Susanne K. Genau fünf Uhr fünfzehn brüllten die eingeschlafenen Maschinen plötzlich auf. Es war, als wären sie nie ohne uns gewesen. In den Schaltschränken neben den Maschinen klickten die Relais. Ich sah auf die Hallenuhr, um auszurechnen, wie lange es bis zum ersten Kaffee wäre. Das tat ich, nachdem ich eine Minute Arbeitszeit hinter mir hatte. Ingo kam dicht zu mir und sagte:

Die Sonne scheint ins Kellerloch!
So laß sie doch, so laß sie doch!

Er freute sich, wie erschrocken ich über diesen Unsinn war. Ratlos sah ich einen alten Keller vor mir, in dem ein Sonnenbalken schräg auf dem feuchten Fußboden stand und aus dem kleinen Fenster hoch oben herausragte. Wunderbar hell und rundherum alles finster. Meine Augen wurden mit dem Lichtunterschied zwischen Sonnenbalken und Keller nicht fertig. Ich dachte an Susanne K., an ihre Augen und ihren Dutt, und zwischen dem Knacken der Relais hörte ich ihre wunderbare Stimme. Das war Stoff bis zum ersten Kaffee gewesen.

Daran mußte ich denken, als ich vorm Pförtner stand und ihn mir wie ein Brett besah, seine linke und rechte Seite, suchte lose Äste, maß die Breite, ob dieses Brett in Frage käme oder ob ich es wegstapeln müßte. Ich trat auf ihn zu, als ob ich ihn mit meinen Pendelsägenaugen durchzuschneiden hätte. Da endlich nahm er den weißen Telefonhörer, sprach, sah mich an, sprach wieder und verlangte meinen Personalausweis. In ein abgeschabtes Buch mit roten Linien schrieb er meinen Namen, meine Personenkennzahl (301139420911) meinen Beruf (Transportarbeiter) und meinen Familienstand (ledig).

Er fragte mich wieder, warum ich in sein Theater wolle. Ich erzählte ihm, ich wäre die Patenbrigade des Herrn Patricio! Er nickte, als wäre ihm das Grund genug, und schrieb dieses Wort zwischen seine roten Linien. Jetzt wollte er wissen, woher ich käme. Ich nannte meinen Betrieb: Siebenter Oktober. Er schrieb. Das, dachte ich, hätte ich nie sagen dürfen, denn er sah mich nun richtig an.

Sind Sie Tischler?

Ich nickte, und das war keine Lüge, obwohl ich mein Geld als Transportarbeiter verdiente. Kann man wissen, in welchem Zustand man sein Leben endet? Bestimmt nicht als das, was man auf seinem Höhepunkt darstellt! Und schließlich, dachte ich, als ich bittend durch die Löcher seiner teuren Plastscheibe sah: Wen geht das was an, daß ich nicht der bin, als den mich alle rufen?

Könnten Sie mir, Meister, ein Regal zimmern?

Natürlich, da wird man gleich Meister, doch ich wußte, wieviel Arbeit zusätzlich, hatte man das Regal fertig, einem noch aufgehalst wurde: eine schlecht befestigte Gardinenleiste, ein schon drei Jahre verschlossener Schreibtisch, von dem die Schlüssel fort waren. Und die Leute sahen dann mit erschrockenen Augen, wie schnell ich ihn öffnete, und zählten zitternd ihre Währungen. Da vergaßen sie alles, auch die zweite Flasche Bier! Außerdem hatte er zimmern gesagt. Was hat ein Tischler mit einem Zimmermann gemeinsam? Zwischen beiden ist soviel Luft, wie so ein Zimmermann vor fünfzig Jahren mit seinem Beil überschmeißen mochte! Jedoch, als ich aus seinen zitternden Händen meinen Personalausweis nahm, die von der täglichen Bewegung im Betrieb dünn geriebenen Blätter, wurde mir klar: ihm fällt die schwächste Leiste aus den Händen. Dieser alte Mann kann sich nicht allein helfen, und ich möchte den sehen, dachte ich, der da nein sagt, wenn er so gebeten wird, und jener hat auch die Macht, mehr zu verweigern, als man selbst geben kann! Ich versprach das Regal und hörte erleichtert, was er laut sagte: Sie werden von Herrn Patricio erwartet, Meister!

Als ich die Zementstufen hochstieg, war ich erstaunt, wie ein Mensch sich freuen kann. Ich blieb einen Moment stehen und sah durch das Gitter des Treppengeländers auf meinen Mann im Glaskasten. Er klappte sorgsam sein Hauptbuch zusammen, legte seine dürren Hände drauf, sah aus dem glänzenden Kabuff, und ich war mir nicht sicher, daß er die Menschen sah, die hoffend auf ihn schauten. Er träumte von seinem Regal. Ich beschloß, ihm ein schönes zu bauen.

Damit die Zementtreppe in unserem Schauspielhaus nicht abgetreten wurde, waren in die Stufenkanten Winkeleisen einzementiert. Sie waren blank, nur links und rechts an ihren Enden stumpf, weil dorthin keiner trat. Fast jeder trat auf die bequeme Mitte dieser Treppe, die von Etage zu Etage des Bühnenhauses stieg. Auf jeder Stufe lag in den Ecken Schmutz. Auf der ersten Treppenkehre hing das Wandbrett des Verkehrssicherheitsaktivs, auf der zweiten ein Wandkasten mit eingebauter Neonleuchte. In diesem Wandkasten hingen rotumdruckte Papierblätter, auf jedem fett gedruckt das Wort: Wichtig! Weil dieses große Wort überall war, wußte ich nicht, was ich zuerst lesen sollte. Zufällig erhaschte ich das Wort: Verweis! Auf diesem wichtigen Papier bestimmte der Intendant des Theaters, daß der Schauspieler Fred H. einen Verweis erhalte, weil er im Zuschauerraum randaliert habe. Ich wunderte mich, wie Fred es wagen durfte, in so einem besonderen Raum, die Menschen sitzen fein angezogen und starren aus dem Plüsch der Sessel auf die Bühne, wie es Fred jucken konnte, dort einfach loszurandalieren! Das muß man sich mal vorstellen: seine eigenen Kollegen sehen sich da oben vor dem Publikum an, gehen dann mit Schritten weit voneinander, flüstern, rücken einander wieder auf die Pelle und brüllen los, daß man erschrickt. Ähnlich schreien wir in unserer Holzbude, denn die Maschinen sind so laut, daß man sich anschreien muß, will man sich unterhalten. Doch ist man allein, weg von Inge, Mäcke oder dem Schieber Heinz, flüstert man ebenfalls vor sich hin. Da muß man also gar nicht ins Theater laufen, man spielt das selber so echt, daß man vorher alles weiß. Bis auf das Plötzliche, und das scheint die ganze Kunst zu sein. Deshalb konnte ich einen richtigen Künstler wie Fred gar nicht so richtig begreifen, weil er so plötzlich war. Wie ich mir das überlegte, las ich, daß Fred während der Vorstellung aufgestanden war und Passendes dazwischengeschrien hatte. Er hatte seinen Verweis erhalten! Doch bei uns in der Holzbude wäre Fred nicht bestraft worden, weil jeder mal seinen Rappel bekommt: heute ich, morgen mein Freund Mäcke und sicher auch mal der ruhige Augustin. Wollte man das bestrafen, müßte Gernod, unser Obermeister, allein arbeiten. Dann dürfte er seine Arbeiter suchen, müßte früh um viertel fünf mit gezogener Mütze in der Werkhallentür stehen und sagen: Guten Morgen, mein lieber Heinz. Ich danke dir, daß du auch heute wieder gekommen bist, wo andere noch im Bett liegen oder nach Berlin fahren, und ich danke auch dir, mein lieber Augustin, daß du nicht vorher fragst, was du an diesem Tag verdienen wirst, weil alles ein bissel unübersichtlich ist, sondern dich zufrieden gibst! Und auch dir, Transportpaule, dank ich, und euch, meine Genossen! Die Republik wird euch den Dank nicht schuldig bleiben, er wird euch schließlich erreichen! Mäcke und Transportpaule, geht gleich zur Waffenkammer, ihr müßt heute schießen üben! So müßte mein Obermeister sprechen, wollte er uns so bestrafen. Er dürfte dann nicht mehr erst um halb sieben seine Meisterbude betreten. Wir bringen ihn allerdings nie in diese Lage, weil wir, wenn wir verrückt werden, immer wissen, wie stark das sein darf. Wir rebellieren gewissermaßen diszipliniert. Aber, dachte ich mir so, ein Schauspieler ist eine öffentliche Persönlichkeit, Menschen sehen auf ihn. Darf der das? Ich folgerte, daß dieser Intendant trotz allem ein guter Chef war, bei uns allerdings, zwischen Holz und Metall, wäre er erschossen wie Robert Blum, wie man so sagt.

Ich stieg zur nächsten Treppenkehre. Da hing wieder eine Wandtafel, und ich war an meinen Betrieb erinnert. War irgendwo ein freier Fleck, wurde ein Loch in die Mauer gemeißelt, ein Haken eingegipst und ein Bild von Karl Marx hingehangen. Vielleicht auch ein Bild von Lenin oder eine Losung, sicher aber eine Wettbewerbstafel. Augustin erzählte mir einmal, und er hörte dabei nicht auf zu arbeiten: Wir hatten eine Losung auf rotem Tuch, die hat immer gestimmt: Nieder mit den Kriegsbrandstiftern! Sie hing so lange, bis die weiße Schrift abgefallen war. Der rote Fahnenstoff war ausgeblichen, aber da, wo die weiße Schrift gewesen war, hatte sich das Rot des Stoffes gut erhalten! Er räumte Bretter fort und zeigte mir diesen mit einstmals rotem Stoff bespannten Rahmen. Und sehr genau las ich diese einfache Losung, man hätte sie auch ohne Augustins Erklärung gut lesen können. Und wie ich mich so an meinen Betrieb erinnerte, hob ich die Theatertafel auf der Treppenkehre an und wollte nachsehen, ob auch hier, wie bei uns manchmal, eine schlechte Stelle in der Wand zugedeckt wurde. Vor meine Füße fiel ein Haufen Putz. Zwischen den Putztrümmern flüchteten braune Insekten vor dem hellen Treppenlicht. Ich erschrak und lief höher, zum nächsten Treppenabsatz. Auf dieses Wandbrett waren Zeitungsausschnitte geheftet: Großer Erfolg sozialistischer Schauspielkunst! Erfolgreicher sozialistischer Schauspielabend großer Kunst! Ich war nicht erstaunt. Ich kannte ähnliche Meldungen über unsere Brigade. Hatten wir etwas Selbstverständliches getan, zum Beispiel die Arbeitszeit eingehalten, schrieb unsere Zeitung von einem grandiosen Erfolg sozialistischer Arbeitsmoral. Das war zum Schämen, und wir, die Arbeiter und Angestellten, verschwanden fast neben den Wolkenkratzeradjektiven. Auch hatte in unserer Zeitung manch einer das große Wort, der zum Feierabend, wenn er seine Leistung überprüfen müßte, wenig Nützliches aufzuweisen hatte. Unsere besten Arbeiter, wie Mäcke oder Augustin, lächelten nur. Ich hatte manchmal den Verdacht, daß sie neidisch auf jene sahen, die unsere Betriebszeitung benutzten, unser Betriebsessen hochzuloben, obwohl am gleichen Tag die Hälfte der Suppe und zwei Drittel des Fisches zur Schweinemast abgefahren wurden. Darum stand ich vor diesen Zeitungsauschnitten und wunderte mich nicht. Ich war mißtrauisch. Und doch wollte ich von anderen nicht glauben, was ich von uns wußte. Vorsichtig hob ich auch diese Tafel von der Wand. Am Druck spürte ich, wie fast ein Quadratmeter Putz runter wollte. Erschrocken drückte ich meine Hand gegen das Wandbrett und hörte in diesem unglücklichen Zustand tapsige Schritte und ein Keuchen die Treppe heraufkommen. Ich hatte Angst: das erstemal im Theater, und schon entdeckte ich mit meinen ungeschickten Händen Bruch! Ich sah das rote Gesicht Freds. Auch er hatte das Tröpfchen verlassen.

Als er zwei Stufen unter mir stand, keuchte sein Atem über

mir: Paule, was sehe ich? Du im Reich des schlimmen Scheins? Hier habe ich dich nicht erwartet. Komm, mein Junge, ich habe mich entschlossen: Wir werden diese Premiere feiern!

Und Fred zog mich an sich. Es war klar, er freute sich, mich hier zu sehen, doch hinter mir rauschte unterm Wandbrett der Putz hinab. Wir standen in weißem Staub. Fred sah meine Verlegenheit nicht. Bestaubt waren meine sorgsam geputzten Schuhe. Auch auf unsere dunklen Hosen hatte sich der Kalkstaub gesetzt, da half kein Abklopfen. Fred zog mich in die Garderobe zu seiner Frau.

Ich bringe Besuch, hörst du? Das ist mein Freund Paule, ein begabter Tischlermensch!

Schläft Alexander richtig? fragte seine Frau mit Haarnadeln zwischen den Zähnen.

Schläft! Ich habe Petra den Schlüssel gegeben. Sie sitzt in meinem Sessel, hört Schallplatten, telefoniert mit dem Telefon, schaut in den Fernsehkasten und hütet hoffentlich meinen Jungen!

Die Petra? fragt die Schauspielerin: Ist das nicht die Rothaarige aus der Hutfabrik?

Nein, das ist die Schwarze, die Frau vom Wolfgang, der uns den Flur tapeziert hat!

Als erstes sah ich die Haarnadeln zwischen ihren Zähnen, dann sah ich, auf dem Tisch, eine kleine Flasche Sekt. Der Plastkorken stand halb aus dem grünen Flaschenhals, neben der Flasche ein langstieliges Glas mit so breiter Trinkschale, daß sie eine fast ebene Fläche war. Freds Frau durfte also auf ihrer Arbeit aus so schönen Gläsern Alkohol trinken, uns jedoch war selbst eine Flasche Bier verboten. Die Taille war leicht von zwei Tischlerhänden zu umfassen.

Setzt euch endlich ans Klavier, da liegt ein Buch mit Briefen Majakowskis!

Dieses Buch nahm ich schnell vor mein Gesicht, mit einem Auge sah ich jedoch über den Rand des Buches hinweg. Was da alles auf dem Tisch verstreut war! Vier Dosen Schminke, zwei aus Lackblech, eine aus Porzellan und eine strohumflochtene. Ein Frisierumhang, Lippenstifte, ein Tuschkasten mit Pinseln, leere Strumpfhosentüten mit immer zwei Windhunden drauf, die von einem weißgekleideten Mädchen an kurzen Leinen zurückgehalten werden, darüber ein dickes Textbuch. Abgegriffen, die Ecken innen eingebogen. Ich las: *ement*. Den ersten Buchstaben konnte ich nicht entziffern, jemand hatte ihn mit einem blauen Stift zu einem Bajonett umgezeichnet, ein altes Bajonett, das jetzt nicht mehr zur Ausrüstung gehörte. Auf diesem abgearbeiteten Textbuch lag ein ovaler Handspiegel, der mit brüniertem Draht umflochten war, die Enden des Drahtes waren zu einer Drahtspirale ausgeformt und gaben diesem Spiegelchen einen Griff. Ein schwarzer Elefant mit richtigen Stoßzähnen, sicher aus Ebenholz, stand mit seinen vier schweren Füßen im Armband einer Schweizer Damenuhr. Er war kleiner als das Kofferradio, auf dem, ziemlich wackelig, eine aus Kupfer gehämmerte Schale stand. In der Schale lagen der Ehering der Schauspielerin, der drei erbsengroße Brillanten zusammenhielt, und ein zweiter Ring, der so sauber gearbeitet war, daß ich lange hinsehen mußte. Ein fingernagelkleiner, grün schimmernder Stein bildete einen Steg über drei goldene Ringe, hielt diese zusammen, und jeder dieser Ringe war dicht an dicht mit Rubinsplittern besetzt. Klar, daß so ein Schmuck bei so einer Frau echt sein mußte. Sehr gern hätte ich ihn an meinem linken kleinen Finger getragen. Über allem, neben dem Garderobenspiegel, der von innen her leuchtete, hing ein handgroßes menschliches Skelett. Die Schauspielerin hatte es mit einer Hopfengirlande eingerahmt. Streng sah der unangenehme Mahner aus dem verblichenen Grün auf mich. Fred hatte sich Sektflasche und Glas genommen, trank ab und an einen Schluck, verzog sein Gesicht, als tränke er übles Wasser. Er ruhte wie eine abgeschaltete schwere Maschine. Und ich las: Liebste Lilja Brick! Ich warte und presse meine Stirn ans Fensterglas! Ich begriff Majakowski nicht, daß er, obwohl von solchen Frauen wie dieser Schauspielerin verlassen, allein, sich mit seiner Mauserpistole in sein lebendiges Herz schießen mußte. Ich dachte an meine Rose. Würde ich, von ihr alleingelassen, beim Trainingsschießen in meiner Kampfgruppe die Makarow an meinen Tischlerschädel drücken? Nein! Nein! Und Majakowski war ein starker Mann. Warum also schoß er? Hilflos sah ich auf die rätselhafte Schrift des Textbuches zwischen den schönen Gegenständen. Wieder sah ich das blaue, altmodische Bajonett. Mir war, als schöbe sich Stahl zwischen die Zähne dieses Dichters, um ihn zum Singen zu bringen. Ich fror. Und als ich mich aus meinen Gedanken aufrüttelte, war ich recht froh, ein Holzwurm und kein Dichter zu sein.

Heimlich aber, im Hinterkopf, beneidete ich ihn.

Die Schauspielerin zog sich an wie nichts. So, wie wir unsere Arbeitskleidung anwarfen. Ärgerlich war, daß sie angezogen unmodisch aussah. Ihr flauschiger Rock war weder kurz noch lang, nicht weit noch eng. Ihre Schuhe hatte ich vor zehn Jahren schon gesehen. Und die Bluse hätte auch meine Mutter abgelegt haben können. Als ich sie ansah, lief in meinem Kopf ein Dokumentarfilm aus den zwanziger Jahren ab. Auf den Millimeter glich sie jener Russin, die ich nie vergaß: fest in Stiefeln und Watte, reckt sie sich, einen Sicherheitsgurt um den aufgebauschten Leib, und hält die aufspritzende Flamme eines Schweißbrenners gegen einen T-Träger. Hier wie dort, die gleiche innere Haltung. Doch das Wichtigste war die schreckliche Bitterkeit auf den Lippen meiner Schauspielerin, die jene Russin nicht hatte, sie hatte nur Frost auf den Härchen der Oberlippe. Verglich ich ihre lustigen Augen mit dem bösen Mund, war mir, als hätte einmal einer das Gesicht dieser Frau in der Mitte auseinandergerissen und liederlich wieder zusammengesetzt.

Sie räumte geübt ihr Tischchen auf, warf Überflüssiges in einen Müllkübel mit Fußbedienung, kam zu mir, nahm meine Hände mit diesem häßlichen Überbein in die ihren und rieb sie mit einem Parfüm aus einer winzigen Flasche ein. Das erstemal in diesem Theater, und ich treffe einen Menschen. Als sie mit ihren Fingern diese Essenz in meine verwachsenen Handrücken rieb, sah sie mich an. Das Gesicht, das ihren Fingern glich, verwirrte mich. Mir war, als hätte ich eine schwere Last abgesetzt: schwer, die Schultern schon leicht, die Beine zittern. Da kroch ein dunkles Tier in meinem Blut heran. Mir schien, ich kippte zur Seite, auf die scharfe Kante des Klavierdeckels. Aus ihren Händen flutete, und mir schien, sie wußte das, eine heiße Welle in dieses dumpfe Tier. Ich preßte meine Augenlider zu einem feinen Schlitz zusammen, griff nach meinem Majakowski, konnte ihn natürlich nicht halten, und das Buch fiel. Beide bückten wir uns, doch aus ihrem Haar zog ein Geruch, der jenes vielarmige Tier, das nun groß in allen meinen Gefäßen saugte, lauernd erstarren ließ. Sofort kam ich hoch. Da sagte sie klar und deutlich und lächelte, als wüßte sie alles und nichts: Wie schmutzig ihr seid!

Worin habt ihr beide gewühlt? Putzt euch die Schuhe! Wir zogen die Schuhe von unseren Füßen. Sie brachte einen schwarzen Lackkasten mit Schuhputzzeug, und ich reinigte mit zitternden Händen, aber recht froh, erst Freds und dann meine Schuhe. Fred ruhte noch immer.

Und eure Hosen, meine Herren?

Sie brachte eine Kleiderbürste. Wir gehorchten und zogen auch die Hosen aus. Fred bürstete sie, als wäre er woanders. nicht in der Garderobe seiner Frau.

Fred! Du hast mir nicht zu dieser Aufführung gratuliert! Willst du wissen, was das für ein Erfolg war?

Fred wollte das nicht wissen. Freds Frau meinte, daß alle mit wirklich großem Erfolg gespielt hätten. Auch das interessierte meinen Fred nicht. Es blieb, so Fred, diesem Dichter nun nichts weiter übrig, als Erfolg zu haben, das sei eingeplant. Sein Erfolg sei selbst mit Gewalt nicht zu verhindern, das läge nicht an M., sondern an dieser Zeit. Und Fred bürstete die Hosen, als bekäme er dafür bezahlt.

Fred, du mußt ein reines Hemd anziehen. Nur, was gebe ich diesem Tischler, meinem Majakowski? Schreibt er Verse?

Er hat dazu keine Lust, und wenn er sie hat, ich werde sie ihm austreiben!

Während Fred ein sauberes Oberhemd aus ihrem Schrank nahm und über seinen Bauch zog, als wäre er daheim, tat sie weiter nichts als mich anzusehen und zu lachen. Ich faßte meine Hosen und stieg schnell hinein. Aus ihrem Schrank reichte sie mir eins der Hemden Freds, und wie ich es mir über den Kopf zog, sagte sie, daß der Oberspielleiter eines großen Theaters in der Hauptstadt nach Fred gefragt habe. Ich hörte Fred schlucken, ausatmen und sprechen: Ich gehe hin, nur wenn er dir eine Chance gibt. Ich selbst will nicht! Nun schob sie mich vor den Spiegel, und ich sah, daß ich ein neuer Mensch war.

Das Schlimmste im Leben ist, daß man nicht bleiben darf, wo man will. Und wenn man eine Wahrheit nicht sagt, so hat man schon gelogen.

Sie nahm das Buch Majakowskis, als lese sie die Zehntel von einer Schublehre ab, und stopfte es in ihre Handtasche: Das ist ein Dichter! Davon wißt ihr alle nichts! Sie sah auf mich wie einen, den sie fressen wollte, doch ich, ich genierte mich! Warum ich Hemmungen hatte, wußte ich nicht. Doch wie ich offen darüber dachte, ohne die Moralbegriffe, die uns geläufig sind und Vergangenes als richtig hinstellen, obwohl wir nun schon andere kennen, solche die nicht vom Besitz her bestimmt und ausgerichtet werden, wie ich also ohne solche Moralbegriffe nachdachte, wurde mir zu spät klar, daß die Schauspielerin sich etwas wünschte, woran ich nicht zu denken wagte.

Fred war fortgegangen. Ich stand wie ein Ast im Brett und nicht viel anders. Sie setzte sich ans Klavier, spielte und sang das Lied von der Forelle und jenem Fischer, den nichts regierte als seine Leidenschaft auf diese Forelle im Bächlein, das durch den Sommermorgen rollt. Ab und an trank sie einen winzigen Schluck Sekt, sah mich schließlich an, und ich schlug das dunkle Tier in meinen Adern. Es schwamm fort. So ist das Leben. Da kann man nichts machen, wenn man nichts macht. Sie klappte den Klavierdeckel so hart über die Tasten, daß ich dachte, ein Schuß bräche durch die Garderobe. Ich zuckte auf.

Fred kam. Er äugte uns an, lächelte hilflos und packte mich, wie das seine Art war, beim Schlafittchen und hob mich aus der Garderobe. Ich sah zurück. In ihrem Stuhl vor ihrem Spiegel unter dem menschlichen Skelett zwischen dem Hopfenkranz kauerte die von unserer Stadt verehrte Schauspielerin. Völlig unbeweglich. Ich erschrak und zottelte hinter Freds Rücken her. Wieder dachte ich an meine Rose. Ich stellte mir ihr Gesicht vor, sosehr ich mich auch anstregte, mir ein lachendes zu denken, ich sah nur ein ärgerliches.

Fred trabte mit leichten Schritten, sicher wie ich in meiner Holzbude, auf sein Ziel zu. Um Ecken, durch Gänge, über Treppchen, öffnete und schloß weißlackierte Türen, die uralt waren. Denn die Leisten, die die Füllungen in den Rahmen hielten, hatten keinen geraden Zentimeter, sie glichen goldenen Schlangen. Die Beschläge der Türen waren durchweg aus Messing gearbeitet, und jemand mußte sie liebhaben, denn sie wurden so auf Hochglanz gerieben, daß sie wie neu wirkten. Ich faßte diese geriffelten Türklinken gern an, die mir Fred hinter sich zuwarf. Wir strichen an hundert und einer Wand vorbei. Fred setzte seine Füße maschinengleich auf durchgetretene rote Läufer. Einmal blieb er stehen, legte seine Hand mit diesen sauberen Fingernägeln auf eine mit purpurnem Damast bezogene

Wand, sah auf mich und sprach: Wenn es still ist in diesem Theater nach dem Gerenne der Abendvorstellung und der Bühnenpförtner döst in seinem Verschlag neben dem Telefon, ist dieses Haus mein Museum. Alles ist hier schön! Der rote Stoff mit den eingewebten Silberblumen an den Gangwänden, diese altmodischen Leuchter mit dem Bergkristall und diese Türen. Die Schatten in den Ecken, Paule, das sind die Schatten der ganz Großen, die hier einmal gingen, so wie wir. Dieser da, über dem Feuerlöscher, gehört der Neuberin. Hier hat sie gespielt, die Große, unsere Mutter!

Auf einem der großen Friedhöfe unserer Stadt, zwischen drei schlanken Bäumen war ihr Grab, zugedeckt mit einer tonnenschweren Steinplatte, neben der Steinplatte eine Steinschale, immer mit frischen Blumen. Brachte Fred die Blumen? Denn als ich, in unserer Stadt angekommen, das Grab dieser berühmten Schauspielerin suchte, traf ich keinen, der es kannte. Ein Mütterchen, schwarz wie die Erde, die sie auf dem Friedhof harkte, richtete sich nach meiner Frage hoch, ließ die Harke fallen und trippelte vor mir her auf jene drei Bäume zu. Sie legte eine Hand auf die graue Steinplatte, mit den Fingern der anderen fuhr sie in den goldenen Rillen die Schrift nach: Caroline Neuber! Ich sah erstmal weg, wartete, bis diese Alte fort war, und dachte über unser Leben nach. Im Tod selbst hatte man Furcht vor der Frau. Die sie kannten, deckten sie hart zu, die anderen mit Vergessenheit! Doch jemand brachte immer frische Blumen. Oft, wenn ich hier vorbeiwollte, sprang ich schnell mal hinter die Friedhofsmauer und sah die Blumen. Fred also!

Und jener Schatten da, zwischen den beiden Stühlen für den Einlaßdienst, das ist Lessing!

Doch auch Lessing konnte ich mir nicht als Schatten vorstellen, für mich war er jener von den ehrsamen Eltern aufgeputzte Junge, der frech seine Hand auf einen Stapel Bücher legte. Einer, der später zuviel wußte. Ich konnte mir seinen Schatten nicht denken, ebensowenig wie Freds Schatten, vielleicht im Leuchter: er klirrt mit dem Bergkristall, wenn er wie ein Vögelchen mit den Flügeln schlägt.

Und jener Schatten, Paule, ist der Geist, den Hamlet gehen sieht!

Ich hatte Furcht, daß Fred wieder, wie vorhin im Tröpfchen

oder einmal auf der Polizei, als wir gemeinsam zur Überprüfung festgenommen wurden, ich hatte Furcht, daß er seinen Moralischen bekäme. Damals hatten wir beide, Schmach und Schande, auf dem Gleis meiner alten Neun gestanden und hilflos wie Pinguine mit den Flügeln geschlagen. Wir standen auch so, denn Fred hatte mich überzeugt, daß er und ich in der Antarktis wären und dicht an dicht gekauert uns wärmen müßten. Die Neun kam nicht weiter. Die Leute wollten uns vom Gleis drängen. Man war empört und holte ein Überfallkommando. Heute schäme ich mich natürlich. Aber damals zogen wir uns in einen offenen Kohlenkeller zurück, und ich reichte Fred Briketts zu. Die Polizei war ziemlich ratlos. Fred war so klug, nicht zu treffen. Auf der Wache waren wir mit dem Offizier allein. Er prüfte unsere Ausweise, auch meinen der Kampfgruppen, und fragte Fred, wann sein nächster Fernsehfilm käme. Wir warteten ängstlich auf die Strafe, die Ermahnung, aber wir mußten Kaffee trinken. Plötzlich flüsterte Fred: Sein oder Nichtsein, das ist hier die Frage... Das Schlimme war, mit jedem Vers wurde er lauter! Der Offizier hatte offensichtlich genug. Wir zahlten Strafe: Fred fünfundvierzig Mark, ich fünf Mark. Gerecht war unsere Polizei. Dann schickte er uns weg, mit dem Versprechen, er würde unsere Betriebe und Familien informieren. Darauf warte ich heute noch! Und wie ich Furcht empfand, daß Fred mir mit seinen Schatten in den Winkeln seines Theaters Vorstellungen einblies, die ich als Wirkliches auffaßte, zog ich ihn sachte an seiner Jacke.

Na, gehen wir weiter, Paule! Es ist ein Jammer, daß ihr nichts von uns wißt. Aber, was sind drei Faustschläge im Leben eines Mannes?

Das also gab es: Im Werk numerisch gesteuerte Maschinen, Staub, zusätzliche Exportaufträge für sieben Millionen Dollar, blutige Unfälle, Tätigkeiten, die einem die Knochen bis zum stechenden Schmerz biegen, doch hier: ein Märchenhaus für Prinzessinnen! Lenin muß durch diese Gänge gehastet sein, bevor er Hauptmann Weber sah. Er wird die flotten Mädchen, heute unsere Großmütter, nicht übersehen haben, und wir Tischler, Kehrfrauen wie Wally und Meister, Aktivisten, solche wie mein Schieber Heinz, wir wußten wenig davon. Höchstens, daß wir eine schwache Ahnung hatten, wieviel Fett das kostete. Von dem, was wirklich in diesem Prinzessinnenpalais geschah, wußten wir nur soviel, wie in unserer Zeitung stand, aber das berührte uns kaum. Ich dachte an Hedwig, meine Chemiearbeiterin, und ich wurde neugierig, wie sie alles, was sie sich vorgenommen hatte, öffentlich arrangieren wollte.

Fred öffnete eine hohe Stahltür. Auf weißlackiertem Schild war in Augenhöhe mit roter Farbe das Wort RUHE aufgemalt. Ich spürte kühle Luft im Gesicht.

Das roch wie damals in Ostpreußen auf meiner Mutter Boden nach altem Holz, in das man mit dem Daumen leicht eine Delle drücken konnte. Die gleiche Luft, wie wenn ich auf jenem Boden die Spielzeugkiste auskramte, in der alle kaputtgespielten Spiele und Puppen aufgehoben wurden, damit Vater, wenn er aus dem Krieg wiederkäme, sie reparieren könnte. Wir waren zu meinem Glück arme Leute, und wenn ich die große Puppe fand, wir nannten sie Rita mit der Zuckerbluse, mußte ich nicht viel mehr zu meinem Kinderglück haben. Wir nannten diese Bluse deshalb so, weil das Muster des Blusenstoffs dem Streuzucker auf dem braunen Pfefferkuchen glich, in den meine Mutter vor dem Abbacken die blankgeschälten Mandeln drückte. Damals aß ich den besten Kuchen der Welt. Im tiefsten Herzen hoffte ich, daß Rose mir solchen Kuchen backen würde. Jedoch ich wußte: sie war ganz anders. Sie wußte um solchen Kuchen nicht.

Mitten auf Freds Bühne stehend, atmete ich, wie man so sagt, Theaterluft. Das ist keine andere Luft als die in den Häusern unserer Stadt, wo viele Menschen raus und rein gehen, dachte ich. Ich roch genauer hin. Da glaubte ich Katzendreck zu riechen, aber das konnte auch von frisch geschnittenem Rüsternholz kommen. Doch wie kommt frisch geschnittenes Rüsternholz in dieses Theater? Die Luft war mir nicht fremd: Desinfektion, Schweißfüße, Parfüms und Waffenöl, das alles schwebte über diesen berühmten Brettern. Das gefiel mir. Weiße Striche teilten die Bühne in regelmäßige Felder, selbst die Mittellinie fehlte nicht. Das Tor jedoch war gewaltig, hier konnte kein Ball, der in das Publikum geschossen wurde, aufgehalten werden. Das zweite Tor fehlte. Die Decke über mir war hoch. Dort schwebten drohend Lasten. Ich trat einen Schritt zur Seite, weil man unter schwebenden Lasten nicht stehen darf. Schnell hielt Fred mich fest, denn ich wäre beinahe in eine Betongrube gestürzt, in die sich die Hinterbühne senkte. Diese schwebende Bühnenfläche, die zunächst über mir, gleich einer Bohrplattform im Meer, flach auf vier Stahlsäulen lag, konnte von einem Steuerpult aus bewegt werden. Ich überlegte, wie man diesen Mechanismus auf einen Familieneßtisch übertragen könnte. Das Absenken und Heben des Tisches müßte ein ebenso erstaunliches Spiel sein. Die alten Lösungen waren hinfällig. Nun sah ich drei Arbeiter einen mächtigen Steinbrunnen hereintragen. Sie trugen leicht. Das Gestein war natürlich Pappe. Ich ging um ihn herum. Er war nur halb, aus Dachlatten gepfuscht, weiter nichts. Vorn aber, für das Auge undefinierbares Gestein, weder Granit noch Porphyr, eher verhärteter Sand: Das ist ein sizilianischer Brunnen. Wenn unsere Scheinwerfer raufbrennen, flimmert er. Man glaubt, Grillen zu hören. Auf diesem Brunnen werde ich als Jago sitzen! Ich sagte: Denn Arbeit und Spiel kürzen die Zeit. Shakespeare! Fred sah mich von der Seite an. Er merkte wohl, daß ich außer diesem Sprüchlein nichts wußte. Ich fand es schön von ihm, daß er sich nicht weiter mit mir über diese menschliche Tragödie unterhalten wollte. Ich sah hoch. Zwischen Stahlprofilen und Scheinwerfergruppen sah ich das weiße Gesicht eines Mannes auf uns niederschauen. Das Gesicht öffnete den Mund: Fred! Bist du besoffen? Fred flüsterte mir zu, wie solche Handwerker, er reckte seine Schulter zur Beleuchterbrücke, solange sie am Bau seien, nichts von der Kunst begriffen hätten, gar nichts! Aber den Mond einen halben Meter höher nageln, dazu brauchten sie ein Meeting. Ein Arbeiter trug schräg über die Bühnenfläche eine rote Fahne. Das war, erläuterte Fred, die ganze Dekoration heute abend. Das muß ich dem Dichter M. lassen, wenn er rangeht, geht er voll ran! Lange sahen wir der Fahne nach. Als roter Punkt flatterte sie leichtsinnig in eine Seitengasse. Ich fragte: Geht denn das? Fred lächelte von oben auf mich herunter, aber nicht überheblich: Merk dir, Paule, im Theater ist alles möglich, nur eins nicht: anders zu sein als unsere Zeit.

Jetzt rief er hoch zu diesem bleichen Gesicht, das uns verfolgte: Schorsch! Mein Lieber! Zieh den Eisernen hoch und gib dem Saal Licht! Schorsch kicherte zwischen seinen Profileisen, schurrte über diese Brücke und kletterte gewandt über Eisenleitern zu uns hinab. Auf der rechten Seite der Bühne in einem Kabuff über einem Schaltpult mit vielleicht acht mal acht Knöpfen und doppelt soviel Kontrollampen, flimmerte ein Monitor.

Darin sah ich zunächst Fred und etwas später neben ihm einen, den ich nicht kannte, schließlich sah ich, daß ich selbst es war. Ich entdeckte, wie häßlich ich war, und ich hatte immer gedacht, daß die Menschen auf mich sehen. weil ich eine interessante Erscheinung wäre. Das war ich also nicht: Sie sahen auf mich, weil diese Stadt keinen häßlicheren Menschen aufzuweisen hatte als mich. Ich fragte Fred, ob ich tatsächlich der wäre, der da im Monitor neben ihm stand, und hörte nun meine Stimme. Sie glich dem schwarzen Krähenschrei. Und ich nahm mir vor, nur noch das Notwendigste zu sprechen, und biß mir auf die Zunge. Im Bau klingelte es, fein, wie viele winterliche Glocken bei einer Schlittenpartie durch das verschneite Gebirge. Als ich wieder zur Bühnenmitte ging, wurde die Stahlwand gehoben, die den Zuschauerraum verdeckte. Zunächst sah ich die vorderen Sitzreihen, alle Sitze hochgeschlagen, nach und nach das weite Parkett, dann den ersten, zweiten und dritten Rang. Im ersten Rang in einem goldenen Loch leere Sessel: die Loge. Als diese eiserne Wand in das Haus über mir gehoben war, glimmten die Lampen im Saal zu Sonnen auf. Das war Licht! Es machte mich, vor dem die Stahlwand fortgenommen und der Zuschauerraum hell wurde, zu mehr als einem Transporter. Doch erschrocken spürte ich, wie etwas anderes mit mir geschah: ich merkte daß ich Ohren hatte, und glaubte hinter den alten Wänden in diesem verbauten Haus Ratten am Kalk nagen zu hören. Ihre Schwänze schnurrten. Ich schluckte Übelkeit in meinen Hals.

Frau Doktor Milde, die uns Berliner Abendoberschülern damals einen Begriff von der Seele im Menschen geben wollte, hatte uns gelehrt, daß unsere Wahrnehmung selektiv sei. In meinem Fall irrte sie. Direkt an der Rampe stehend, wußte ich, wieviel Watt jede Lampe verbrauchte und wie dieses verzögerte Aufleuchten von einem speziell gebauten Schubtransformator geregelt wurde. Auch ahnte ich, wieviel Tonnen Gips als Blumen, Trauben und Girlanden an diese Saalwände geklatscht worden waren. Übervolle Steinkörbe herbstlicher Pflaumen, daneben Knospen, zur Hälfte durchschnitten aus Gips auf Gips. Aus gipsernen Brunnen floß gipsernes Wasser. Alles immer schön abgeteilt von Säulen ohne Kapitell, aber mit Basis und Kapitellen mit halber Säule ohne Basis. Das alles unbeweglich, neu unter Blattgold und frischen Farben.

Dieser Raum, sagte Fred, gehört zu den Räumen mit der besten Akustik in Mitteleuropa. Hier waren Fachleute aus Jerewan. Sie konnten die Ursache für diese Wirkung nicht rauskriegen.

Und ich sah noch mehr, meine Wahrnehmung schien sehr komplex: in ovalen Bildern hoch oben auf unbeugsamen Nacken drei Damen, jede in einem Gemälde für sich, ihre Gesichter.

Das sind die christlichen Tugenden, Paule: Fides, Caritas und Spes, auf deutsch: Glaube, Liebe, Hoffnung.

Die erste streckte ihren schönen, aber kalten Schenkel durch die Falten der Tunika. Besäße ich ein Auto und stünde diese Dame an der Transit am Ende unserer Stadt, dieses kühnen Knies wegen hätte ich angehalten und hätte sie gefahren, wohin sie nur wünschte. Ich dachte an die Maler, die es nicht kümmert, was sie in einem anrichten. Sie malen ein Knie wie ein gewachsenes, aber wollte ich hinfassen, wäre da nichts. Die Wirklichkeit, dachte ich in meinem sturen Schädel, ist anders, sie narrt mich nicht so offen mit schönen Schenkeln. Und froh war ich, kein Maler zu sein, als ich dieses Knie aus der faltenreichen Tunika zwinkern sah. Denn einer, der so ein Knie erfindet, macht den Menschen, der weitersucht wie ich, verrückt. Doch war dieses Bein nicht das beste. Sie hielt eine Gesetzestafel auf ihrem linken Arm so zärtlich umfaßt, als wäre dieser Quader das heimliche Gefäß für alle schönen Dinge dieser Welt. Keine Spur von dem Gedanken, daß diese Tafel ebenso der Deckel für den Sarg ihrer Schönheit sein könnte. Doch ich kann irren, vielleicht dachte sie auch daran. Mit der rechten Hand umfaßte sie ein Kreuz, als hielte sie etwas, dessen sie sich schämen müßte. Übertroffen wurde alles von ihren meertiefen Augen und von dem Haar, in das der übermütige Künstler Veilchen gepflanzt hatte. Und doch, bei aller Zauberei des Malers, mir schien, als sähe ich auf ihrer Stirn eine Wolke Dummheit. Das paßte gut zu ihrem Mund. Doch ich kann irren, Fred empfand sicher anders.

Ich sah zur Dame Caritas. Sofort vergaß ich die andere. Der Künstler hatte sie von der Seite her gemalt und so, in dieser freien Stellung, ihr Gesicht sich zugewendet. Ich sah ihren halben Po, die andere runde Wange war mit einem alpengrünen Schleier zugedeckt. Becken, Bauch und Rücken hatte sie zu einer Kurve gebogen mit mehr Anmut als Demut. Die Liebe schien sich frech zu schämen, tat, als wüßte sie sich kaum anzubieten, und beschäftigte sich mit zwei Kindern. Während sie eines, das an ihrem linken Bein bittend zu ihr hochwollte, einstweilen zurückhielt, trug sie das zweite Kind auf dem Arm. Die linke Brust hing schwer über der Tunika. Ein Tropfen Muttermilch floß aus ihr. Ich fand dieses Bild realistisch, aber nicht so sehr, daß ich nicht weiterträumen konnte.

Die schönste ist die Hoffnung, Paule! Sieh die Taube! Wie ein krankes Huhn sitzt sie auf dem Handrücken der strengen Dame. Den Anker hält sie mit der anderen Hand, als wäre er zu schwer. Wenn sie allzulange da stehen muß und nicht gleich diesen Anker fallen läßt, wird's ihr den Arm rausdrehen!

Ich sah die Hoffnung, war an Rose erinnert und dachte, wie dumm das ist, daß ich mich mit Fred aufhalte. Derweil leben die im Festsaal über uns flott dahin, und kommen wir beide, wird alles verteilt sein. Ich wollte fort. Doch Fred hielt mich am Arm zurück und drehte mich zu einem vierten Wandbild: Ein nackter Krieger hielt einen goldenen Apfel in der Hand, als schwinge er einen Knüppel. Der Maler hatte ihm einen Zierhelm auf den Kopf gestülpt, und das Beste an ihm war mit einem Eichenblatt zugedeckt, aber es reichte nicht hin. Meine drei Damen sahen genau dorthin, es interessierte sie.

Die linke Saalwand vergaß ich, denn der Maler hatte hier die drei Stifter dieses Kunstinstitutes so schamlos verewigt, daß ich an die Gemälde auf den Türen und Zwischenwänden der Toiletten auf unserm Hauptbahnhof erinnert war. Was es alles gibt, dachte ich!

Dieser Raum, Fred rollte sein hartes R, soll, wenn ich tot bin, mein letzter Ruheraum sein, mein vorletzter ein Hubschrauber, in dem ihr mit mir eine Abschiedsrunde über diese Stadt fliegt. Ich werde sie auch als Leiche kaum vergessen, so hasse ich sie, aber ich kann sie gar nicht so stark hassen, wie ich sie liebe. Ich hab dem Tröpfchenwirt heute einen Scheck ohne Summe geschrieben, seid fröhlich und vertrinkt mein Fell. Ihr wart die Besten. Das geht auf meine Kosten!

Mir schien, er weinte, aber es war wohl der übliche Schnupfen, der nun auch ihn erwischt hatte. Er schnaubte in sein Taschentuch, und es war wohl nur die Anstrengung, seine Schauspielernase leer zu kriegen, die ihm Tränen aus den Augen quälte.

Und doch war, als ich verlegen hinsah, in seinen Augen der Kummer aller Unglücklichen dieses Augenblicks. Er lachte ein Lachen, und ich wußte nicht, ob ich darüber erschrecken sollte. Schlimm, wenn ein Mensch wie Fred lacht.

Fred stieg, so als ginge er barfuß durch kaltnasses Morgengras, über die ersten vier Sesselreihen weg, klappte in der fünften einen Sitz ab und sprang aus dem Stand darauf. Er brüllte auf. Seine jammernde, dünne, mißklingende Kinderstimme, mit der er einen Vers quälte, zwang mich, genau hinzuhören.

’s ist Krieg, ’s ist Krieg. O Jammer, es ist Krieg.
Ich alter Mann sah seinen Anfang nie,
Und wär ich jung, ich säh doch nie sein Ende.

Lange habe ich diese mathematischen Worte in meinem Schädel festgehalten, und auch ich schrie diesen stummen Protest hin und wieder plötzlich in die Luft. Egal ob Menschen um mich waren oder nicht. Zuerst waren sie erschrocken, doch später sagte mein Kollege Bobbi manchmal: Paule, ruf deine Götter! Ich wollte nie rufen, aber irgendwas Schwarzes in mir drückte mich, gleich dem Staatsschauspieler Fred loszuschreien. Meine Kollegen freuten sich darüber, daß sie mich wieder gegriffen hatten. Ich glaube, daß zwischen Brüllen und Nichtbrüllen für mich eine Grenze zum Wahnsinn liegt. Wie hätte ich aber ohne diesen Schrei fortleben können?

Schorsch sagte hinter mir und er meinte Fred: Na, der ist heute voll! Wir werden noch was erleben! Doch dieser Schorsch wußte nichts. Ich aber sah, daß Fred nüchtern war, wie jeder in diesem Theater. Ich betrachtete ihn: ein Mensch klagt und ist allein. Und das war eben Fred. Willy und andere waren sich unter der Hand einig, daß dieser Mann zu den zehn besten Schauspielern auf dem europäischen Kontinent gehörte. Das war eben Fred: in seiner Klage merkte er, wie gut er klagte, und dadurch leistete er mehr, als mit einer gewöhnlichen Klage zu erreichen war: er griff in meinen offenen Leib. Als er spürte, wie ihm das gelang, feuerte er vierfache Intensität in diese Verse, und er wurde überhaupt nicht lauter dabei. Mir war völlig klar: dieser Mann konnte mehr als Brot essen. Er beherrschte sein Handwerk. Fred zwinkerte zur Frau mit dem unvergleichlichen Knie hinauf und tat eine unmißverständliche Handbewegung, die eigentlich nur mir und meinen Arbeitskollegen geläufig war, als er sagte: Ihr, die ihr Gestank gewohnt seid, helft mir, oder ich ersticke!

Er schien zu träumen, auch ich mummelte mich ein. Doch vom letzten Wort, das er mir wie eine Schelle ins Gesicht hieb, wurde ich wach: Was tust du meinem Volk, boshafter Zeus? Nimmst uns die Städte aus wie tote Hühner?

Danach war Stille. Fred sprang vom Sessel und rief: Schorsch! Schalt das Licht runter und laß den Eisernen kommen. Paule! Rund geht's, ich habe endlich Durst! Wir gehen zuerst zur Technik, da ist es immer am gemütlichsten!

Das war ein arg kleiner Raum, in dem die Kollegen der Technik saßen. Ich fand auch Schorschs Gesicht wieder. Er saß, umringt von anderen Männern, vor einem richtigen Bierfaß und zapfte. Für Fred wurde sofort ein Sitz herangetragen. Mich vergaßen sie, aber einen halben Liter gaben sie mir.

Vor dem Prost sprach ein Grauhaariger, sein Gehabe stimmte in gewisser Weise mit dem unseres Augustin überein: Fred, du bist uns immer noch der liebste, aber heute hast du was versäumt. Na, dann!

Und es wurde still und heimlich, wie bei uns am Pausentisch. Die Worte kamen wie ein Regen: schnell und klar.

Freds Frau trat ein, um uns zu holen. Da hatten wir schon mehr Bier geschluckt, Fred seinen Weinbrand dazu, als die Technik uns geben wollte. Darum ließen wir uns willig zum nächsten Faß führen. Leider war die Tafel unendlich, an der Freds Frau uns vorbeizog, und der Fußboden war glatt. Wir rutschten unten weg. Wenn sie mich oben hatte, riß Fred mich auf das dumme Parkett, war er auf den Knien, zog ich ihn, fallend um Hilfe greifend, am Hals hinab. Das war schon schlimm.

Mir war, als wäre ich betrunken oder eine Ratte, die von zwei Seiten in einen luftarmen Kabelschacht unterm Hochofen gejagt wird. Ich japste in diesem glänzenden Raum um mein Leben. Darum riß ich mein zwischen den Stickereien gefälteltes Hemd auf, nahm meinen Talisman, ein Blechherz mit einem Haar von Rose, in den Mund, und sofort wurde mir besser. Freds Frau bekam Hilfe, aber ehe die Hilfe Ordnung schaffen konnte, die durch uns aufgehoben schien, stand Fred wie eine Eins, packte mich und brüllte: Von einem, ihr Bajonette, wißt ihr alle nichts! Verkrochen haben sich die Menschen der Technik vor euch, ihr Galgenvögel, die ihr buhlt um die Gunst von Sekunden. Ha! Nie werdet ihr's begreifen. Nie! Er griff den Dichter M. beim Halse: Und du, du Genie, hast du dein Geld gefaßt, und wo ist jetzt dein Herz?

Die Menschen hörten gelassen weg. Nichts sahen sie. Sie schwatzten dahin, hoben Gläser, flüsterten und nickten bedeutungsvoll mit den Nasen. Mir war, als hätten sie arge Bauchschmerzen, aber sie wagten nicht, den Furz, der sie quälte, abzulassen. Ich begriff nicht, warum sie mit diesem Druck im Leibe sich so um den Abend betrogen.

Fred griff seine Frau, legte ihren schmalen Rücken auf drei Finger seiner rechten Hand, streckte den Arm durch und hoch über sich und befahl: Kalinka! Sofort spielte die Kapelle, und Fred begann, mit der wippenden Schauspielerin auf seinen Fingerspitzen, dieses Lied zu treten: richtig russisch, Birken, weiter wolkenloser Himmel, Fluß, glückliche Steppe und friedvolle Menschen, doch hoch über allem, sehr hoch, Freds Frau. Sie, die Schönste von allen, sie lächelte ohne Furcht und zeigte ihre Beine, denn sie brauchte sie nicht zu verstecken. Ab und an warf er seine Frau, Hep! rufend, von seiner Rechten auf die Linke und wieder zurück.

An meiner Schulter flüsterte jemand: Er kommt ja vom Zirkus, aber sie haben ihn rausgeschmissen, weil er eigentlich ein Schauspieler ist. Ist er tatsächlich einer?

Fred warf sie wieder, streng nach der russischen Musik, aber so sicher wie zum Anfang seines kühnen Beginnens war er sich nicht mehr. Der Kreis, der sich um ihn gebildet hatte, wich zurück. Es waren die, die uns vor wenigen Minuten weder sahen noch hörten. Diese zurückweichenden Kreismenschen schlugen immer zugleich in die Hände. Ein Kosak! Na, da werden wir was erleben!

Fred plumpste mit dem Rücken in die Kühltruhe, wo die grünen Weinflaschen ordentlich gestapelt waren. Seine Frau hielt er hoch und setzte sie demonstrativ großartig ab. Als er die verschobene Kühltruhe auf den alten Platz rückte, küßte er nebenbei noch seine Frau und verschwand keuchend. Ich war nun ganz allein.

Alle um mich herum wichen zurück. Berühmte Schauspieler, auf der Höhe unserer Zeit, und solche, die noch nicht wußten, daß die Zeit vor einer Stunde über sie hinweggegangen war. Ich sah auch solche, die wirklich ganz oben waren, aber sie wußten um ihren Ruhm noch nicht. Das Wissen davon war noch nicht in ihren Herzen, und sie sahen mit Ehrfurcht auf die erledigten.

Unter meinen hilflos suchenden Augen wurden in der Menge drei Punkte deutlich: der erste war die wunderbare Schauspielerin Susanne K. Sie trug ein ärmelloses, grünes Faltenkleid und hielt Freds heulende Frau in ihren Armen. Mit einem Tempotaschentuch tupfte sie ihr die Tränen. Zwischendurch schwatzten sie glücklich und tranken Selters dazu. So oft beide angesprochen wurden, so oft fanden sie wieder zusammen. Ich hatte viel Zeit zu sehen, denn ich spürte, wie ich für diese Menschen Luft war. Der zweite Punkt in diesem blanken Raum war der Dichter M., er paßte nicht hier rein, und doch saß er und rauchte wie selbstverständlich seine Zigarre. Der dritte Punkt war meine schöne Rose. Patricio saß aufrecht neben ihr und bediente die Arbeiterin Hedwig aus der Chemiebude.

Willy arbeitete sich sachte, hier und dorthin sich neigend, bis zu ihrem Tisch vor. Rose sah mich streng von oben bis unten an. Ich wußte, was ich sollte: sofort an ihren Tisch. Nur ich wollte nicht und bockte. Nur raus hier! Fort und los über alle Berge! Und wie ich gehen wollte, sah ich wieder auf den Dichter. Ich stellte fest, daß er mich besah, wie das erste Stück Holz aus der Hobelmaschine: ob es das Maß hat oder die Maschine neu eingestellt werden muß. Wer Tischler ist, weiß, wie flott das von der Hand geht. Die Handgriffe sind immer die gleichen. So sah der Dichter auf mich. Er hatte eine Wolke Leute um sich. Sie hofierten ihn. Ich hatte noch nie einen Dichter gesehen. Schriftsteller ja, auch schreibende Arbeiter, aber ich hatte noch keinen gesehen, von dem geflüstert wurde, er sei ein Dichter, der sich neben Hölderlin durchaus nicht schämen mußte. Natürlich war ich mißtrauisch, wer größer sei, Büchner oder Hölderlin, aber dieser Dichter da hatte einen üblen Ruf, obwohl ich mir ziemlich sicher war, daß wenige von ihm je etwas gelesen hatten.

Als ich von der Mitte des Parketts sachte auf ihn zurutschte, immer so ein halbes unabsichtliches Schrittchen, erinnerte ich mich, wie er einmal bei uns im Holzarbeiterklub hatte lesen sollen. Ich war hingelaufen, obwohl mein Schieber Heinz sagte, das würde sowieso nur eine Belappung werden. Erwartungsvoll warteten wir. Einige, die von der Spätschicht gekommen waren, trugen Wattejacken. Unser Gewerkschaftsbibliothekar stellte uns einen vor, den wir nicht bemerkt hatten, und verkündete, daß man M. abgesagt habe und den Schriftsteller S. statt seiner gewinnen konnte. Da gingen die Spätschichtkollegen lieber zurück an ihre Maschinen. Als der Schriftsteller S. sagte, wie er sich nicht als Dichter, sondern als Aufschreiber betrachte, der in engem Kontakt mit uns, der Arbeiterklasse, unsere Probleme wissen wolle, lief auch ich raus, so daß jener Aufschreiber ganz unter sich war. Am nächsten Tag rief ich von der Meisterbude aus unseren Betriebsbibliothekar an und wollte wissen, warum M. abgesagt worden war. Ich wollte wissen, aus Sturheit blöd geworden, warum man mit M. für einen anderen geworben habe. Fritz, unser Bibliothekar, meinte, er habe uns nicht zeitig genug Bescheid sagen können. Ich rief die Leitung der Gewerkschaft, Abteilung Kultur, an, aber dort wußte keiner was, und ich merkte, so schien mir, wie jemand ein schlechtes Gewissen hatte.

Da bat ich meinen Obermeister, anzurufen. Auch er bekam keine klare Antwort. Er setzte sich in seinen Wagen und fuhr los. Als er wiederkam, sah ich ihn an. Er sagte: M. wollte achtzig Mark Honorar und ein Essen!

Ich begriff nicht. Mein Obermeister fügte hinzu: Der Aufschreiber ist mit dem Essen allein zufrieden gewesen! Ich begriff wieder nicht. Da sagte Gernod schließlich: M. wollte sein Manuskript nicht zeigen. Ich sagte böse und mit Willys Kopf: Aha! Hat S. vorgelegt? Mein Obermeister formulierte dann so: Für das Manuskript von Herrn S. hat sich kein Schwein interessiert.

Immer, wenn ich danach mit Willy zusammentraf, wollte ich ihm diese Geschichte vortragen, aber kaum hatte ich die zehn Skatblätter in der Hand, vergaß ich es.

Ich war also ganz schön vorbelastet, aber klug genug, auf diesem schimmernden Parkett vergessen zu können. Ich betrachtete den Dichter M., und wie zufällig rückte er einen Stuhl. Und als ich dann unversehens neben ihm saß, war mir, als wäre ich sein kleinerer Bruder, der alle seine Hosen abtragen muß.

Er erinnerte sich an mich vom Tröpfchen her: Was willst du trinken? Sag's, ich kann bezahlen. Ich bestelle mir fünfzig Gramm Wodka, da ich dachte, er habe das gleiche im Glas.

Er sagte: Du mußt dich nicht wundern, hier sitzen Theaterleute aus Frankfurt am Main. Sie wollen dieses sowjetische Stück spielen, von mir bearbeitet.

Ich gab jedem von drüben die Hand. Die erste, eine Frau, sah einwandfrei aus und hatte richtige Hände. Der Dichter M. erläuterte: Ihr Mann hat so viel Geld, daß sie sich noch lange beim Theater halten wird!

Verlegen ließ ich ihre Hand los. Die Westfrau erklärte mir: Ich werde für dieses Schauspiel die Bühne bauen, aber ohne Rundhorizont.

M. benutzte für den nächsten Satz die Luft, die man vorm Wodkatrinken ausatmen muß: Dieser Rundhorizont ist bei uns fest eingemauert, der spielt in jedem Stück in diesem Hause eine Rolle.

Als ich dem Westmann die Hand hinhielt, er rauchte seine Pfeife kalt und schien sehr jung zu sein, fügte M. hinzu: Er wird mein ihm unverständliches Stück inszenieren!

Der junge Regisseur sagte: Du hast dich noch nicht zu den Strichen in diesem klaren Stück geäußert, mein Lieber!

Der Dichter sprach nun ganz langsam und auch so undeutlich, daß ich die kaum zu verstehenden Worte fast gar nicht hörte: Wir haben pauschal gespielt, einfach so weg, keine Details. Die Striche waren entsprechend.

Der Westregisseur, der müde gähnte, fragte: Warum war der Schauspieler, der deinen Tschekisten spielte, immerfort beleidigt?

Der Dichter flüsterte, aber so laut, daß jeder es hören mußte: Das ist einfach zu erklären: er ist von Natur aus etwas klein geraten, wurde immerfort gehänselt, und nun ist's sein Wesen, beleidigt zu sein. Auch diesen Tschekisten, vielleicht die interessanteste Figur, die ich bisher geschrieben habe, faßt er als Beleidigung auf. Aber wir haben sein Gefühl kultiviert.

Das Gespräch kroch unter den Tisch. Nach einer Weile erzählte M., wie er, als er aus dem Gebirge nach Berlin herabgestiegen sei, bei einem Arbeiterdichter ein Zimmer gefunden und fast einen Monat von Mondamin gelebt habe. Der Arbeiterdichter hatte einen großen Schrank voll davon. Er habe immerfort auf seine dicke Frau aufgepaßt, damit sie sich mit ihm, dem Dichter M., nicht vergäße. Auch habe jener Arbeiterdichter seine Dichtung in Säcke gestopft. Er habe vier Säcke voll Dramatik, zwei Säcke Lyrik und etliche Säcke Prosa besessen. Man habe vor diesem Dichter Respekt gehabt, nicht wegen seiner vollen Säcke, sondern weil er von Zeit zu Zeit Wutanfälle bekam. Dann strich er unangemeldet durch ein Ministerium und hielt diesen und jenen am steifen Arm aus dem Fenster an die Berliner Luft. Er selbst, so der Dichter M., betrachte seitdem auch seine eigene Arbeit mehr sackweise.

Nun erzählten die Frankfurter, daß sie in ihrem Theater die Mitbestimmung hätten. Die Gagen würden öffentlich besprochen und festgelegt, und die Schausspieler hätten darüber zu bestimmen, wer was spielen würde und natürlich auch was gespielt werden solle. Ihr Theater sei endlich eine öffentliche Angelegenheit. Das ärgerte mich, wie dieser Westmann aufschneiden konnte, der Fakt selbst interessierte mich nicht. Ich erzählte, wie die Menschen in unserer Stadt lange schon Straßenbahnen und Busse umsonst benutzten, auch läge in zwei und einem viertel Jahr das Vollkornbrot kostenlos da, vier Monate später das weiße Brot, danach die Brötchen. Es müsse dann niemand um seine Brötchen zittern. Der Dichter ergänzte mich, indem er sagte, daß unsere Stadt so arm wäre, daß wir es uns nicht leisten könnten, soviel Geld auszugeben, um die Pfennige einzusammeln. Jetzt begannen die Augen der Frankfurter ein bißchen zu flitzen, und nun lappten sie uns die Taschen voll. Ein Vater, arbeitslos, neben sich seinen Sohn und hinter sich seine Frau, habe in Frankfurt mit einem Maschinengewehr seine kommunale Wohnung gegen die Polizei verteidigt. Die Polizei habe ihn rausholen wollen, da er sich weigerte, die Miete zu bezahlen. M. fragte: Haben die Bullen den Familienvater getroffen? Nein, meinte der Frankfurter Bursche, durch die Polizei ist keiner verletzt worden, da man sich entschlossen habe, Nebelhandgranaten durch die Zimmerdecke in die Wohnung zu werfen. Der Familienvater habe kapituliert. Das ist, grinste nun M., eine menschliche Polizei bei euch! Und er erläuterte mir, daß er das deshalb sage, weil sie einen, der seine Wohnung nicht aufgeben wolle und sogar mit einem Maschinengewehr zwischen das Gesetz feuere, lediglich mit Handgranaten austreibe. Bei uns hat ein bekannter Schauspieler unsere Polizei mit Kohlen aus einem Keller beschossen, und der mußte fünfzig Mark blechen, nachdem er sich mit müdem Arm ergeben hatte. Ich bestätigte das sofort.

Der Frankfurter Regisseur gähnte schrecklich.

Da sagte die schöne Frau des reichen Mannes: Warum hat sich das Mädchen auf dem Wenzelsplatz in Prag verbrannt, damals als eure Panzer die Brücken über die Moldau absperrten?

Ich habe dieses Mädchen gekannt, sagte unser Dichter sofort, sie war rothaarig, hatte eine Haut wie Marmor, darin schimmerten blau ihre feinen Äderchen. Eine Woche vorher hab ich mit ihr gesprochen. Meine Frau war eifersüchtig, so eigenwillig war dieses Mädchen. Das ist ein Jammer, daß sie sich verbrannte, und ich möchte gern wissen, wie sie das veranstaltet hat, denn sie konnte mir nicht mal meine Zigarre anbrennen. Vielleicht bin ich sogar schuld an ihrem Tod und weiß das nicht. So was möchte man ja wissen!

Die Frankfurterin ließ aber nicht locker. Sei es, daß sie sich von M. verführen ließ, zuviel bulgarischen Rotwein zu trinken, oder keine Ahnung haben wollte, wie man sich in unserer Stadt bewegt. Warum hat sie sich verbrannt? Die war auch nicht rothaarig, sondern schwarz!

M. sagte unlustig: Das ist unmöglich, daß sie nicht rothaarig war, das geht kaum, denn Frauen mit so einer Haut haben durchweg rote bis blonde Haare. Der Reporter vom Spiegel jedenfalls kam zu spät. Sie hatten wohl beide, der Reporter und das Mädchen, ungenaue Uhren, oder die Nerven sind mit ihr durchgegangen, wie das Benzin so schnell aufflammte.

Die Frankfurterin stand umständlich auf, kam um den Tisch herum und schlug dem Dichter M. zweimal ins Gesicht! Danach weinte sie. Sie sagte: Sie sind kein deutscher Dichter!

M. stand schnell, faßte sie sachte am Ellenbogen und sprach diesen Satz: Wenn es nur vorangeht, nur vorwärts, bin ich bereit, für Sie kein Deutscher zu sein!

Dann führte er sie raus. Ich staunte, wie kalt M. sein konnte. Lange blieben sie fort. Jetzt glotzte uns die stinkende Langeweile aus den halbvollen Gläsern an. Als M. endlich mit ihr zu unserem Tisch zurück kam, sagte er deutlich: Ich habe sie überzeugt. Sie wird mein Stück mit Rundhorizont machen.

Von hier an blieb sie still, sah immerfort auf diesen Mann. Der Regisseur gähnte nicht mehr. Er sah um sich, als stünde er in einem dämmrigen Wald und sollte Pilze finden.

Die Frau des Dichters kam an unseren Tisch, küßte M. auf den Mund, und ich sah, wie er sich freute und in ihren Schatten rutschte. Ich erinnerte mich, wie ich mich einmal nach einer Prügelei an meine Mutter gekuschelt hatte. Damals war eine heiße Welle in mir hochgekommen, die ich nie vergessen werde. Meine schöne Rose tat, als sähe sie nicht, wo ich saß. Dann nahm sie Patricio und tanzte mit ihm in meine Richtung. Ich sah immerfort auf die Frau des Dichters. Ich habe sie mir aus Sofia geholt. Komm, Paule, wir müssen was sprechen.

Draußen auf dem Klo würgte ich am Wodka. Er sagte hinter mir: Stopf zwei Finger in deinen Schlund, wenn du alles raus hast, lebst du wieder.

Nach dem Waschen gab er mir das Handtuch. Ich rubbelte mich sauber. Der neugierige Toilettenmann umschwänzelte uns. Ich fragte den Dichter, woher er soviel von mir wisse. Er sagte die gleichen Worte wie mein Schieber Heinz: Ich weiß alles. Was redet Willy über mich?

Ich erzählte ihm, wie Willy sauer auf ihn sei.

Was sagte Willys Frau?

Ich glaube, sagte ich ihm, nicht ohne ein bißchen zu zittern, stand ich doch vor einem berühmten Mann, ich glaube, sie und die Hedwig haben geholfen, daß dieses Stück heute gespielt wurde!

Wer ist Hedwig?

Sie sitzt drin!

M. lächelte und sagte: Merk dir eins, Paule, mit den Frauen, wenn du sie auf deiner Seite hast, kannst du Politik machen!

Lächelnd trat der Dichter zurück auf sein Parkett. Dieses Parkett war Eiche mit Mahagonieinlage, immer ein Quadrat von fünfhundert Millimetern tadelloser Eiche mit rotem Mahagonirahmen. Alle Flächen schräg in den Raum verlegt. Versiegelt war diese saubere Arbeit mit einem harten, farblosen Lack. Die Blüte unserer Stadt stand in diesem Lack auf dem Kopf. Man konnte den tanzenden Mädchen unter die Röcke sehen. Das Licht in diesem Raum war weich, und M. erzählte mir, wie das der einzige Raum sein, wo er nicht seine dunkle Brille tragen müsse. Der Dichter gab mir einen Teller von der langen weißen Tafel und fragte mich, was ich haben wolle. Ich wünschte mir Fisch, und er legte einen dunklen Fischrücken auf meinen Teller. Das kannst du essen, das ist gut für deinen Magen. Nimm auch noch etwas Zitrone.

Dann setzten wir uns an einen Tisch beim Eingang und aßen. Er hatte recht, der Fisch war sehr gut. Zwischen Fisch und Gabel fragte ich M., was seine Frau arbeite. Er sagte, sie mache Pläne. Das verstand ich nicht. Er erläuterte: Das ist so, Paule, wenn sie in ihrem Beruf arbeiten will, darf sie das nur in Bulgarien. Sie müßte sich folglich von mir trennen, da ich diese Stadt nur in immer länger werdenden Abständen verlassen kann. Darum hat sie immer neue Pläne, und die nutze ich für mich.

Ich wollte wissen, was denn ihr Beruf sei. Und er erklärte mir geduldig, daß ihr Beruf der Dokumentarfilm sei und wie sie diese Zeit als einen Ausweis für später betrachte, den sie genau mit der Kamera prüfe, damit viele Fakten auf die nach uns Geborenen kommen. Man kann, sagte mir der Dichter M., eine Heldentafel, wie sie der Dichter Homer beschrieben hat, noch in einer Million Jahre nachessen, mit Gefäßen, den Gabeln und dem Blumenschmuck. Aber das meiste von dem, was heute geschrieben wird, ist so ungenau, daß man sich davon nur schwer unser Land wird vorstellen können.

Wozu, fragte ich, soll man denn das alles nach uns noch mal erstehen lassen, wenn es doch vorbei ist?

Die Menschen, sagte er hastig, sind halt sehr neugierig, sie wollen alles wissen. Darum!

Willy näherte sich dem Dichter M. in einem Bogen. Scharfe Nase, schmale Lippen. Ich sah über die Schulter des Dichters hinweg, irgend etwas schmeckte ihm nicht, und doch strahlte er. Eine Gasse entstand. Willy grüßte jeden links und rechts, immer näher auf den Rücken des Dichters zu. Dieser Rücken kauerte sich zu einem Tischlerbuckel. Die Menschen verhielten sich wie vorhin, als Fred und ich auf diesem dummen Parkett ausrutschten, aber ich spürte diesen Schuß wurmartigen Krauchens in ihnen. Ich fragte den Dichter: Stimmt es, daß Sie vom norwegischen König empfangen wurden?

Ja, antwortete er fahrig, vorgestern, aber ich hatte eine andere Jacke an und habe mich dann betrunken, weil der König freundlich zu mir war. Mir ist immer noch dumm im Kopf. Wie weit ist er ran?

Ich flüsterte: So vier Meter.

Sag mir bei zweieinhalb Metern Bescheid, Paule. Prost!

Aber wir tranken nicht, und ich sah genau und sagte: Jetzt!

Ein Betrunkener sang ein albernes Lied, wurde aber sofort still, als habe ihm einer eine Bohle über den Schädel geschlagen.

M. stand rasch, aber nicht zu hastig auf. Zwischen ihm und Willy waren zweitausend Millimeter Luft. M. drehte sich völlig normal zu Willy um und durchging diese Anzahl von Millimetern sehr schnell. Das war schon gut.

Dann wollte der Dichter M. Willy zu unserem Tisch führen, doch das schmeckte Willy nicht. Willy legte seinen Arm um die Schulter des Dichters, doch M. drehte sich raus, um die Zigarre irgendwie loszuwerden. Das war sehr gut, denn Willy spürte wohl, wie er, mit diesem Arm um die Schulter des Dichters, zu weit gegangen war. Es war seltsam anzuschauen, wie verwirrt der Dichter seine Zigarre in die Luft hielt und sie schließlich entschlossen fallen ließ. Mir war klar, daß er sie gar nicht halten konnte. Das nun, schien mir, merkte Willy und hakte ihn unter. Sie lachten sich an, und da ihre Gesichter aufgingen, schwirrte die Presse. Auch eine Kamera surrte, Mikrofone stachen zu Willy und dem Mann neben ihm durch. Der Dichter zog aus seiner schlechten Lederjacke eine Brasil aus Thüringen. Beide standen im harten Licht, sie waren voll da, jeder kannte jede Bewegung des anderen im voraus. Willy reichte M. sein silbernes Messer aus Japan, womit der Dichter die Zigarre freischnitt. Willy sagte: Dieses Messer bekam ich von guten Freunden. Darf ich es Ihnen schenken?

Ich nehme, sagte der Dichter M. Die Menschen raunten. Nun schenkte er Willy eine Zigarre, und jetzt schnitt Willy. Der Dichter wartete mit hingehaltener Hand, bis er dieses kostbare Messer wiederbekam. Als beide endlich den blauen Rauch um sich bliesen, sagte Willy: Ich will Ihnen zu Ihrem Erfolg gratulieren. Die Partei dankt. Ich habe die große Ehre, Sie im Namen der Partei als Aktivist auszuzeichnen. Er stach dem Dichter die Aktivistennadel in das harte Jackenleder, überreichte ihm in einer roten Mappe die Urkunde, dazu jenen berühmten offenen Umschlag. Einige, schien mir, die zusahen, wurden bleich vor Wut. Wie hineingezaubert hatten beide Sektgläser in den Händen. Willy sprach: Auf ein neues Werk. Ich danke allen, besonders auch den Kollegen der Technik, die für diesen Erfolg gearbeitet haben. Auf

Ihre Frau, Ihre Gesundheit, auf die unverbrüchliche Freundschaft mit den sowjetischen Genossen, die wir aus Anlaß dieser bedeutenden Uraufführung in unserer Mitte begrüßen. Ich wünsche Ihnen in Ihrem persönlichen Leben Glück und Wohlergehen, und wir rechnen mit weiteren Werken von Ihnen.

Starker Beifall. Jetzt sahen alle auf den hochgeehrten Dichter. Leider sah ich ihn nicht, denn die Filmkamera saß genau auf seinem Gesicht. Ich hörte nicht mal seine Antwort. Das war ein Beifall. Ehe der Lärm endete, war beider Platz leer. Die Presse hatte Feierabend. Willy ging, fast unbeachtet, zu Hedwigs Tisch. Der Dichter, in der Hand den Umschlag, kam entschlossen zu uns zurück. Er gab seiner Frau das Papier. Mir schien, seine Hände zitterten etwas. Jemand stäubte ihm Zigarrenasche von seiner schäbigen Lederjacke. Er hatte seine dunkle Brille auf die Augen geschoben und sah wie ein blinder Mann auf uns. Der westdeutsche Regisseur rückte ihm den Stuhl, dessen Kollegin, die Bühnenbildnerin, lächelte mokant.

Jetzt sah ich, wie ein sehr junger sowjetischer Offizier im Rükken des Dichters auf uns zukam. Diesem Offizier folgte ein einfacher Soldat. Auf einem silbernen Tablett standen zwei Gläser mit je hundert Gramm. M. drehte sich um. Die Frau des Dichters reichte Probenfotos rum. Der Frankfurter Regisseur wartete mit seinem Glas Saft in der Hand, als sähe er zum erstenmal im Leben durch ein Mikroskop Pantoffeltierchen im Heuaufguß.

Der Offizier, er hatte trotz seiner Jugend schon ganz schön Orden auf seiner Jacke, packte sich den Dichter und küßte ihn zunächst auf die linke, danach auf die rechte Wange. Wie sie ihre hundert Gramm getrunken hatten, waren Tränen in ihren Augen. Der sowjetische Offizier sagte leichthin und in bestem Deutsch: Meinem Hölderlin! Er schenkte M. einen Sputnik, dessen drei Antennen in den schönsten Rubinen endeten. Dieser Sputnik flog über eine bernsteinbesetzte Fläche und war nichts weniger als eine Spieluhr: fein klangen die Glocken des Kreml auf. Die Menschen applaudierten. Der einfache Soldat setzte sich neben die Frau des Dichters, nahm eine Scheibe Brot, brach's durch und aß. Zuvor roch er daran. Die Tochter des reichen Mannes aus dem Westen sah auf diesen Soldaten, ängstlich und neugierig zugleich. Der Dichter stellte zunächst seine Frau vor, dann die Westdeutschen und schließlich mich. Das tat er noch in deutscher Sprache, danach unterhielten sich Offizier und Dichter englisch.

Als beide nach einer Weile merkten, wie überflüssig wir anderen wurden, tanzte der Offizier mit der Frau unseres Dichters. Die Westfrau kam hinter dem Tisch hervor, ging auf den Soldaten zu und lockte ihn auf das Parkett. Sie umtanzte den Soldaten, der vor Aufregung, schien mir, ein bissel zu steif seine weichen Stiefel schwenkte.

Der Dichter aber reckte sich im Sessel, klappte seine Augenlider runter und streckte die Beine weit weg. Als der Ober ankam und vom Dichter Geld wollte, reagierte er nicht. Ein anderer zahlte alles. Wie der einfache Soldat die Frau des reichen Mannes an unseren Tisch brachte, nun mit Eleganz, setzte sie sich so unglücklich, daß sie beinahe mit dem Sessel umgekippt wäre. Der Soldat wartete lange vor dem Dichter. Als M. ihn ansah, bat der Soldat ihn in die Garnison zum Frühstück.

Susanne K. kam, nahm das Gesicht des Dichters in beide Hände, küßte es mit Tränen in den Augen und sagte: Ich hab dir das immer gesagt.

Dann ging sie vom Fest. Nach einer Weile sagte der Dichter M.: Du wolltest mir diese Chemiearbeiterin zeigen, diese Hedwig.

Ich meinte, das ginge schwer, Willy säße bei ihr. Er wollte die Richtung wissen, ob links oder rechts neben Willy. Dann stand er rasch auf und ging quer über das schöne Holz auf Hedwig zu. Wie ein Ungar küßte der Dichter die Hand Hedwigs und tanzte, ohne Willy zu fragen, mit ihr los. Die Frau des Dichters veränderte sich schlagartig. Sie wurde lang und häßlich. Der junge Offizier verständigte sich über alle hinweg mit dem Dichter, sah auf die Uhr und lächelte. Er winkte seinen Soldaten heran. Da ich von früher her etwas Russisch im Kopf hatte, kriegte ich raus, daß nun auch Willy und Hedwig in die Garnison gefahren werden müßten. Da ging ich fort, denn bis zur Frühschicht hatte ich nur drei Stunden. Und als ich fortging, sah ich nur noch, wie die Frau des Dichters auf Willy zuging. Er stand auf und strahlte ihr offen entgegen.

Ich ging zu Fuß durch meine liebe Stadt in mein Haus am Hang, ohne jemanden durch einen Abschiedsgruß zu belästigen. Die Menschen aus Westdeutschland hatten mich im Wagen mitnehmen wollen, doch ich mußte jetzt viel Luft einatmen, schließlich hatte ich ja auch etwas getrunken. Angst hatte ich nur vor den Bäumen im großen Park. Ich dachte, sie könnten aus dem hohen Himmel mit den Ästen genau auf meinen Schädel fallen und ihn durchschlagen.

Um die Kinder nicht zu wecken, zog ich meine Schuhe im Vorhäusel aus. Ich stieg auf Socken die Holztreppe hoch und wollte eine knarrende Stufe übersteigen, da stolperte ich. Stefan, der freundliche Erzieher, kam schnell aus seinem Dienstzimmer. Er winkte mich hinein, gab mir schwarzen Tee und fragte, ob ich was sehen wolle.

Ich ging ihm in den Schlafraum nach. Da schliefen seine zweiundzwanzig Kinder. Jedes lag anders. Einer hielt einen orangefarbenen Plüschbären fest, ein anderer lag nackt, seine Decke auf dem braunglänzenden Fußboden. Ich deckte ihn zu. Ein Junge murmelte im Schlaf und schlug seinen Kopf rhythmisch hin und her. Üwchen hielt ein Blasrohr fest in der Hand, auf seinem Bettbezug lagen gut gekaute Papierkügelchen. Stefan suchte die Kugeln zusammen und steckte sie in die Hosentasche, doch das Blasrohr ließ er ihm. Die Fenster waren weit geöffnet. Ich sah den weißen Dampf aus dem Kühlturm des Heizwerkes hochsteigen, wegen der Nacht war er mehr zu erraten als zu sehen.

Als ich unter mein Dach stieg, bat ich den Erzieher, mich in anderthalb Stunden zu wecken. Er beleuchtete mit seiner Taschenlampe die Treppe von unten her bis unter das Dach zu meiner Höhle.

Ich drückte das Licht in meiner schrägen Kammer an. Das Schwälbchen schrie mir entgegen. Es saß auf dem Rand des Schuhkartons und schlug mit den nackten Flügeln. Auf dem Schreibtisch stand auf einem Zettel ein zugeschraubtes Marmeladenglas. Auf den Zettel war geschrieben: Ich habe einen Vorrat Heuschrecken eingesammelt. Uwe, der Tierfreund.

Ich nahm die Pinzette aus meinem Verbandkasten, schraubte das Glas auf, doch den Deckel hob ich nur wenig. Jede Heuschrecke, die ihren Kopf durch den Spalt zwängte, um auszureißen, packte ich und hielt sie meinem Schwälbchen vor. Die Schwalbe riß sie aus der Eisenspitze, schluckte und sperrte den breiten Schnabel immer wieder unendlich weit auf. Der Schlund war wie gestern, als Rose sie brachte, größer als der Kopf. Ich zog meinen Hocker an das Nest und fütterte weiter. Aber die

Schwalbe gab keine Ruhe, auch als sie alle Tiere gefressen hatte. Selbst noch ein Heuschreckenbein, das an der Innenwand des Glases klebte und das ich mühsam rausfischte, schluckte sie weg. Als nichts mehr kam, hackte sie nach meinem Zeigefinger. Ich hatte nun genug von diesem Tier, ich hielt ihm meinen Handrükken vor, und es sprang hinauf. Ich schlich mit ihm die Treppe hinab und verließ das Haus mit den zweiundzwanzig schlafenden Kindern.

Tina rasselte mit der Kette und kam auf uns zu. Ich sagte: Tina, friß! Na los, du Kamel, friß! Aber Tina war zu langsam, und das Schwälbchen sprang vom Handrücken an meine Brust, hangelte sich bis zur Schulter hoch und krallte sich in meine Haut. Tina stemmte ihre Pfoten gegen mein weißes Oberhemd, wobei sie ihre Krallen einzog, und wollte mein Gesicht lecken. Ich kraulte sie unterm Halse zwischen den Pfoten, schubste sie dann zurück und ging durch das Vorhäusel über die blanken Flurfliesen meine Holztreppe hinauf.

Stefan stand an der Dienstzimmertür und sah nur die Schwalbe auf meiner Schulter: Bist du krank? Fehlt dir was, oder bist du besoffen? Und er sah mich wie einen seiner Jungen an, wenn der randalierte. Nichts ist, flüsterte ich, merkst du was? Sag deinem Uwe, die Heuschrecken sind alle. Auf meinem Tisch liegen Pfennige für Briefmarken oder Bonbons. Stefan meinte, er würde das gleich früh ausrichten.

Nur schwer bekam ich die Schwalbe wieder in ihr Nest zurück. Ihre feinen langen Krallen, sie waren gebogen, hakten fest im Hemd und in meiner Schulter. Als sie endlich im Heu saß, putzte sie auf der Flügeloberseite die Federstummeln so eifrig, als hätte sie bereits ein Jugendkleid. Danach wühlte sie unter ihren mageren Flügelchen und mummelte sich ein.

Irgendwie bin ich dann doch noch eingeschlafen, denn Stefan berührte meine Schulter. Ich erschrak, sprang vom Hocker hoch und schrie: Hilfe!

Paule, du hast verschlafen, ich fahr dich ins Werk.

Ich schloß pünktlich die Tür des Umkleideschranks auf und stieg als letzter in meine Arbeitslumpen. Als wäre nichts geschehen, kippte wie jeden Morgen die Ruhe der Halle in den Wirbel erster Brutalität.

Ich klappte den Hauptschalter meines Kranes von 0 auf 1,

nahm den Kranschalter in die Linke, drückte mit dem Zeigefinger der rechten Hand den Stromknopf meines Hebezeugs und fuhr den Kran mit dem Mittelfinger nach Süden lang durch die Halle bis zum Endschalter. Während der Südfahrt fuhr ich die Katze zunächst zum Endschalter nach West und schließlich nach Ost. Sie funktionierte. So genau prüfte ich sonst nie, aber heute tat ich es gegen meine in mir lauernde Faulheit.

Der Schalter roch nach guter Seife. Jemand mußte den Kran in der Nacht benutzt haben. Mein Schieber Heinz kam mir entgegen. Er tat, als wollte er mit mir schwatzen, in Wirklichkeit schnupperte er nach einer Alkoholfahne, denn es ist ja keine Kunst, einem Kollegen an der Nasenspitze abzulesen, ob er seine Nacht ordentlich im Bett verschlafen hat.

Mein Schieber aber sah auch nicht gerade so aus, als habe er seiner Pflicht genügt, für den heutigen Arbeitstag seinen Körper in Höchstform zu bringen. Das war eine Seltenheit.

Ich hatte eine Diplomfeier, erzählte er, der Bruder meiner Frau ist nun Doktor und Ingenieur. Ich hab sie alle mit dem Taxi heimschicken müssen. Aber das kannst du dir denken, keiner ging, bevor nicht der letzte Tropfen Alkohol vertilgt war. Das war gut, aber jetzt ist der Bruder dran. Ich werde den arm trinken, da kannst du dich drauf verlassen!

Mein Kran schrie, als ich ihn zurück nach Norden rollte. Die anderen Maschinen klopften ihren Rhythmus in mein Gehirn, jede anders, je nachdem wie sehr ich mich ihr näherte oder von ihr entfernte. Obwohl ich nie gehört hatte, wie in einem afrikanischen Urwald Elefanten schnauben, dachte ich, als ich halb ohnmächtig die Augen zuklappte, über mich würde eine Riesenherde dieser Tiere hinwegwalzen. Mir war, als wäre niemals zwischen Schicht und Schicht etwas geschehen. Ich sagte zu Heinz: Man muß die freie Zeit abschaffen. Ich werde einen Verbesserungsvorschlag einreichen!

Augustin, gebückt, er hat die Angewohnheit, nahe am Hallenfußboden zu arbeiten, wühlte für zwei und befühlte seine Arbeit. Obwohl er eine Brille tragen sollte, vergaß er sie immer, er besorgte das mit den Händen. Mäcke, den Eimer mit den Kaffeetassen in der Hand, die Fitflasche in der anderen, fragte mich, warum ich nicht in der Neun mitgefahren sei. Neugierig sah er mich an, auch müde und unrasiert. Ich hab verbrummt! Mäcke, als er loszog, um für Eleonore die Tassen zu waschen, denn wir trinken nicht aus schmutzigen, das läßt sie nicht zu, sagte: Man kann nie spät genug zur Arbeit kommen. Weißt du, wen ich erschlagen könnte? Diese dumme Schneidersfrau, die den Heinzelmännern, die über Nacht alle Arbeit gemacht hatten, Erbsen streute. Klar, die blieben weg.

Als Mäcke mit den gewaschenen Tassen zurück war und sie sauber bei Eleonore abgeliefert hatte, sie filterte mit Bobbi den Kaffee, setzte er sich auf einen Bock und nähte seine Arbeitshosen, ohne sie auszuziehen, im Schritt zusammen.

Als ich Mäcke besah, ohne meine Arbeit auszulassen, wußte ich, wo ich war. Gernod kam: blauer Kittel, mager und viel zu früh. Sein rechtes Ohr hüpfte. Bei Augustin blieb er stehen. Er hatte auf irgendwas Wut.

Von diesem Ohr meines Obermeisters träumte ich oft. Es war immer das gleiche: es verfolgte mich und fand mich immer und überall, so schnell ich lief und so geschickt ich mich vor ihm versteckte. Das war jedesmal eine sinnlose Flucht, und es war gut, wenn einer von uns was wollte, auf dieses Ohr zu sehen. Das war die erste Regel, die mir vom Schieber Heinz zu Beginn meiner Arbeit beigebracht wurde.

An einem Vormittag kam der grinsende Bobbi auf mich zu: Allende hat sich erschossen!

Ich sah Bobbi genau an, glaubte nicht und mußte glauben, daß ein Unglück passiert war. Unser Obermeister kam. Sein Ohr sprang, als wollte es sich losreißen. Er sagte: Sie haben Allende ermordet!

Mir ist alles klar, fügte Heinz hinzu. Und wie unser Obermeister uns leise erzählte, was er wußte, und er wußte nicht viel, beruhigte sich nach und nach das Ohr.

Und die vollen Schiffe, die wir hingeschickt haben, fragte Bobbi, kriegen wir die bezahlt?

Wir müssen Solidarität üben, anders geht das nicht! Da werden wir nicht drumrumkommen.

Die Stunden danach gingen wie üblich dahin, doch als wir alle Feierabend hatten, zogen sich die Menschen unserer Stadt zu einem gewaltigen Punkt zusammen. Viele hatten andere Gesichter, mein Obermeister hoffnunfslose Augen, und mit dem Ohr zuckte die Haut vom Halsansatz bis zu den Schläfenhaaren.

Selten gibt es solche Ohren, es war ein Wunderohr, und wir alle hatten ein unverschämtes Glück und wußten mit seiner Hilfe alles, was geschah. Wir sahen an ihm, wer würdig war, Aktivist zu werden oder wer nur ein Körbel bekam, und seine Informanten, dachte ich mir, mußten nur dorthin schauen, um zu wissen, ob sie genug gesagt hatten oder noch mehr auf den Tisch packen mußten.

Aber der Mensch kann irren. Im tiefsten Herzen glaubte ich nicht an solche Wunderohren, denn ich traute meinem Obermeister zu, daß er's auch irreführend nutzte, um sein Ziel mit oder auch gegen unseren Willen zu erreichen. Mich wundert deshalb, warum meine Kollegen auf solche Äußerlichkeiten achteten, aber jeder Mensch braucht irgendwas, wodran er sich halten kann, und das scheint bei uns Gernods Ohr zu sein.

Und jeder bei uns hatte sein Ohr. Bei Augustin war es ein Lappen, bei Bobbi der Fußball, und bei mir sind es meine Träume.

Augustins Lappen war feucht und steckte in der linken Hosentasche unter der Lederschürze. Also: mit der Rechten die Lederschürze hoch, gleichzeitig die Linke in die Hosentasche, den Lappen gegriffen, zur schwitzenden Stirn damit, zweimal rübergerieben, ausgedrückt, in die Hosentasche rein, Lederschürze vorfallen lassen und die Rechte zum Werkzeug. Nun leuchtete seine Platte weit in die Halle rein. Aber dieser Lappen war ein Universallappen. Also: Hände mit Handwaschpaste abgescheuert, unterm kalten Wasserstrahl abgespritzt, nasse Hand zur Hosentasche, Lappen raus, Hände abgerieben, Lappen unterm warmen Wasserstrahl ausgespült, ausgewrungen und bis zum Frühstückstisch durch die Luft gewedelt. Nächste Lappenaktion: dreißig mal fünfundvierzig Zentimeter, mehr Platz hatte keiner am Pausentisch, Wachstuchdecke abgewischt, Taschenmesser gereinigt, Schürze hoch, Lappen in die linke Hosentasche und Wurst geschnitten. Doch das waren nur die einfachsten Funktionen des Lappens unseres lieben Augustin, er hatte auch eine katalytische Funktion. Diesen feuchten Fetzen Frotteestoff breit auf der offenen Rechten, begann Augustin von seiner Harzreise zu erzählen: Wißt ihr, Leute, ich war übers Wochenende im Harz, und mein Berliner Roller hat mich nicht im Stich gelassen. Er lief, wie eine Biene fliegt. Augustin umfuhr Nacken und Hals mit dem Lappen: Und schönes Wetter hatte ich, aber gegen Mittag, als ich mit meiner Frau aus Wernigerode heimrollen will, steht ein schwarzes Gewitter fast über meinem Kopf. Ich nichts wie rauf auf den Roller und los. Und mein Roller, ich kann euch sagen, schnurpst wie eine Eins. Ich merke, meine Frau wird hinten unruhig. Ich halte, und sie geht rechts der Transit in den Wald. Das Gewitter dicht hinter mir. Der Roller bebt. Wißt ihr, ich habe mich so gefreut über mein Maschinchen und sehe zwischen die Bäume, wo irgendwo meine Frau ist, ob sie mich auch nicht sieht, und wißt ihr, was ich da gemacht habe mit meinem Roller? Ich habe ihn geküßt! Augustin, als er uns lächeln sah, trat einen Schritt zurück, rieb mit dem feuchten Lappen seine Stirn ab und knetete den Lappen. Dann sah er in den Lappen und erzählte weiter: Und wißt ihr, wie wir zu Hause ankommen, ich hatte kaum meinen tüchtigen Roller untergestellt, da drischt es vom Himmel. So hab ich immer Glück im Leben gehabt! Und vor Verlegenheit, vielleicht weil wir alle still waren, rieb er seine Schuhe sauber, stopfte den Lappen in die linke Hosentasche, stellte sich vor seine Arbeit und schaute in die Hallendeckenkonstruktion: Ich hatte zwei schöne Reisetage übers Wochenende, das könnt ihr mir glauben!

Mir war, als wäre die Sonne aus den Spitzen der Harzer Fichten in unsere Halle gekommen, doch irgendwo unter der Hallendecke drohte Gewitter, dem man entkommen konnte oder auch nicht.

Gernods Ohr hüpfte, er hatte also auf irgendwas eine Wut, als er an diesem Morgen vor Augustin stand, der mit dem Lappen seine Nase rieb, was neu war.

Das war ein Jammer, wie wegen der Maschinen nicht zu hören war, warum unseres Obermeisters Ohr zuckte und Augustin rieb.

Eleonore rief lang durch die Halle: Kaffee! Da, wo wir eben waren, ließen wir unsere Arbeit fallen und gingen von allen Plätzen der Halle aus auf sie zu. In ihrem Gesicht war noch die Hitze der Nacht. Wie große Kinder setzten wir uns, links und rechts von ihr, auf eine Eckbank aus Kiefernbohle, auf Hocker und Stühle. Die Hocker und die Stühle waren, versteht sich, wackelig. Wer würde sich in unserer Möbelbrigade schon finden, sie neu zu leimen, und warum auf den Spaß verzichten, daß Mäcke vielleicht einmal mit seinem Stuhl zusammenbrechen würde? Über der noch festen Eckbank alle nackten Mädchen, die seit drei Jahren aufs Papier gedruckt worden waren: Schwarze, keusche, scharfe, traurige, mit und ohne Hut. Dazwischen etliche bekannte Schauspielerinnen, die es in Film und Fernsehen zu etwas gebracht hatten. Naben einem Porträt, hauptsächlich nur Lippen, ein einziger nackter Mann, der in ein trübes Wasser stieg. Die Schönste war Susanne K., und ich mußte schnell fortsehen, denn Mäcke interessierte, wohin ich starrte. In der Mitte des Tisches blühten in einer Milchflasche drei Kartäusernelken. Aus einer gewaltigen Biedermeierkanne mit angeschlagener Tülle, aber Eleonore konnte noch recht gut daraus gießen, verteilte sie den Kaffee in unsere Tassen. Ihre vollen Arme dufteten nach Rasierwasser, ihre Brust stand wie eine sperrende Mauer vor uns.

Auf dem Kaffee meines Schiebers zogen drei Bläschen. Er sah auf diese drei Glücksperlen: Heute krieg ich einen Kuß!

Eleonore, sie hörte solche Sachen sofort, auch wenn man's nur im Kopf sprach, antwortete: Einen Pferdetritt vielleicht. Nicht wahr Bobbi? Das war eine große Minute für Bobbi. Alle hielten wir die Tassen mit beiden Händen, als stünde einer hinter uns, der uns bestehlen wollte. Mäcke sah enttäuscht auf den leeren Tassenboden, hielt ihn schräg und lauerte, ob sich doch noch ein Tröpfchen zusammenfand, aber der hoffnungslose Rest trocknete unter seinen wartenden Augen weg. Eleonore nahm die große Kanne und goß sie in Mäckes Tasse leer: Mein Mäcke, hast heute schön abgewaschen, warum sollst du schlechter leben als ein Hund!

Unsere nachtbleichen Ungarn waren still. Sie tranken in kleinen Schlucken, rauchten und träumten mit offenen Augen. Unser Obermeister umkreiste uns unruhig. Keiner achtete auf sein Ohr. Eingeklemmt zwischen Augustin und Ingo, konnte ich mich nicht rühren. Das war gut für mich. Ich hätte wegsacken können, wenn die beiden mich nicht gestützt hätten.

Ein Knall riß mich hoch. Bobbi zog seine geballte Faust vom Kaffeetisch zurück. Die Tassen klirrten noch nach: Paule, schlaf nicht!

Heinz, mein Schieber, legte seine Handflächen gegen die Tischkante und sagte: Locker vom Bock, wir wollen nun arbeiten!

Endlich Feierabend! Das war die Leistung eines Arbeiters, der neun Stunden einen Traum hat: Da, wo er steht, hinfallen, den Kopf in die weichen Arme legen und alles über sich fortrollen lassen. Und trotzdem hatte ich mit meinen schweren Beinen die Halle neunundneunzigmal durchtreten, mit schlaffen Armen neunhundertneunzig Möbelteile umgepackt und tausendundeinmal mein Kreuz zur Erde geneigt und wieder gerichtet. Es war nicht zerbrochen. Die Fußsohlen brannten. Dazwischen, im Hintaumeln, der Schreck des Dichters, als Willy auf seinen Rükken zusteuerte, sein Flüstern: Sturz oder Höhe? Die ruhige Schönheit der Susanne K., unserer Schauspielerin, und die absichtlich zerrissenen und künstlich geflickten Hosen der reichen Frau aus Frankfurt am Main, die letzte Frage des jungen Regisseurs: Seid ihr glücklich? Den Begleiter des sowjetischen Offiziers, diesen einfachen Soldaten, den Fischer aus einem Flecken an der unteren Wolga, den hätte ich mir hier im Staub überm harten Hallenfußboden denken können. Der wäre fähig gewesen, mit zusammengebissenen Zähnen die Löcher und Schrunden im Fußboden geschickt zu umkurven. So dachte ich vor mich hin. Als ich gegen Feierabend eine Last nicht hochbekam, war Eleonore neben mir. Sie faßte zu: Was schindest du dich allein? Du verwöhnst die Leute! Die sollen auch zufassen!

Mich trieb der Wille nicht an diesem Tag, ich hatte keinen. Zwei Dinge hielten mich wach: der moralische Zwang der Brigade und der ökonomische meines Schiebers Heinz. Beides war verzwickt bei uns, die Moral und das Geld. Er sagt zwar: Einen Tag kannst du durchhängen, und doch würde er bei der Monatsabrechnung unwillkürlich an diesen Tag denken, als ich von Willy erzählte, wie der mit mir Cuba-Rum getrunken hatte. Das war eine Schande ohnegleichen, weniger Geld als der Kollege zu fassen, und jeder sah zu, den Tag sauber durchzustehen. An so einem Tag niemals sich hinsetzen, anlehnen oder grübeln, sondern voll ran. Ist man ausgeruht, für so einen Tag hergerichtet wie eine Braut zum Fest, ist ein Plausch möglich. Aber wer über sich selbst nicht die Übersicht hat, dem bleibt nichts weiter übrig, als es unseren Maschinen gleichzutun: gehirnlos rammeln!

Am Nachmittag war die Versammlung der Menschen, die über jenen Dreckhaufen den Turm bauen wollten. Ich war dabei, geschickt von meiner Brigade. Wir wollten das Parkett verlegen. Was alles geredet wurde, rauschte an mir vorbei. Hedwig hatte eine sture Sachlichkeit, die mich aus meinem Dämmern riß. Auf meiner Poljot sah ich, daß ich nun seit sechsunddreißig Stunden da war. Das war nicht mein Wille oder eine Mechanik in mir, das war der Druck der Meinung, bei dieser Versammlung am blauen Tisch nachzudenken oder abzutreten.

Ich bewunderte die anderen, wie sie saßen, als gäbe es nur diesen Turm, höchstens die Zigarette noch. Hedwig wurde vorgestellt, Aufgaben kontrolliert, abgesprochen, abgelehnt und übernommen. Ich sah auf den FDJ-Sekretär vom Blechbüchsenviertel, das war jener Stadtteil, wo der transparentgeschützte Trümmerhaufen nun nicht mehr weiterwachsen sollte. Der Sekretär trug zwischen blauem Hemd und Hüfthose ein Koppel mit blankem Messingschloß, auf dem ein Stierschädel mit kräftigem Nacken seine Hörner hob. Links vom Koppelschloß, neben dem Stierhorn, war aus Silber und in wunderbarer Handarbeit das Zeichen der Fußballmannschaft unserer Stadt in das Leder geschlagen. Neben diesem Emblem, auf einer aus Kupfer getriebenen Platte, die mit der Breite des Gürtels bündig abschloß, in klaren Linien das Gesicht des Helden Juri Gagarin vor seinem kleinen Raumschiff. Auf dem rechten Halbrund seines Gürtels neben dem Stier, der mit dem Atem des Sekretärs seinen Nacken hob und senkte, war aus feinen Kupferdrahtfäden eine Meerjungfrau in das glänzende Leder gestochen. In den Wellen ihres Haares preschte ein Segelschiff heran. So kräftig es die goldenen Fäden zur Seite schleuderte, es konnte die Meerjungfrau nicht erreichen. Um den Namen des Schiffes zu erfahren, reckte ich mich über den Tisch und bat ihn um einen Flaschenöffner, auf dem Tisch standen Flaschen mit Mineralwasser. Es war die Wilhelm Pieck. Das, was in der Heckwelle der Wilhelm Pieck aufblitzte, konnte ich nicht klar erkennen. Der Sekretär saß auf seinem Stuhl wie angeleimt. Mal schien mir, es sei die versunkene Stadt Vineta, durch deren Gassen zwischen Fischen die ertrunkenen Menschen schwammen, andererseits glaubte ich, das Wasserpalais des Pillnitzer Schlosses zu erkennen. Oberhalb seiner geschwungenen Terrasse, den Bau überragend, Friedrich Wilhelm II., aber kopflos, weil auch der breite Gürtel des Sekretärs für so einen großen Mann zu schmal war. Unterhalb der Terrasse, dort, wo ihre Stufen im Wasser beginnen, der deutsche Kaiser Leopold II., sein Kopf ungünstig zwischen den Beinen des

Preußenkönigs. Das war, hatte ich irgendwann gelernt, jener Kaiser, dem dann Franz I. folgte. Dessen Braunschweiger und schnell schießenden preußischen Soldaten schissen sich lieber die Hosen voll, als ihre Brust den revolutionären Kugeln der Franzosen hinzuhalten. Die schossen zwar besser als ihre preußischen, braunschweigischen und österreichischen Kollegen, sie versteckten sich hier aber hinter einem Ackerstein, dort hinter einer Bodenwelle. Und ihre artigen Feinde mußten Schulter an Schulter und Reihe hinter Reihe, von den Rufen ihrer Offiziere ermutigt, die wie Stockschläge auf ihren Nacken fielen, den Franzosen entgegentreten.

Das war schon ein schönes Bild. Am besten, man sah da gar nicht hin.

Doch klug, wie dumme Bauernjungen und freche Bürgersöhne nun einmal waren, aßen sie unreife Weintrauben und schissen sich lange vor dem Abschlachten die Hosen voll. Da waren sie freilich marode bis zu den Kniekehlen, der Stelle, mit der Mut gefühlt wird. Die Kanonade bei Valmy besorgte den Rest, womit bewiesen wurde: Revolutionären stehen die Götter bei.

In meinem Tischlerschädel gingen, statt über wichtige Tagesfragen nachzudenken, wozu ich ja an diesen blauen Tisch geladen war, die wirrsten Gedanken miteinander fremd.

Ich konnte, als ich diesen Gürtel auf dem Bauch des Sekretärs besah, nicht entscheiden, ob der, der fast im Wasser stand, jener Preuße Friedrich Wilhelm war und der obere als Leopold sich kopflos zum Herzog von Braunschweig wandte. Der Sekretär hatte keine Mühe gescheut, auch noch die Röcke der Hofdamen genau zu fälteln. Mir schien sogar, daß er als er den Damen Röcke um ihre Taillen hämmerte, der glücklichste Arbeiter unserer Stadt gewesen war.

Er drehte sich endlich um, weil ein Nachzügler eintrat, lächelnd und mit Blick auf die Armbanduhr. Auf dem Rückenteil hatte er aus Stahl die Worte VORWÄRTS und SIEG gut befestigt, streng ausgerichtet, ein Buchstabe richtig nach dem anderen. Auf einem Zettel fragte ich, ob er in der Volksmarine gedient habe. In seiner Antwortpost, die er mir im Kostenanschlag für den Turm reichte, las ich: Habe nach Dienstzeit in der Volksmarine bei Fischfangflotte Ladebaum an den Schädel bekommen. Jetzt Hausmeister in Hochschule. D. Mähler. In einer Detailpause gab ich meine Antwort: Suchen dritten Mann für Spätschichtskat in der Möbelbude Siebenter Oktober. Nach zwei leichten Qualifizierungen sechshundertvierzig auf die Hand! Transportpaule. Er sah mich an, und ich sah auf ihn in dem irren Glauben, man könnte in der ersten Minute entscheiden, auf was für einen Menschen man sich einläßt. Ich sah seine Hände. Er konnte, schien mir, zupacken. Auf dem Blatt, das er mir in jener Mappe reichte, in welcher der Turm ideologisch abgesichert wurde, sie war die dickste, las ich, daß wir anschließend ins Tröpfchen gehen könnten. Ich sah zu Hedwig, die eben aufgehört hatte, eine Chemiearbeiterin zu sein, und zur Hauptverantwortlichen des Baues wurde. Sie lächelte glücklich, aber vielleicht dachte sie an Willy. Mehrmals mußte ich hilflos mit meinen trockenen Lippen Tröpfchen flüstern. Alle hörten und sahen zu mir, bis Hedwig endlich, aufmerksam gestoßen, vollendet nickte. Ich gab meinem Sekretär den Zettel zurück, auf dem ich Tröpfchen unterstrichen hatte.

Jochen, Sekretariatsmitglied, ging zu einem seitlichen Tisch, wo der Turm unter eine Damasttischdecke stand. Er zog das glänzende Tuch ab, faltete es wie sein eigenes, legte es unachtsam fort und sah auf ein Mädchen, das mit einer lautlosen Maschine das Protokoll schrieb. Sie sah nicht auf diese Maschine, sondern auf Jochens Gesicht. Er sagte: Ich gratuliere allen beteiligten Kollektiven zu diesem praktischen Vorschlag. Ihr bekommt von der Bezirksleitung der Freien Deutschen Jugend den zweiten Preis. Der erste Preis wurde nicht vergeben. Das wurde so entschieden. Draußen wartet die Presse. Hedwig wird die Konferenz leiten. Das mit dem zweiten Preis lasse ich weg. Ich werde sagen, ihr erhaltet den Preis der Bezirksleitung. Noch was. Da gibt es Stimmen, die sagen, wo sollen wir mit dem Gemüse hin und dem Wein, der immer noch in den Kasematten der Ruine gelagert wird? Aber wir haben ihnen zwei Möglichkeiten geboten: erstens die tadellosen Räume des ehemaligen Stadtarchivs, zweitens die Kellergewölbe unterm Güterkraftverkehr, den wir an die Peripherie verlegen müssen. Die Studenten haben die Möglichkeiten geprüft und sind nach wie vor bereit, sie sofort in den nötigen Zustand zu bringen. Geld haben wir genug, Hände müssen wir haben, nichts weiter. Nun fragte er jeden, die Vertreter der Studenten, der Werke und der Wohngruppen, welche Schwierigkeiten es gäbe. Als erster stand mein Sekretär vom Blechbüchsenviertel. Er sagte die Sätze:

Schwierigkeiten gibt es!

Wir werden sie meistern!

Wir liefern unseren Sektor acht Tage früher!

Jeder, der nach meinem Sekretär sprach, sah auf den Gürtel und sagte die gleichen Sätze. Einige legten den Ton auf Schwierigkeiten, andere auf meistern. Als ich dran war, legte ich die Betonung auf: acht Tage früher; ich hatte niemanden gefragt, konnte jedoch den letzten Satz, nachdem ihn fast alle gesprochen hatten, nicht fortlassen. Ein Student, es war jener, der Willy das Projekt erläutert hatte, sagte: Es gibt Schwierigkeiten. Den ersten Satz also völlig verdreht. Wir horchten. Den zweiten Satz murmelte er, bei acht Tage früher hatte seine Stimme wieder Festigkeit.

Wir wären unseren Beschäftigungen nachgegangen, wenn Jochen nicht Hedwig angesehen und diese nicht unsicher gelächelt hätte. Der Student sagte: Die Sache läuft! Jochen fragte: Wohin? Der zweite Sekretär der Bezirksleitung sah auf den Studenten und Hedwig auch, dann alle. Was er noch vorstotterte: Jeder Student gibt zwanzig Mark von seinem Stip, es wurde gehört, mehr nicht. Jochen zischte und lächelte dabei: Ihr könnt euch außerdem unter die Kolonnaden stellen und mit der Klampfe sammeln! Die Operette sucht auch Statisten für die Heilsarmee! Es war ein bißchen still, und ich dachte schon, Jochen käme endlich von dem Jungen los, aber ich hatte, wie so oft im Leben, keine Übersicht. Oder, fragte Jochen ziemlich sauer, wollt ihr den Reinerlös eures nächsten Hochschulfaschings nachträglich für den Turmbau hinopfern?

Einige lachten, andere wurden ernst, auch Hedwig, denn es war bekannt, daß der letzte Hochschulfasching nicht stattgefunden hatte, weil die Leitung der Studenten, die diesen berühmten Fasching organisierte, sich nicht von Jochen reinreden lassen wollte, wie und was dort unterm Mantel der Narrheit und Massenliebe geredet werden sollte. Das wurde erzählt. So hatte dieser Fasching nicht nur keine Narrheit und fröhliche Liebe gebracht, sondern die Vorbereitungskosten von etlichen tausend Mark wollten weder Jochen noch die Hochschulleitung zahlen. Und an diesem Streit labten sich noch immer einige. Das war langsam peinlich. Hedwig fragte: Was ist bei euch nicht in Ordnung, Genosse? Brauchst du Hilfe? Der Student lächelte traurig und versteckte seine Hände unterm blauen Fahnenstoff. Jochen lenkte schnell unsere Aufmerksamkeit von ihm ab, sagte, er würde das klären, das gehöre nicht hierher! Der Student flüsterte, und das war wohl das Beste, was heute gesagt wurde: Wir bringen Fachleute, so viel, wie wir zum Bau von zweieinhalb Türmen haben müßten. Übrigens geht der neue Weinkeller auf unser Konto, wir haben uns mit dem Rat der Stadt geeinigt! Trotzdem sah der Student gar nicht gut aus.

Jochen schleppte den Spitznamen Glanzauge mit sich rum, immer schon. Jedoch, und das war mir unerklärlich, bekam er von uns immer den längsten Beifall und den herzlichsten, wenn er auftrat. Nun erhob er sich, um die Tür für die Presse zu öffnen, sah aber auf den langen Studenten, als wollte er sagen: Nun hab ich endlich die Schnauze voll von dir, mein Lieber! Die Hand an der Klinke, fragte er beiläufig: Gibt es Bemerkungen?

Das geht alles so rasant, Jochen, mir bleibt die Luft weg bei deinem Formalismus! Hedwig wurde rot.

Jochen meinte, sie wäre eine richtige politische Jungfer, wovon sie einen dunklen Hals bekam, und weiter, daß dies eine Sache zwischen Männern sei! Hedwig setzte dagegen, aber schon mit schriller Stimme, daß sie auch das nicht begreife. Jochen schloß: Genug! Er sagte es wie einer, der alle Tricks geübt hat. Aber bei Hedwig war er an die falsche geraten. Mir schien, das freute ihn aus irgendeinem Grunde, aber mit einem bösen Lächeln, völlig ohne Maske, sah er auf Hedwig, und wir wurden alle ziemlich still.

Und wie, meine Hedwig, wie muß unsere Sache marschieren? Anders als rasant? Der Turm, das sind wir. Jeder, der seinen Bau hindert, behindert uns. Hast du das verstanden?

Keiner mischte sich ein, auch ich, zu meiner Schande, nicht. Hedwig sagte: Nein! Nein! Nein! Sie kauerte sich wie ein Raubtier: Klären wir die Sache, Jochen!

Jochen lächelte Willys Staatslächeln. Alle sahen wir auf das Maschinenmädchen, das weiterhin jedes Wort mitschrieb. Das kümmerte Jochen nicht. Er sagte: Rauchen wir zunächst! Hedwig lehnte die Rauchpause ab, sie war schon klug, aber das half nicht, denn alle wollten rauchen, und einer öffnete die Fenster.

Vor den Fenstern glänzte unsere Stadt im schrägen Licht der nach Westen wegdrehenden Sonne. Meine Stadt sah golden aus, überstrahlt in ihrer ganzen Unvollkommenheit. Die Luft zwischen den Gassen und über den Dächern war wie Milch. Die Menschen gingen wie immer. Eine Lehrerin mit ihren vielen Kindern blieb vor unserm Haus stehen und streckte den Arm zu uns, die wir an den großen Fenstern standen. Sie erzählte den Kindern etwas, und die Kleinen, alle hübsch angezogen, schwatzten, lärmten und reckten ihre Hälschen und schauten mit Ehrfurcht hoch zu uns.

Als wir alle geraucht hatten und uns setzten, kamen der lange Student und Jochen nicht voneinander los. Sie schwatzten, als ob nichts wäre. Jochen brachte ihn zu seinem Stuhl, trat wieder zum Haupt des blauen Tisches und fragte im Stehen, aber ohne Triumph: Also, Hedwig, was wollen wir klären?

Das, schien mir, war Hedwigs erste öffentliche Niederlage. Ich weiß nicht, ob die anderen sich auch schämten. Sie jedoch sagte: Das klären wir in der Partei, Jochen!

Jochen riß die Tür auf. Einige Presseleute schoben sich von den Kaffeetischen hoch. Jochen lächelte sein Lächeln, seine Augen glänzten.

Ich dachte an die stadtbekannte Hipmarie, die wahnsinnige Alte. Ich sah richtig, wie sie ein Brötchen in ihren Kaffeetopf tunkte und dann das geweichte Ende in den bitteren Mund zutschte. Man erzählte von ihr, daß sie, als in unserer Stadt noch ein Gauleiter herrschte, mit einem kühnen Flieger liiert gewesen sei, der, während sie als Tänzerin die Menschen und jenen Gauleiter, ihn nicht nur von der Bühne her, erfreute, über England seine Kugel empfangen hatte, wie mein Vater die seine auf russischer Erde. Aber während meine Mutter für sechs Kinder kochen mußte, als ihr diese Nachricht gebracht wurde, hatte Marie nichts als jenen Gauleiter. Marie wurde wahnsinnig, sie schleppte noch heute ihren braunen Mantel von damals mit Pelzbesatz, dazu Muff und Silbertäschchen. Um den Hals und an ihren Armen den Schmuck des Gauleiters. Oft rannten ihr Kinder hinterher, pfiffen und riefen: Mariechen, hippe mal! Mariechen tat dann drei schreckliche Sprünge und raste davon, sprang, sprang wieder und lief und sprang fort ohne Ende.

Ich sagte: Mariechen, hippe mal! Und wie diese drei Worte

weg waren, sah ich, daß ich unter Menschen saß. Sie taten weiter nichts, als auf mich zu sehen. Schnell, und ich kann schnell sein, wenn ich muß, fügte ich zum Mariechen, hippe mal noch hinzu: um den Turm. Jemand lachte los, dann alle. So kam es, daß unsere Presse mit einem Lachen empfangen wurde, welches mein einziges Verdienst auf dieser Sitzung war. Die einzige, die nicht lachte, auch nicht anders saß, als die Presse auftrat, war das emsige Mädchen an ihrer Schreibmaschine. Sie hatte kein Lächeln, rauchte nicht, sah nichts und hörte nur. Weiter nichts.

Hedwig besorgte die Konferenz. Jochen schlief mit offenen Augen, mir schien jedoch, er war auf irgendwas konzentriert. Nach dieser Konferenz waren alle Unklarheiten beseitigt, auch die wirren Gedanken aus meinem Holzkopf. Ich wollte schnell mit Hedwig und dem Sekretär fort. Da kam Jochen zu uns. Er fragte, wohin wir zögen. Der Sekretär sagte es sofort, und Jochen bat Hedwig, ob er mitkommen könne. So ging ich neben Hedwig am Fluß entlang über die Terrasse, vor mir Jochen und mein Sekretär.

Im Tröpfchen musterte Jochen die Mädchen. Wir beide entdeckten die Hipmarie und lachten. Hedwig ekelte sich vor Jochen. Ich ging zur Theke, kaufte eine gute Zigarre und schenkte sie der Hipmarie. Es ist seltsam anzusehen, wenn ein Mensch sich über eine Winzigkeit freut. Sie rauchte groß. Jochen seufzte an der Seite Hedwigs wie ein Oberschüler und bestellte Kognak. Der Sekretär vom Blechbüchsenviertel war wie verwandelt. Kriecherisch hing er an beider Augen, als wartete er auf etwas. Da seufzte Jochen: Hedwig, ihr seid eine neue Welle. Ich will mich nicht entschuldigen, weil das gar nicht geht. Sei aber lieb, und sieh mich nicht so an. Ich schlage vor: für diesen Bau gehen wir voll zusammen. Mein Benehmen werde ich nicht ändern, weil ich weiß, ich bin zu starr. Was denkst du?

Hast du Angst?

Mädchen, sagte Jochen, was hat meine Angst mit unserem Verhältnis zu tun? Du leitest den Bau, ich muß aber, außer anderen Dingen, auch garantieren, daß ihr mit diesem Projekt unser Bauprogramm nicht behindert!

Jochen goß sich den zweiten Schnaps in den Mund. Hedwig lächelte vor sich hin. Sie dachte gewiß an Willy, sah zur Hipmarie und nicht auf uns. Womit, schien mir, das Verhältnis der beiden geklärt war.

Später, als mit der siebenten Etage der Bau von unseren eigenen Händen tatsächlich hochgezogen war, wurde die öffentliche Anerkennung unserer nächtlichen Leistungen stundenlang von Leuten hinausgezögert, die unseren schimmernden Kuppelbau als nichts anderes als eine Schweinerei zu bezeichnen wußten.

Willy aber hatte das Verfahren drastisch abgekürzt, indem er naiv, als wüßte er nichts von diesen leidigen Störungen, gesagt haben soll: Nun, Genossen, heute werden wir gegen neunzehn Uhr, denk ich, von der Jugend im Turm erwartet. Es wird richtig sein, wenn wir geschlossen auftreten. Haltet ihr die Uhrzeit für günstig? Schlägt jemand eine andere Stunde vor?

Es kam tatsächlich der Vorschlag, die Eröffnung um fünfzehn Minuten zu verschieben, damit das Fernsehen sich einrichten könne. Willy soll das glatt abgelehnt haben. Er wurde dabei vom Ersten der Freien Deutschen Jugend unterstützt, ebenso vom Zweiten, also von Jochen. Das war alles.

Ich traf ihn an diesem Nachmittag im Park. Da ging er manchmal einfach spazieren. Er sah glänzend aus. Ich fragte ihn, was los sei. Er grinste und fragte mich, ob wir noch eine Stelle als Transporter für ihn hätten, das könne morgen Mittag schon Mode sein! Ich meinte zu Willy, er solle sich lieber um eine anständige Krawatte für die nächste Sitzung kümmern. Er lachte, umarmte mich und meinte, das Wort Krawatte sei nicht übel. Hedwig kam uns entgegen. Sie hatte ein Tuch in der Hand, durch das die Sonne hindurchschimmerte. Ich ging. Willy wußte nichts mehr von mir!

Als die beiden sich entgegengingen, Hedwig am Rasenrand, Willy mitten auf dem Kiesweg, soll, so wurde später erzählt, was los gewesen sein. Fred sagte mir, wir tranken den ersten Kognak in der Etage der Künste, denn die Reinigung hatten wir bald überstanden, Fred sagte und schlug mit seinen schweren Händen auf seine Schenkel: Mensch, Paule, war das ein Gerenne! Mittags sagte Willy diesen Satz, zum Kaffee wurden sieben goldene Schlüssel gegossen, heiß, wie sie aus den Formen sprangen, gefeilt, um achtzehn Uhr liefen sieben Bürokraten wie angesengt mit sieben grünen Samtkissen durch die Thälmannstraße, Hedwig lag um neunzehn Uhr, genau nach dem vorgesehenen Protokoll, in den Armen Willys. Willy sprach dann doch übers Fernsehen von einer wesentlichen Initiative, aber viele, Paule, die um ihn rumstanden, hatten böse Gesichter! Dabei können sie immer noch bei ihm in die Schule gehen, was mitregieren heißt.

Auch ich hatte diese gelangweilten Gesichter gesehen, Fred log nicht. Als er Hedwig unter den Kinnladen dieser abwesenden Gesichter die Auszeichnung anheftete, heiterten sie sich auf und drückten Hedwig ebenfalls. Sie legten dann Wert darauf, während der Rede dicht bei ihr zu stehen, während sie sich öffentlich ihre Arbeiterhände eincremte. Sie wußte nicht, daß der Kameramann sich in ihre Hände verliebt hatte.

Jetzt aber, im Tröpfchen, seufzte Jochen noch einmal und sagte: Ihr seid alle so schwierig.

Hedwig besah ihn sich, streichelte über den Stoff seines Jackenärmels, von unten nach oben, fast bis zu seinem Halse, trank ihren Schnaps und sagte: Und ich dachte schon, dir geht's nur um die Nacht!

Ja, worum denn sonst? sagte Jochen, und mir schien, daß jetzt er verloren hatte.

Der Auftritt Freds im Zuschauerraum unseres Theaters war genügend Grund für mich, nur Tage später eine Eintrittskarte für ein Schauspiel zu kaufen. Obwohl ich von Bobbi, meinem Gewerkschaftsvertrauensmann, eine billige für den dritten Rang hätte haben können, nahm ich sie nicht. Ich hatte Lust auf Schiller, Bobbi aber wollte mir Ibsen anbieten, er hatte keine anderen. Darum zahlte ich an der Theaterkasse zehn Mark und fünf Pfennige. Diese fünf Pfennige nennt man den Kulturgroschen. Er wird sicher unseren Theaterdichtern geschenkt, damit sie nicht dahinhungern wie manche Dichter im Kapitalismus. Man weiß, daß Lessing seine Schuhsohlen beißen mußte, seine Wirtschafterin hat sie sicher lange kochen müssen. Viel Holz verbrennt unterm Kochtopf, wenn man lange kochen muß. Das muß eine Schlepperei gewesen sein. Heute ist vieles besser geregelt: jeder gibt, und das tut keinem weh, fünf Pfennige hin, und schon können unsere Theaterdichter schreiben, ohne Holz ranschleppen zu müssen, wenn sie ihre Schuhsohlen essen wollten.

Zehn Mark für jeden Platz: das war mein Lohn für die Arbeit von fünf Uhr fünfzehn bis halb neun, wenn wir unsere Bemme bissen. Da saßen wir alle um unseren Wachstuchtisch und aßen uns satt, oder auch nicht. Denn manch ein Mann wie Augustin, der im Kinderwagen in unser Werk geschoben wurde und uns im Sarg verlassen wird, hat wohl Hunger, bringt aber kaum einen Bissen zum Magen. Seltsam, wie wir jüngeren Tischler und Transporter in uns schlangen, was irgendwie eßbar war. Doch Augustin lepperte nur an den besten Essereien, die wir nie kauften. Wir hatten nie Geld dafür, weil wir den Lohn, kaum daß wir ihn gezählt und nachgerechnet hatten, mit unsern Mädchen verjubelten. Oft dachte ich mir, was unsern alten Kollegen ihre Prämien nutzten, wenn sie nicht die feinsten Salate, von ihren Frauen tadellos zubereitet, beißen konnten. Wie lungernde Spatzen sahen wir auf Augustins zitternde Hände und nickten mit den Köpfen, wenn er über die Zeit unterm Kapitalisten erzählte, wo eine Mark noch eine Mark gewesen sei! Dafür schlangen wir seine Salate und teilten ehrlich mit scharfem Messer seine hausgeräucherte Gänsebrust aus Thüringen.

So lange mußte ich für diesen Erlaubnisschnipsel arbeiten, von früh an bis zu diesem Frühstück mit meinem Schieber Heinz, einem ehrenwerten Mann. Ich mußte arbeiten, bis Heinz, zusammen mit seinen Käsestullen, eine Meldung aus unserer Zeitung auf den Tisch packte und sie sich genau erklären ließ. Nach der Erklärung, sie zog sich manchmal über die Pause hin und darüber hinaus, war alles unklar. Er sagte dann gewöhnlich: Ich weiß nun alles!

Mein Schieber Heinz ist jener wichtige Mann, der das zu sagen hat, worauf wir alle hungernd oder ruhehoffend warten: Wir müssen nun Frühstück machen.

Während wir vor diesem Frühstück, umzingelt von Arbeit, unsere Hände mit sandiger Handwaschpaste weiß scheuerten, dachte ich darüber nach, was er mit diesem müssen meinte. Dann, am Tisch, kanzelte er mich ab, warum ich mein Arbeitsbrot liederlich in irgendwas einwickle, und sprach zu uns über die Vorzüge der Brotbüchse: das Brot bleibt frisch, man spart Papier, auch die Eier zerbrechen nicht. Was du machst, Paule, das Brot in Zeitungspapier klitschen, ist falsch. Druckerschwärze ist giftig.

Dabei schaute mein Schieber Heinz, ein Arbeiter, den man unter dreißig suchen kann und nicht so leicht findet, gar nicht gesund aus seinen Augen, obwohl er doch eine einwandfreie Brotbüchse besaß.

Meine ungarischen Kollegen brachten keine Schnitten an diesen Tisch. Sie froren in der Früh so sehr, daß sie mit unter die Achseln gestopften Händen ins Werk stolperten, wie sollten sie da eine Aktentasche mit Brot halten? Und sie ließen sich von unserer Einholefrau geschnittene Wurst, zwölf Brötchen, gekochte Eier, viel Zwiebeln und Paprikaschoten, vielleicht auch einen guten Käse bringen. Dazu aßen sie Kompott, direkt aus dem Industrieglas, importiert aus Westungarn, wie sie sagten, und rauchten danach ihre Fetschke.

Tschapa aber, mein Wirrkopf, legte seinen gewaltigen Lokkenkopf auf die Arme und schlief sofort weg. Die Fetschke entfiel seinen Fingern. Auf seinem Kopf starrte blutiger Schorf. Am Abend zuvor hatten sich mit Sicherheit drei Mädchenhände in seinen Haaren verkrallt, und weil keine das, was sie einmal fest hatte, lassen wollte, riß jede mit den Haaren einen Fetzen Haut von seinem Schädel an sich.

Tschapa hatte Kopfschmerzen und seufzte. Mäcke fragte Tschapa hinterhältig: Schmerzt dich das sehr? Tschapa schmiß ihm ein Brötchen an den schon etwas grauen Kopf und schlief sofort wieder weg. Mein Schieber Heinz sagte: Laß den Jungen in Ruh! Mäcke aß das nach ihm geworfene Brötchen und trank dazu den Betriebstee, den sonst keiner schluckte, höchstens wenn die Luft in der Halle allzu heiß auf uns drückte. Doch jeden Frühstücksmorgen behauptete mein Mäcke, dieser trübe Tee schmecke frisch gut. Zum Jahresanfang mochte er recht haben, da wurde nicht so mit Zitrone gespart, doch hatten wir zum Jahresende den Plan mit hundert Komma soundsoviel Prozent hingeschaukelt, genügte ein Schluck, und der Durst war fort. Mein Schieber Heinz meinte einmal, dieser Tee mache unfruchtbar. Aber das konnte wohl nicht stimmen, da um Mäcke, der diesen Tee schon schluckte, als er um seine Frau warb, die Kinder nur so herumwirbelten. Dünn wie dieser Tee waren auch Mäckes Schnitten. Seine Frau, meinte Bobbi, hält ihn knapp. Nicht der Kinder wegen, fügte Heinz hinzu, sondern damit er nicht üppig wird. Mäcke genierte sich nie, das anzunehmen, was wir nicht runteraßen: ein Brötchen, ein Rädel Salami, eine halbe Knoblauchwurst. Ich mochte ihn, weil es sein Tischlerherz nicht zuließ, einen einzigen Brotkrumen von der Wachstuchdecke auf den schwarzen Hallenfußboden zu wischen. Schon zeitig vorher stippte er die Krümel mit dem feuchten kurzen Zeigefinger in seinen schnellen Mund. Unbemerkt, doch wir sahen alles. Bobbi warf dann manchmal einen halb abgegessenen Hühnerschenkel in den stinkenden Eisenaschenbecher. Mäcke und ich sahen immer lange auf diese weißzarten Fleischfasern dicht am Knochen, unsere Augen folgten traurig der bläulichen Spur eines Hühneräderchens. Und ich dachte, daß Mäcke oder ich besser abgegessen hätten.

So etwas, was sich, ob man will oder nicht, im Innern festsetzt, geschah nur alle zwei Wochen, dann, wenn wir die späte Schicht hatten.

In der Frühschicht aß Bobbi neben Eleonore am Ende der Halle, dort, wo sie für alle eine Kaffeepausenecke eingerichtet hatte.

Eigentlich, dachte ich, bestand mein Leben in dieser Holzbude im Pendeln zwischen Frühstückstisch und Eleonores Kaffeepausenecke. Der Weg dorthin und die Zeit dazwischen war etwas anderes. Diese zweite Ecke war viel schöner. Wenn ich dort saß, dachte ich in meinem Transporterkopf, wie wenig ein Mensch haben muß, um sich ein bissel wohl zu fühlen: das war, dachte ich, nicht das Essen und Trinken, auch nicht die Ruhe, sondern der Strom, der ungewollt, selbst gegen den eigenen Willen, schwach oder stark von einem zum anderen floß.

Inge, jener Tischler, Haare lang wie eine Königstochter im Märchen, hatte nie Zeit zum Essen und zum Sitzen, er nutzte die Pause für Privatarbeiten: eine Hollywoodschaukel, eine Flurgarderobe, ein stilisierter Che Guevara aus rotem Sapeli in finnische Birke geschnitten, gleich fünf Stück, das Sandmännchen war aus der Mode. So war Inge zwar nie zu sehen, aber bis in die weiteste Ecke der Halle gut zu hören. Unsere Flüche über seinen Lärm hörte er nicht. Sein Arbeitsgeräusch deckte die bösen Worte zu.

Bobbi hatte in der Frühschicht neben Eleonore eine andere Art zu sitzen als zwischen uns. Er saß auf ihrer hölzernen Sitzbank wie ein ruhender Frühlingswanderer im Park: Hut in der Hand, Mantel aufgeschlagen, Beine und Gesicht voll in der Sonne. Da war kein Sonnenstrahl ungenutzt verschossen, jeder mußte ungehindert an die lichthungrige Haut. Und Eleonore teilte ihre Kraft. Bis zum späten Nachmittag saugten wir und die Möbel sie aus, nach Feierabend taten das ihr Mann und ihre zwei geradegewachsenen Töchter. Wann würde sie nicht mehr können? Unklar blieb, wen Bobbi eigentlich begehrte, eine der zwei Töchter, deren Mutter oder mehr sich selbst?

Es geschah wenig in der Brigade, was er nicht zu kritisieren hatte, und wenig wird in unserer Stadt passieren, was seine andauernde Wut auf seinen eigenen unzulänglichen Zustand nicht nähren könnte. Hörte ich Bobbi reden, schien mir, ich lebte in einem andauernden Chaos und die Sonne stünde zum Beispiel über München wie über einem blauen Paradies. Jedoch: die exklusivsten Pornos, selbst Inge nahm seinen Schnittstahl vom Halse Che Guevaras, hinderten ihn nicht, zu erzählen, wie fleißig er am Berliner Raumteiler mitgewirkt habe. Er zeigte uns seine Orden und packte sie behutsam fort: die Zeugnisse seines dreijährigen Dienstes im Wachregiment Berlin. Selbst Eleonores Tasche reichte er nicht behutsamer über den Pausentisch.

Bobbi hatte auf seinen Knochen mehr Fleisch als alle Kollegen unserer Abteilung zusammen. Das bißchen Fleisch meines Obermeisters wackelte auf Bobbis rechter Wade, die bei ihm, wie bei jedem Tischler, der von früh her mit viel Bankarbeit geplagt war, kräftig ausgewachsen war. Der Keil im Hinterteil seiner Arbeitshose hätte an der Fahnenstange unserer Betriebssportgemeinschaft flattern können. Alles, was sterblich an Bobbi war, sein Fleisch und die Knochen, hielt das Koppel vom Wachregiment Berlin stramm zusammen: Glasgeschabt und blankgewichst mit Schuhcreme, Marke Eg-Gü.

Als Eleonore mir den ersten Apfel schenkte und ich in ihn biß, lächelte sie über meine Schulter hinweg durch die ganze Arbeitshalle. Ich drehte mich um und hörte genau, wie Bobbi unserm Ferenç das Wort Pußtaziege zurief. Ferenç warf Bobbi seinen Hammer an das Schienbein. Das tat sehr weh, das sahen alle. Sie gingen aufeinander zu. Ihre Flüche vergaß ich. Bobbi raffte das Arbeitshemd auf der Brust seines ungarischen Klassengenossen zusammen, und Ferenç hob den schweren Bobbi am Gürtel aus. Mein Schieber Heinz schob den Hammer mit dem Fuß in den Trittkreis der beiden und stellte sich hinter einen Betonpfeiler. Bobbi umarmte Ferenç an der Brust. Meinem ungarischen Tischlergenossen blieb die Luft fort. In seiner Not drückte er seine freien Daumen in Bobbis Hals. Sie ließen voneinander ab, rückten jeder so tausend Millimeter vom Kampfplatz ab, bückten sich und ließen ihre Arme wie Affen lang hängen. Eleonore sagte: Jetzt! Bobbi fischte sich den Hammer und feuerte ihn gezielt in ein Leuchtstoffröhrenfeld über Ferenç. Drei fielen. Als Ferenç den Kehrbesen holte und Bobbi die Müllschaufel hielt, trat Heinz hinter dem Betonpfeiler hervor und tadelte Bobbi.

Ich hatte den Apfel gegessen, fuhr einen Wagen über den engen Gang und rief: Vorsicht! Aber Bobbi rührte sich nicht weg, ich mußte hart abstoppen. Wie er hochkam, schmiß er mir die Müllschaufel vor die Füße und schrie: Wir merken uns die Stunden, die du dort verquatscht hast! Heinz wies mich an, das weiße Splitterglas der Leuchtstoffröhren aufzukehren, denn Ferenç verließ die Halle, und Bobbi setzte sich zu Eleonore. Sie arbeitete und sah ihn nicht. Und er kämpfte bis zur letzten Minute dieses

Tages um ihr Lächeln. Zum Feierabend hatte er Erfolg. In der Garderobe war dann Licht überflüssig. Bobbi reichte mir seine Hand und sagte: Entschuldige, Paule! Dann ließ er sich von Ferenç zu ungarischer Fischsuppe einladen. Und ich dachte mir, daß nur sein Verhältnis zur Fußballmannschaft unserer Stadt mit seiner Liebe zu Eleonore vergleichbar sei.

Unser Augustin hatte nicht auf dieses Theater zwischen Ferenç und Bobbi gesehen. Er wühlte weiter und investierte jene Holzschrauben in seiner Ware, die er während der Frühstückspause unter der Schürze mit Seife eingerieben hatte, damit sie sauber ins Holz kamen: ein Schlitz wie der andere, beste Augustinsche Qualitätsarbeit.

Bis zu diesem Frühstück also mußte ich für eine Theaterkarte schindern. Den Saal erkannte ich nicht wieder. Die drei Schönen an den Wänden waren durch schlechtes Licht verhangen. Um mich herum saßen die kühnen Mädchen und die hübschen Burschen meiner Stadt. Wieder bemerkte ich, wie sie alle eine gewisse Ähnlichkeit mit Willy hatten. Nicht bloß durch die Nasen, die Augen und in der Form ihrer Schädel. Auch die Bewegungen, wie sie die Augen zusammenkniffen und bedeutungsvolle Blicke warfen, wie sie ihre Brillen kritisch von den Augen weg auf die Nasenspitze rückten, und wie sie versuchten, auf ihre völlig glatten Stirnen Falten zu drücken. Sie beschäftigten sich alle. Keiner langweilte sich. Die Mädchen kicherten, wie ihre Großmütter als frühreife Mädchen in diesem Raum gealbert haben mögen. Eine immer verrückter als die andere angezogen, damals wie heute. Die schönsten waren, schien mir, die dicken. Von ihnen gab es viele in unserer Stadt. Nicht hoch, dafür aber weit, wie die langgestreckten Hügel um die Stadt, aus deren Mitte sich der Fluß in das Land wälzte. Auf ihren sommersprossigen Gesichtern sah ich den Schmelz ungetrübter Frechheit. Und mir war wohl. Ich saß im Sesselplüsch, ähnlich den verliebten Burschen.

Das war immer ein Wunder, wie diese Stadt an jedem Abend so viele Mädchen hinter den Haustüren hervor auf die Straßen, in ihre Cafés, vor die Tanzkapellen, auf die Bänke des großen Parks und in dieses Theater zauberte. Meine Augen hasteten wie über allzu viele Geschenke, die ich unversehens von lieben Menschen bekam. Ich glaubte, daß diese Stadt vor allem seiner Mädchen und Mütter wegen bekannt war.

Die Frau aus unserer berühmten Stadt ist morgens kühl. Zur Kaffeezeit, also gegen neun Uhr, ist ihre frühe Kühle einer angenehmen Handwärme gewichen. Die Lippen sind schon rot, und mir scheint, in diesen Minuten fällt die Vorentscheidung für den Abend. Gegen Mittag zeigt sich auf ihren Oberarmen und Wangen eine hitzige Schlaffheit. Das ist die günstige Stunde für den Mann, das Sichwehren gegen einen Kuß zwischen Kantine und Arbeitsplatz zu verkürzen. Es war immer gut, nach der Mittagsstunde eine Frau aus unserer Stadt zu einem Gang über die Flußterrasse einzuladen oder gleich in den Park zu gehen, wo man auch Schwäne, Enten und Karpfen füttern konnte. Denn schnell kommt die Stunde der Hast. Kinder werden abgeholt, aus den kalten Spiegeln der Kosmetiksalons sehen hoffende Gesichter auf wirkliche Falten, Sitzungen werden protokolliert, nach Fleisch wird angestanden, gegen Bürokraten wird gekämpft.

Jetzt eine Frau für den Abend zu attackieren, da muß man was können.

Der nervöse Tag rast, und man findet keinen freundlichen Menschen.

In dieser Stunde war es auch geschehen, vor Jahren schon, daß der Fahrer eines Diplomatenwagens Eleonore vom Fußgängerschutzweg zwanzig Meter durch die Luft an das Werktor zurückschleuderte, wurde erzählt. Sie lag auf Leben und Tod und hat sich dann für das Geld einen sibirischen Pelz gekauft.

Mir und Mäcke aber ging es gut. Wir fuhren sicher in unserer Neun. Während ich die Fahrt bis zum Hauptbahnhof verschlief, nickte er erst hier ein, da gab es also zwischen uns keine Unterhaltung, denn einer von uns beiden schlief immer.

Die Menschen schämten sich für uns. Sie dachten, wir seien schon jetzt besoffen.

Hatte sich der Tag beruhigt, war alles ausgestanden. Die Frau tritt aus dem Bade und führt mit ruhiger Hand den Lidstift. Während sie danach mit der Rechten die passende Wäsche sucht, hält sie in der Linken den Telefonhörer und schwatzt mit der Freundin über den Leberfleck des neuen Freundes. Er ist genau zwischen seinen Schulterblättern, und die Freundin gibt ihr einige Hinweise auf andere Vorzüge des neuen Freundes. Ich weiß, daß zwischen den Frauen genausowenig Geheimnisse sind wie zwischen Mäcke und mir.

Auch die Mütter haben endlich Ruhe.

Die Kinder schlafen ein, und alles ist im Gutenachtliedchen fortgesungen. Nun kann sie in aller Ruhe den Schmutzrand in der Badewanne abreiben und anschließend die Fliesen polieren.

Ich aber saß nach diesen kritischen Stunden, und mir war wohl, im Plüsch des Theaters. Ich war tadellos angezogen, einen Anzug Präsent 20 um den mit Lilienmilch gewaschenen Hals. Ich sah noch etliche Präsent 20 und sagte mir, ich hätte ebensogut meine Kämpferuniform anwerfen können. Die Mädchen alberten, während ich heimlich meine sauberen Fingernägel bewunderte. Die Mädchen versuchten, in diese schmeichelnden Sessel geworfen, ihren Verehrern die Gesetze der Liebe beizubringen. Die Verehrer begriffen schwer, obwohl die Mädchengesetze einfach sind: Ein Taschentuch fallen lassen – ich begehre dich! Den rechten Mittelfinger in die rechte Wange bohren – du kannst mir gestohlen bleiben! Eine rote Klammer am Kragen der Bluse – ich bin zu allem bereit! Den Jüngling mit dem linken Schenkel leicht drücken und die Wimpern senken – ich kann ohne dich nicht sein! Ein brennendes Streichholz auspusten – du darfst mich küssen!

Die Mädchengesetze in unserer Stadt sind von den Gesetzen der Mädchen in anderen Städten nur in der Formulierung zu unterscheiden, im Inhalt nicht.

Wind fuhr mir ins Genick. Das bedeutete: wenn der Abend zu Ende ist, mußt du mich fragen, ob du mich heimbringen sollst.

Ich drehte mich um. Hinter mir saßen, wohlgesittet, wie man so sagt, eine Blonde und eine Schwarze, was mich verwirrte. Ich wurde rot, drehte mich schnell zurück und wendete mich nicht wieder.

Sie pusteten weiter. Mit diesem feinen Wind im Genick, und ich dachte, sie wechselten sich ab, sah ich zur ersten, zweiten und dritten Reihe. Da saßen Menschen, die sich kaum rührten. Das sah ich an den falschen und echten Brillanten, die die Damen an den Ohrläppchen unter den hochgeschobenen Frisuren trugen. Sie blitzten kaum auf. Ich dachte darüber nach, daß meine Nachbarinnen, wenn sie mit den Jahren, immer eine Reihe vorrücken und schließlich in der ersten Reihe ankommen, genauso gesittet die Steine an ihren Hälsen tragen werden. Die kühnen

Burschen werden dann ihre schreienden Hemden abgetragen haben und mit dunklen Anzügen den roten Plüsch, inzwischen sicher dreimal erneuert, dünn scheuern.

Und ich glaubte zu wissen, wie dann hin und wieder auf diesen Kragenaufschlägen der Anzüge das helle Abzeichen der Partei aufblitzen würde.

Einer stand auf in der ersten Reihe. Er trug kein Abzeichen. Es war, als hätten wir sein Aufstehen erwartet. Er sagte: Also, ich habe tatsächlich nichts gegen die Jugend, aber wir sind in einem Theater, hier benimmt man sich gefälligst!

In diesem Moment begannen die Radios aufzuschreien, die aus den Hosentaschen der Burschen leise Musik zwischen den Eintrittslärm mischten, übersteuert und blechern.

Der Mann sprach weiter: Wir sind in einem ehrwürdigen Haus. Hier haben berühmte Menschen gewirkt. Wenn Sie sich jenen nicht verpflichtet fühlen und unseren Gästen und Persönlichkeiten im ersten Rang keinen Respekt bezeugen, so denken Sie an diese, welche jenen dienen in genauer Folge des Wortes!

Ich staunte über dieses Deutsch für kleine Leute und fragte mich, woher er das hatte, denn er war noch gar nicht so alt. Er wurde lauter, und ich wunderte mich wieder, wie er es wagen konnte, so einen Kraftakt zu beginnen, er mußte verlieren. Dieser Mann wußte anscheinend nicht, wo er lebte.

Er fragte: Hölderlin, Goethe, wie wollen Sie diesen großen Vorbildern dienen? Ich horchte auf. Er hatte das Wort dienen zum zweitenmal verwendet.

Wenn Sie sich den Erwartungen jener nicht fügen, so denken Sie an die, die nach des Tages Arbeit der Kultur hingegeben sind. Und wenn Sie die nicht stören wollen, so gehen Sie hinaus!

Eine Stimme rief, das Dutzend Taschenradios Leningrader Produktion, es mögen auch einige aus Japan mitgemischt haben, schamlos überschreiend: Schnauze! Eine zweite, das war eine schöne Mädchenstimme: In die Asche mit dir! Und eine dritte, ein Mädchen direkt hinter mir, der Wind setzte aus: Mach'n Kopp zu!

Dieser Ausruf gehörte zu den schlimmsten Beleidigungen in unserer Stadt. Man mußte hier geboren sein, um die ganze Gemeinheit dieses Schimpfs voll zu erfassen. Der Mensch sah auf mich: Was haben Sie gerufen?

Jetzt bliesen die Mädchen wieder, und ich konnte mich nicht zum Affen machen lassen. Ich fragte: Bitte? Was möchten Sie von mir hören?

Was Sie gesagt haben, bitte!

Ich setzte mich tief in den Plüsch, meine Fäuste verkrampften sich, und ich rief durch die Zähne: Machen Sie keine Panik, dieses Haus ist nicht Ihre Garage. Setzen Sie sich hin, und randalieren Sie nicht!

Die Frau dieses Pharisäers, es kann auch seine Schwester gewesen sein, sah mich an, lächelte mir zu und legte, mit einer Hand hatte sie das Männlein auf den Sitz heruntergezogen, einen Finger der anderen Hand auf ihre tadellose Stirn. Dann schlug sie mit der flachen Hand auf die zu einer Röhre geformten Linke. Da war ein fröhliches Lachen im Bau. Ich sah zum Rang hoch. Dort saß Willy in der ersten Reihe. Er hatte seine Brille in der Hand und sah nichts. Aber er lächelte sein Staatslächeln, und seine weißen Zahnreihen strahlten.

Willys Frau an seiner Seite sah ich kaum, auch Rose war verdeckt, aber Patricio erkannte ich sehr deutlich.

Es ist tatsächlich so, wie meine Mutter einmal gesagt hat: Wenn eine Kuh den Schwanz hebt, dann heben sie ihn alle! Sie muß das gewußt haben, denn sie war Landarbeiterin. So auch hier: alle sahen zu Willy hin, als sähen sie irgendein phantastisches Wesen von einem anderen Stern. Willy horchte.

Das Licht kroch in die Wände. Die Tugenden, von denen sowieso nicht viel zu sehen gewesen war, ließen ihre Rahmen zurück. Ein bißchen blinkte der goldene Apfel in der Hand des nackten Kriegers nach. Der Vorhang fuhr hoch. Ein menschlicher Schatten wurde umrißscharf. Dieser graue Schatten wurde Fred, und Fred verwandelte sich im werdenden Licht in den Genossen Willy. Sein Tschekistenblick arbeitete, der fehlende Finger war mit Würde verborgen, und die fünf Falten auf seiner klugen Stirn spielten die reinste Unschuld. Fred tat einen Schritt. Das war Willy auf der Tribüne am Ersten Mai. Fred hob seinen Arm. So grüßte Willy uns Kämpfer. Raunen kroch durch das Parkett. Jemand lachte. Ich klatschte, weil ich diese liebevolle Karikatur nicht erwartet hatte, das war dargestellt mit äußerster Präzision, mit bestechender Sauberkeit und ohne wahrnehmbare Mühe. Fred neigte sich nun. Das war mein Willy, bevor er eine knifflige

Frage beantwortete. Ich klatschte einsam, es klang, als kämen Übungsschüsse aus meiner Makarow.

Von der Loge herunter rief Willy: Danke! Jetzt tobte Beifall los, als habe unsere Fußballelf ein wichtiges Tor geschossen. Fred aber verschaffte sich mit einem zweiten Schritt seine Arbeitsstille. In diese Stille hinein sprach er die altbekannten Worte: Der Handel wird ernsthaft! Jetzt klatschten nur die Menschen der ersten drei Reihen, und wir, die anderen, wunderten uns, warum geklatscht wurde. Es war ja nichts geschehen! Wir lachten. Fred stritt mit einer biederen Frau. Warum sie sich stritten, konnte ich wieder nicht fassen. Die Tochter der beiden kam von rechts durch eine wackelige Tür. Man hatte sie in steife Gipstücher gestopft. Unbegreiflich, wie dieses Mädchen Freds Tochter sein sollte. Ein junger Kerl in Uniform trat auf. Mädchen und Uniform sprachen in verschiedene Richtungen, liefen hin und her und schmissen sich mit allen Extremitäten auf die Bühne. Irgendwann trat noch einer dazu, dem man auf tausend Meter ansehen sollte, was für ein Schuft er sei, und ließ die Pistole fallen. Das war also auch nichts.

Das Beste aber war: es traten dann wohl so etliche vorlaute Mädchen und auch Burschen aus den Reihen vor die Bühne und fragten den Intendanten, wie teuer die Stadt das Joch Schauspieler kaufe. Aber der Intendant ließ alle Schließer und Feuerwehrmänner im Zuschauerraum aufmarschieren und die Maulaffen rauszerren. Das war ein Gerenne!

Schlimme Worte flogen wie Krähen über das Parkett. Ich hielt meinen Mund zu. Als Limonade getrunken wurde, starben beide, und als sie starben, begannen sie sich zu lieben. Das war schon gut. Fred saß die meiste Zeit für sich und dachte nach. Wenn er genug nachgedacht hatte, merkten wir im Parkett auf. Trotzdem, ich hatte den Eindruck, man quälte das Stück von den ersten drei Reihen zu Ende, das war peinlich. Fred zeigte in seiner großen Diszipliniertheit nicht, wie schlimm ihm das kam.

Schließlich wurde es hell in diesem Saal mit der besten Akustik Mitteleuropas, drei Anstandsvorhänge wurden abgeklatscht, ich griff meinen Mantel und wollte raus. Tatsächlich warteten die beiden Süßen, nur glaubte ich nicht, daß sie auf mich warteten. Außerdem hatte ich keine Lust auf ein Techtelmechtel, das sicher erfolglos enden würde, um mit einem Treffen in drei Tagen neu zu beginnen und so weiter. Ich beobachtete die zwei Polizisten nahe bei Willys Wagen. Er leierte das Fenster runter, lächelte uns zu, die wir standen und auf ihn schauten. Sachte fuhren der Wagen und dann auch die Polizei davon.

Ich hatte Lust auf ein Bier bekommen, griff mir ein Taxi und war wenig später im Tröpfchen unterm Revolver. Die Karten lagen gemischt. Wie selbstverständlich hob der Schauspieler Fred ab, ohne Schminke auf seinen zerrissenen Wangen, und Willy rückte eine Winzigkeit zur Seite. Mein Obermeister gab mir ein zweifelhaftes Grünspiel. Ich wollte ihm erklären, wie jener Mann in der ersten Reihe aus den Latschen gekippt war, aber Gernod sagte: Hauptsache, du bist morgen früh pünktlich! Da ließen sie mich plumpsen, ich bekam von Fred Feuer, und in meiner dummen Wut feuerte ich zurück. Willy lächelte und briet mir noch eins über.

Am Ende des Spiels zählte ich dreißig Augen. Das war teuer: Grün, ohne zwei, Spiel drei, Schneider vier, macht vierundvierzig, verloren achtundvierzig, Feuer hundertsechsundsiebzig und noch eins rauf dreihundertzweiundfünfzig und noch eins rauf siebenhundertvier!

Rundherum standen die Kiebitze. Einer sagte: Das Theater hat ihn blöde gemacht. Willy nickte: Lächerlich. Ich habe während der Emigration in Mexiko das gleiche Spiel wie du gespielt, aber ich habe mir die Forsche nicht genommen und die Luschen abgeworfen! Wer gibt!

Ich trat mit schweren Beinen über die braungebohnerte Holztreppe in meine Dachhöhle. Die Schwalbe flatterte mir entgegen, krallte sich in meine Schulter und schrie hungrig. Sie konnte jetzt die giftgrünen Heuschrecken fressen, und Üwchen, der Schwererziehbare, sammelte nun mit zwei Gläsern. Während ich das eine leerfütterte, sperrte er die nächsten fünfzig Heuschrekken in das andere. Ich dachte nicht darüber nach, ob er wegen des Bonbongeldes fleißig war, das ich immer neben das leergefütterte Marmeladenglas legte, oder wegen des Privilegs, in meinem Zimmer aus und ein gehen, wie ich faul auf dem Sofa liegen und meine Zigarren ohne Feuer paffen zu dürfen. Aber ich hatte schon den ersten Stummel unterm Sofa und den zweiten auf meinem Schreibtisch gefunden. Mir gefiel nicht, daß ich derjenige sein sollte, der ihm zum ersten Laster, dem leidigen Rauchen, verhelfen sollte. Ich fragte Stefan, den freundlichen Erzieher, was hier zu tun sei. Er gab mir den Rat, zu den Groschen einen Zettel mit der Aufschrift zu legen: Meine Zigarren sind gezählt! Seitdem sammelte er die Banderolen der Zigarren und wünschte, ich sollte die Marke wechseln. Ich mochte aber die teuren nicht. Trotzdem kaufte ich einmal eine für zwei Mark. Meine Kollegen fragten, ob bei mir der Wohlstand ausgebrochen sei. Ich erzählte ihnen von Uwe. Von da an hatte ich keine Not mit Zigarrenmarken. Bobbi, Heinz, der alte Augustin und auch Mäcke trugen mir eine nach der anderen zu.

Sofa und Schreibtisch waren Gegenstände, die ich von Wohnung zu Wohnung mitschleppte. Das scheint dumm, sich an Dinge zu klammern, zumal ich den Schreibtisch nie benutzte. Meine wenigen Briefe schrieb ich auf dem Sofa. Dieser Schreibtisch, ich hatte ihn mit deutschem Nußbaum furniert, war wie mein Auto. Deutscher Nußbaum unterscheidet sich von kaukasischem dadurch, daß er mehr Splint und in der Mitte viel Braun und weniger Rot hat. Seine Maserung ist gerade. Die Jahresringe des kaukasischen Nußbaums aber fließen hierhin und dorthin und sind enger als beim deutschen. Von Zeit zu Zeit nahm ich einen weichen Lappen und rieb sorgfältig den Staub von der

Platte.

Auf dem Schreibtisch stand neben einem Bierglas, das ich als Vase benutzte, ein Telefon. Der Apparat war ein Hausanschluß des Kinderheims, ich konnte mit ihm nach draußen telefonieren. Daneben lag ein Heft, in das ich alle Gespräche eintragen mußte. Für mich klingelte das Telefon nie. Klingelte es, hatte ich die Hoffnung, es gälte mir. Aber meist sagte die Telefonstimme, ich solle nicht zum Pädagogischen Rat kommen, weil er verschoben sei, oder daß ich eine Nachtbereitschaft übernehmen solle, einmal auch einen Neuzugang aus Berlin abholen. Das hörte ich mir gründlich an und sagte, daß ich leider nur der Tischler unterm Dach sei. Einmal klingelte der Kasten sehr lange. Ich horchte auf die Stimme: Hör zu, mein Lieber, der Chef kommt gleich zu dir. Er will dich sicher aushorchen, damit ich ein Disziplinarverfahren kriege. Sag nur das Notwendigste, hörst du, stell dich dämlich, das ist meine einzige Rettung!

Ich sagte schnell, das wäre eine leichte Übung. Die Stimme am Telefon flüsterte: Ich weiß nicht, wie ich diese Arbeit mit den Kindern ertragen soll, mir graut vor jedem Dienst, in den ich gehe. Aber, hörst du, ich will nicht gefeuert werden, wenn schon, dann trete ich allein ab!

Ich flüsterte ihm zu, er müsse zunächst versuchen, den gestrigen Tag nicht in den heutigen mitzuschleppen, und immer lieber die Guten ansehen, die auf ihn hoffen, und wenn er zäh bleibe, sei er in einem Jahr übern Berg, dann kämen neue Kinder, und die alten Streiche würden im Bach fortschwimmen! Ich imitierte niemand anderen als meinen Obermeister und legte schnell auf.

Manchmal setzte ich mich hinter meinen Schreibtisch und war Chef: Transportpaule steht vor mir. Er will wissen, warum er so wenig Holzprämie gefaßt hat. Ich, der Chef, blättere im Heft mit den eingetragenen Gesprächen und höre dem Transportpaule zu. Wenn er aufhören will zu schimpfen, zeige ich mit der Ach-nimm-doch-Platz-Kollege-Miene auf den Hocker, und Transportpaule reißt jetzt richtig den Mund auf. Er schmeißt die Kranschlüssel auf meinen volkseigenen Schreibtisch und beginnt sich die Arbeitsjacke aufzuknöpfen. Ich, der Chef, zähle sorgsam die Schlüssel und blättere weiter in einer dünnen Akte, dem Heft für Telefongespräche. Als er sich fast ausgeschimpft hat, biete ich ihm eine Zigarette an, weil ich weiß, er will sich wieder mal das

Rauchen abgewöhnen.

Wo bleibt, schimpft Transportpaule, eigentlich die Demokratie, wenn die Mächtigen in der Brigade ihre Posten dreifach nutzen, sich zu bereichern? Ist das Gerechtigkeit?

Mit solchen Sachen, wie Demokratie und Gerechtigkeit, kann ich, der Chef, gar nichts Produktives anfangen, und ich überlege, was er damit meint. Ich lasse zunächst mein Ohr ein wenig tanzen, horche aber wie ein guter Kassettenrecorder. Dann sage ich: Alles, was innerhalb des Betriebes gebaut ist, dazu die Maschinen, dieser Schreibtisch und dein Telefon, kostet einhundertzwanzig Millionen Mark, dafür zahlen wir an die Staatsbank soundsoviel Zinsen. Unsere Warenproduktion beträgt aber nur das Doppelte davon.

Wieviel, so der großmäulige Transportpaule, produziert ein ähnlicher Betrieb beim Kapitalisten?

Ich, der Chef, frage, wieviel denn er meine. Transportpaule wirft mir eine Zahl, dreihundertsechzig Millionen, neben die Kranschlüssel und fügt hinzu: Betrachtest du, Meister, deine große Brigade wie ein kleiner Kapitalist, ob die dir Prämien abwirft oder keine? Wunderst du dich, Chef, wenn wir weniger arbeiten, als wir könnten, wenn ihr, unsere Chefs, liederlich leitet, weil ihr glaubt, daß zuwenig für euch rausspringt? Wo bleibt euer revolutionäres Gewissen, das euch sagt, wie unsere Produktion über Tod und Leben entscheidet?

Oho, denke ich mir als Chef, Transportpaule hat ein bißchen rumgelesen und spielt Parteikontrollkommission. Schließlich will er vielleicht noch wissen, warum ich mir vom Betrieb ein paar Furnierplatten für mein Wochenendgrundstück ausgeliehen habe und wo die roten Sandsteinplatten fürs Kinderferienlager abgeblieben sind. Ich lasse nun beide Ohren zucken und drück den Summer. Doch meine Meisterhilfe kommt nicht, sie trinkt Kaffee.

Wißt ihr, schwatzt Transportpaule weiter, daß ihr gar kein Interesse daran haben könnt, daß die Gewerkschaft in unserer Abteilung zum Zuge kommt?

Jetzt interessiert mich nur, woher er diesen Unsinn hat, von Willy oder nur von Bobbi.

Und keiner von uns wird ehrlich gefragt, wir haben nur die Hand zu heben, weiter nichts. Denn ihr verteilt den Rest der Prämien absichtlich unterschiedlich, dem einen mehr, dem anderen weniger, damit wir uns nie einig sind. Ihr sagt, die Besten fassen die größten Prämien. Aber wer entscheidet denn tatsächlich, wer die Besten sind?

Und ich, der Chef, sage: Die Besten!

Nun geht Transportpaule, läßt die Kranschlüssel, mit denen ich gelangweilt spiele, in meinen Händen und macht die Tür nicht zu. Die Hobelspäne aus dem Maschinensaal fliegen auf meinen Schreibtisch. Ich, der Chef, telefoniere, wann endlich die Absaugvorrichtung überholt wird. Als ich erfahre, in gut acht Tagen, kommt endlich Transportpaule zurück, reißt mir die Kranschlüssel fort und sagt: Ach, ihr!

Doch das Beste in meiner Dachhöhle war mein Sofa! Rose wußte das gleich, als sie das erstemal in meine Bude trat. Es war länger als ein normales Sofa und so breit, daß ich, ohne meine Beine anziehen zu müssen, auch quer auf ihm liegen konnte. Als Rose sich raufwarf, fielen ihre goldenen Sandaletten. Ich begriff, saß sie einen ähnlichen Geschmack hatte wie ich. Trotzdem hielt ich ihr einen Vortrag über die Sinnlosigkeit ehelicher Kommunen, dann referierte ich über die unvermeidliche Niederlage der Amerikaner in Vietnam, und anschließend zog ich den Briefwechsel Gorkis mit Budjonny hervor. Ich wollte ihr beweisen, was Isaak Babel für ein Dichter sei. Sie sagte nichts, tat, als horchte sie, und strich ihre Kombination, die sowieso glatt war, glatt. Hose und Jacke in einem waren aus grafitschimmernden Fasern gepreßt, die Nähe doppelt und unzerreißbar über Brust und Taille. Nichts anderes sah ich. Mein Vortrag über den jüdischen Dichter Babel fiel mies aus. Sie setzte sich in den Schneidersitz. Ich tat, als wollte ich den Briefwechsel in das Regal hinter ihr zurückschieben, und sie war so klug, meine Hand mit dem Büchelchen festzuhalten. Rose drückte sich an mich. Ich konnte kaum denken und fragte, was wäre, wenn sie in ihrem Alter ein Kind bekäme? Rose wollte wissen, wie das geschehen sollte, etwa durch das Küssen? Doch ich hatte es satt, mich gierig reiben zu lassen, um dann wie ein Kranker rumzulaufen. Das sagte ich ihr und auch, daß nun ein Spaziergang über die Flußterrassen besser sei, sonst würde ich verrückt werden. Sie nestelte sich in ihre goldenen Sandaletten, kam zu mir, drückte mich und schob sich sacht an mir hoch. Eine Bewegung war in ihr, die uns half, den Anfang voll zu riskieren. Wie wir diese ersten Mühen hinter uns hatten, brach ein Rahmenholz im Sofa. So, wie ich lag, griff ich Bücher und schob sie unter die Bruchstelle. Als wir uns später das zehnte oder dreißigste Mal liebten, sah ich, als sie sich schnell auszog, daß eins dieser stützenden Bücher die Grundlagen des Marxismus beschrieb. Ich fragte sie, warum sie sich freue. Dieses Buch, und sie legte sorgfältig ihre Strümpfe auf den Schreibtisch, die anderen Kleider warf sie irgendwohin, dieses Buch nehme ich mit. Das ist der Beweis, wie ich meine blöde Unschuld auf den Grundlagen der besten Philosophie der Welt weggeworfen habe!

Sie küßte mich und flüsterte in den Pausen: Ich danke dir, Paule, für alles. Ich werde dich ewig lieben!

In ihrem großen Mädchenzimmer vor unserem Fluß lag nun immer dieses Buch auf ihrem Schreibtisch. Im Gegensatz zu mir las sie gründlich darin.

Am nächsten Vormittag traf ich mich mit Rose auf den Wiesen am Fluß, nahe der Fähre, die Erna genannt wurde. Sie saß auf ihrem Pferd. Kein Tourist, der mit Erna über den Fluß wollte, und kein Motorradfahrer übersah sie. Ich aber wußte nicht, wie ich gehen sollte, daß meine rechte Schulter hing, als sie mich ungeduldig zwischen den Menschen suchte. Je näher ich auf Rose zuging, um so höher hätte ich meinen Kopf heben müssen, um ihr Gesicht zu sehen. So kam es, daß ich immer weniger von Rose, aber mehr und mehr Pferd sah. Als ich schließlich bei ihr war, sah ich nur noch Roses rundes Gesäß im Sattel. Ihr hohes Tier war fast rot, unter der Haut zuckten seine Muskeln, mit einem Auge sah das Tier auf mich runter. Ich wußte nichts von Pferden, begriff aber, daß dieses Pferd gut war. Sie sagte: Das ist meine Erdmute! Ich fragte, wieso ein Pferd zu einem so blöden Namen käme, aber Rose hörte gar nicht zu. Sie raffte die Zügel in die linke Hand. Hilflos sah ich hoch. Sie trug ihre kurze leinene Bluse ziemlich offen, aber Rose konnte sich das leisten.

Ich habe Erdmute von dir erzählt. Sag ihr guten Tag!

Ich kannte die geprügelten Mecklenburger Pferde, die selten Menschen mochten. Ich rieb den Fuchs zwischen den Augen. Er suchte mit seinen Lippen meinen Unterarm ab, aber ich hatte nichts, weder einen Keks noch ein Stück Brot. Das Tier ging mit Rose davon. Hinter Erdmute schlugen Erdbatzen aus der Flußwiese hoch. Ich mußte lange Schritte nehmen auf dem Pfad, der quer durch die Wiese, vorbei an Obstgärten, einer Hundeschule und einem Roggenfeld, getreten war. Mal war sie weit voraus, mal kam der Fuchs mit dem Mädchen auf mich zu, einmal so jach, daß ich in das Roggenfeld sprang. Sie lachte und trabte wieder über die weiche Flußwiese, zwischen dem Hals des Pferdes und ihrem Körper war kaum Luft. Sie übersprang einen Elektrozaun, hinter dem schwarzbunte Kühe kauten, und ritt schnell auf zwei entfernte Kopfweiden zu, zwischen denen sie im Gegenlicht verschwand. Ich grübelte aus Trotz über die feinen Leute nach, die auf Pferden saßen, und erinnerte mich an den Mecklenburger Gutsbesitzer Ledebur aus Menzendorf.

Ich hatte ihn noch gesehen, auf seinem Pferd sitzend, mit einem Fernglas vor der Brust. Gleich nachdem die Rote Armee unser Dorf verlassen hatte, fand man in einem Kornfeld einen Haufen Menschen, gekrümmt, Gesicht im Acker, über seinen bleichen Nacken krabbelten dunkle Pißameisen. Ängstlich erzählten die Menschen, das wäre der Herr Ledebur, totgetreten und selbst schuld. Er habe eine schwangere Polin im Kastenwagen über die Pflastersteinstraße zum Kreiskrankenhaus geschickt. Mein Auto, habe er gesagt, laß ich mir nicht dreckig machen! Das Kind solle sowieso tot geboren worden sein, aber nun habe er seinen Lohn. Anschließend, erinnerte ich mich, sah ich die Leute zum Gut nach Menzendorf ziehen. Zurück kamen sie mit Kleidern und Mehl, aber eilig. Sie liefen zwei, drei Tage. Die Polen sah ich in einem offenen Güterwagen davonfahren. Sie sangen und tanzten.

Es war mir zu blöde, hinter Rose herzutrotteln. Ich setzte mich auf einen blühenden Wiesenfleck. Als ich eine Weile im hohen Wiesengras gesessen hatte, beschloß ich, mich in die Büsche hinter dem niedrigen Flußdamm zu verkriechen, um von dort aus ungesehen meine Schicht und meine Freiheit zu erreichen. Aber ich hörte Erdmute auf der Wiese herantrommeln, einen halben Meter vor meinem rechten Oberarm zitterten die Knie des Tieres, über mir verdeckten Brust und Hals meinen Himmel, seitlich darüber die glückliche Rose. So ärgerlich ich war, daß sie mich erschreckt hatte, mußte ich doch lächeln. Sie stieg ab und zog ihre hochgerutschte Bluse in den Hosenbund. Das Pferd begann mit spitzen Lippen Gras zu fressen. Rose setzte sich neben mich.

Sie fragte, warum ich heute auf irgend etwas eingebildet sei. Ihre Stiefelbeine hatte sie weit von sich gestreckt. Zwischen ihnen zitterten Wiesenglockenblumen, die aus einem faustgroßen Fleck herauswuchsen. Rose umfaßte diesen natürlich gewachsenen Strauß. Die Stiele brachen, doch sie konnte die festen Fasern nicht zerfetzen. Sie rupfte die Blumen mit Wurzeln und Erde zwischen ihren Beinen raus und biß die Fasern dicht über dem Wurzelballen ab. Sie teilte das Blumenbündel in zwei Hälften und legte mir das eine aufs Gesicht. Sie sagte, ich müsse mich beeilen, wenn ich pünktlich im Werk sein wolle, und ich sah im schwimmenden Blau der Glocken, wie sie auf ihrem Pferd davonritt. Ich wischte den Strauß aus meinem Gesicht.

Als ich mich aufsetzte, war von Rose nichts mehr zu sehen, dafür kam ein Mann schräg über die Wiese auf mich zu. Es sah aus, als wäre er aus dem Fluß gestiegen. Auf dem Kopf trug er einen großen Hut. Er hielt beide Hände vor sein Gesicht. Ich hörte dünne Musik, er spielte Mundharmonika. Ich wartete, daß er an mir vorbeikäme.

Heute muß ich fort von hier
und muß Abschied nehmen...

Zehn Meter weiter sah er zurück, ob ich sein Liedchen auch wohl gehört hätte. Kinder mit ihren Eltern promenierten auf dem Feld. Der Mann spielte nun für die Kinder wie eben für mich. Sie horchten, blieben stehen, und indem er im Takt seiner Mundharmonikamusik weiterschritt, hängten sich die Kinder an ihn. Das kleine Mädchen an seine liederliche Jacke, der etwas größere Junge an den Ledergurt, der Jacke und Mann zusammenhielt. Die verzweifelten Eltern mußten hinter ihren Kindern her, dorthin, woher sie gekommen waren. Ich folgte ihnen.

Da, wo der Wiesenweg an der vom Fluß gekappten Straße hinter einem Birkenwäldchen begann, parkte ein Taxi. Ich stieg ein. Die Mutter zerrte an ihren Kindern. Eine Touristengruppe sammelte sich um den Musikanten, nun hörte die Mutter auf, um ihre Autorität zu kämpfen.

Der Vater stand längst am Bierkiosk auf der anderen Straßenseite, hatte einen halben Liter gegriffen und sich an einen weißlackierten Tisch unter die sorgsam geschnittenen Lindenbaumkronen gesetzt. Zufrieden schluckte er das goldene Bier und sah, schadenfroh grinsend, auf seine junge Frau, die zu ihm kam, um ihn anscheinend um Hilfe anzugehen. Sie schmiß ihre Plastetasche auf den Gartenstuhl.

Mein Taxifahrer sagte nichts. Der braune Hut dieses Musikanten schwebte aus der Menschengruppe, er marschierte wieder los, dorthin, woher er gekommen war. Die beiden Kinder liefen zu ihren Eltern und erzählten. Mein Taxifahrer blieb immer noch still. Ich sah, wie der Vater versuchte, seinen Arm um die Taille der Frau zu schieben. Sie wehrte sich nicht, sie riß nur am Rock ihres schönen Kleides.

Als der Fahrer das große Auto auf unsere Stadt zudrehte, konnte die Mutter nicht länger wütend sein. Sie trank etwas vom Bier, winkte ab und sah sich um. Mir schien, sie begriff nun erst, wo sie war.

Auf meinen Jahresurlaub hatte ich mich gefreut, die Wochen gezählt, dann die Tage und in den letzten Stunden nichts transportiert, sondern aus unserer Betriebsverkaufsstelle Kaffee geholt. Vorher aber hatte ich im Lohnbüro meinen Abschlag kassiert. Die Abrechnung würde ich nach dem Urlaub holen, dachte ich, da wäre das Geld doppelt gut. Wie zu einer Delegation von Jungkommunisten aus Westdeutschland gehörend, ging ich mitten auf der Werkstraße.

Vor unserem Versorgungsladen standen drei Büromädchen um den Wirrkopf Tschapa herum. Ich staunte. Am Anfang dieser überlangen Arbeitswoche war er mit seinem noch nicht bezahlten Motorrad auf das Werk zugejagt, und, von einer Pfütze gebremst, auf jenes Schild zwischen die weißen Stangen gesegelt, auf das die Fotos der besten Arbeiter unseres Betriebes genagelt waren. Er war, das wurde erzählt, im Krankenwagen noch ohne Besinnung. Ich hatte nur seine Maschine vor den Zementstufen zur Gewerkschaftsbibliothek liegen sehen. Gleich nach Feierabend besuchte ihn mein Schieber Heinz in der Akademie. Die Schwester kochte Tschapa starken Kaffee, und er schwor meinem gewiß lächelnden Heinz, nie, nie wieder Motorrad zu fahren. Er bot Heinz die Maschine für tausendeinhundert Mark an. Als Heinz nicht kaufen wollte, beklagte sich Tschapa über das schlechte Essen und versicherte, in drei, vier Tagen wieder im Werk zu sein.

Er stand im Werk. Mit einer Hand hielt er sorgsam seinen

Sturzhelm, mit der anderen streichelte er seine linke Hüfte. Er hatte sich in seine selbstgenähte blutrote Lederhose reingezwängt und erzählte den drei Büromädchen, die ihn sehr dicht umlagerten, wie er seinen südungarischen Kaffee genommen und aus dem Krankenhaus getaumelt sei. Vorher habe er den Arzt gefragt, aber der wollte, und dieser Mensch hat keine Ahnung, daß er vierzehn Tage zwischen alten Männern liegen sollte.

Tschapa erzählte: Von meinem Becken ist Knochen gesplittert, das reißt mit Schmerzen.

Er, der sowieso einen hellen Teint hatte, wurde noch bleicher. Wer ihn nicht kannte, konnte denken, er müßte sofort stürzen, und die drei Mädchen streckten die Arme. Aber Tschapa stand und lächelte: Ich bin nicht krank, das könnt Ihr glauben. Ich bin ganz da!

Die drei Büromädchen seufzten und befühlten die Stelle, wo der Knochen gesplittert sei. Ich sagte Tschapa, er müsse in die Brigade kommen, Eleonore würde meinen Urlaubskaffee austeilen.

Das Kaffeewasser kochte. Eleonore begann den Urlaubskaffee zu filtern. Bobbi sah schräg über alle Arbeitsplätze zu uns. Er schrie: Jetzt wühlen wir für diesen faulen Hund Transportpaule auch noch mit. Stehen und erzählen, ja, das ist das einzige, was die Herren Transporter gut bringen. Ehrlich arbeiten, das stinkt!

Doch wer in zwei Stunden Urlaub hat, den stört das nicht. Unser Kaffeetisch sah trotz der Wicken in seiner Mitte mager aus. Ich ging wieder über die Werkstraße in unsere Verkaufsbaracke, vorbei an Tschapa und den balzenden Schönen, kaufte ein ziegelsteingroßes Vanilleeis, und als ich rauskam, sagte Tschapa, daß er keine Zeit habe. Ich meldete ihm, er solle sofort zu Gernod, unserm Obermeister, gehen und seinen Entlassungsschein von der Akademie hintragen. Da ließ er die Damen stehen, wo sie ihren Kreis in den Fabrikstaub getreten hatten. Er war schneller beim Meister als ich mit meinem Eisziegel bei Eleonore. Im Glaspalast des Meisters, der ist extra so gebaut, daß wir gesehen werden, griff sich der Chef unsern Tschapa sofort. Er hatte ihn nicht gerufen, denn ich hatte gelogen.

Eleonore schnitt das Eispaket in so viele Teile, wie wir Tischler waren, und da wir viele waren, wurden die Portionen klein. Das sah schäbig aus. Nun, ehe ich ausgesprochen, was ich eben gedacht hatte, hatte Eleonore ihren nackten Arm um mein Genick gelegt und gesagt, ihr Gesicht dem tobenden Bobbi zugewandt, sie habe um ein zweites Eispaket geschickt, das Bobbi bezahle.

Aber ich ging noch mal zur Verkaufsstelle, in Kurven, denn bei schönem Wetter wähle ich im Werk den längsten Weg zum Ziel. Aus dem warenüberladenen Regal faßte ich eine Industrieflasche Himbeerextrakt, ging los, vergaß zu bezahlen, lief im Trab, aus Furcht vor dem tauenden Eis, noch mal zurück und legte den schadenfroh lächelnden Verkäuferinnen zwei Mark und fünf Pfennig an die Kasse. Tschapa humpelte aus dem Meisterkabuff. Je weiter er von der Bude fortkam, um so schlimmer wurde sein Gang. Ich war mir nicht sicher, daß er keine Schmerzen hatte, und stützte ihn bis zur Eckbank mit der besten Aussicht: Wicken, Werkstraße und unter ihrer Sonne die Damen und Herren unseres Betriebes. Als die Kollegen begriffen, wer da auf der Eckbank im Urlaubskaffee rührte, ließen sie, wo sie standen, die Arbeit fallen und kamen aus ihren Ecken auf Tschapa zu. Ich war mir nicht sicher, ob sie sich freuten, weil er wieder arbeiten mußte oder weil er mal richtig auf die Schnauze gefallen war. Vielleicht aber freuten wir uns, daß dieser Wirrkopf wieder in unserer Ecke saß, man hatte ihn beinah vergessen. Bobbi lachte, als er diesen Tisch sah. Groß gab er mir seine Hand: Entschuldigung, Paule, ich war blöde! Mäcke saß schnell vor seinem Eis, quirlte und schnupperte und sagte zu Tschapa: Ich denke, du Toffel bist längst tot. Wir haben für deinen Kranz gesammelt. Jeder gab zwei Mark! Unser ungarischer Klassengenosse erwiderte kurz: Du Arsch, trinke Kaffee und schweig! Er fügte einen Fluch in seiner Sprache hinzu, den ich vergaß. Mein Schieber Heinz verteilte den dicken Himbeersaft über das Eis in den Plastebechern, dieses Rezept hatten Eleonore und Bobbi erfunden.

Heinz fragte: Und die Punzis in der Akademie? Da lächelte nun auch unser Wirrkopf: Nur einmal hat es geklappt! Eleonore flüsterte leise: Jetzt reicht es mir vollständig, laßt mir den Jungen in Ruhe! Nach einer Weile wollte sie wissen, wie Tschapa das denn angestellt habe, in der Akademie. Er meinte, das sei beim Verbinden passiert, und es habe ihm weh getan. Eleonore wurde rot bis zu den Ohren. Heinz milderte die Stille, als er sagte, wenn Tschapa das bringe, sei alles im Lot mit ihm, schlimm sei nur, daß unsere Mädchen den Verstand verlieren würden, wenn sie einen Ungarn sähen. Eleonore sagte mit hoher Stimme: Nicht alle! Sie drückte sich an Bobbi, und Bobbi war der glücklichste Mann an unserem Tisch.

Unsere schweren Körper drückten die blanke Eckbank. Solange wir hier wirkten, würde ihr Glanz nicht abstumpfen.

Jeder hatte seine Gedanken, schien mir. Mit Plastelöffelchen hoben wir das im Himbeersaft tauende Eis auf und legten es in unsere Münder. Und wenn wir den Löffel durch die drückende Hitze der Werkhalle zum Eisberg steuerten, blieb eine frische Süße.

Tschapa, der in seinen ungezeichneten Händen den Kaffeetopf hochhielt, er hatte noch sein ganzes Vanilleeis vor sich, berichtete von seinem Unfall bis zu dem Punkt, wo er nichts mehr von sich wußte, und beschrieb dann ausführlich das schreckliche Leben zwischen den jammernden alten Männern.

Ich atmete den starken Duft der Wicken aus dem Holzgeruch heraus. Sie waren blaßrosa, weiß und bläulich. Mir schien, die schönsten Blüten waren von mir abgewandt, und drehte die Milchflasche, die als Vase diente, um ihre Achse. Mein Schieber Heinz zirkelte den Strauß zurück. Er grinste von unten und meinte, er habe das gleiche Recht. Obwohl ich nicht einsah, daß er längere Zeit auf mehr Blüten sehen durfte als ich, mußte ich meine Hand zurückhalten. Er war Brigadier und ich Transporter. Eleonore sagte: Ich schenk dir den Strauß, Paule! Das freute Bobbi und ärgerte Heinz. Mäcke kratzte fast den Boden seines Plastebechers kaputt.

Endlich war die Schicht um. Jeder gab mir seine Hand, wünschte guten Urlaub, schönes Wetter und bedankte sich für das Eis.

Wie immer fuhr die Neun meinen Mäcke und mich zum anderen Ende unserer Stadt. Ich schlief sofort weg. Als ich aufwachte und raussah, war die halbe Fahrt vorbei. Die Neun hockte vor der Kreuzung am Hauptbahnhof und klingelte, statt zu fahren. Mäcke schlief eben ein. Er hielt seine Arbeitsaktentasche fest.

Mit Eleonores Wickenstrauß ging ich nach meiner letzten Schicht straßenbahnmüde auf mein Haus am Berg zu. Eine wunderbare Stille umgab diesen alten Bau hinter der Spielwiese vor dem Stadtwald. Ich hatte den Gedanken, warum wohl diese Kinder isoliert von unserer Stadt lebten. Ich weiß nicht, warum, aber ich war an die Siechenhäuser erinnert, die in Mecklenburg zwischen Dorf und Dorf im Busch neben der Straße kauerten.

Ich sah, wie hinter den offenen Gardinen des Kinderhauses die Schwererziehbaren über ihren Schularbeiten hockten. Stefan stand am Fenster. Seine Hände hielt er auf dem Rücken, er spielte mit seinem Schlüsselbund. Im Vorhäuschen putzte Uwe Schuhe. Das waren zweiundzwanzig Pärchen Straßenschuhe und ebenso viele Fußballtöppe. Er hatte eine Tischlerschürze umgebunden, die fast noch einmal um ihn herum reichte, und die Bänder waren mit einer doppelten Schleife auf dem Bauch verknotet. Sein kariertes Hemd war hochgekrempelt. Eine große Dose schwarze Schuhcreme hatte er leergebürstet, er öffnete eine zweite. Ich besah mir, wie er auch die braunen Schuhpärchen schwärzte. Das würde Geschrei geben, denn die Jungen trugen lieber braune Schuhe, wohl weil es nur fünf Pärchen gab. Auf seinen dünnen Armen glänzten bis über beide Ellbogen fette Schuhcremestreifen. Ich fragte nur, um etwas zu fragen, ob er seine Schularbeiten hinter sich habe. Schon vergessen, meinte er frech, und er wolle sein Amt sofort besorgen, damit er nachher in Stefans Garten dürfe.

Ich stieg unter das Dach in meine Höhle, wo mir die Schwalbe entgegenflog. Sie war reif für die Freiheit, aber ich wagte nicht, das Fenster zu öffnen. Ich glaubte nicht, daß sie sich allein nähren könne.

Als ich die Wicken mit Wasser versorgt hatte und eine Schere suchte, bemerkte ich Unordnung in meinen Schubladen. Meine Manschettenknöpfe fehlten. Ich fand sie im Hemd eines der Freunde von Uwe. Gegen eine halbvolle Schachtel Florenacreme handelte ich sie mir später zurück. Doch eine Freiheit zieht die nächste flott hinter sich her. Ich mußte noch meine Telefonrechnung bezahlen und wunderte mich, was Uwe mit München zu telefonieren hatte. Tatsächlich rief mich in der nächsten halben Stunde ein Flugzeugkonstrukteur aus dieser schönen, aber weit entfernten Stadt an, um mit meinem Sohn zu sprechen. Ich holte Uwe, in Tischlerschürze und schwarzarmig. Sie unterhielten sich über Briefmarken. Ich sagte nichts, weil nicht ich dieses Gespräch bezahlen mußte. Dahin waren also die Märchenbriefmarken geflogen, die ich Uwe komplett geschenkt hatte. Ich dachte nicht daran, meinen Uwe an jenen Münchner Konstrukteur zu verraten, denn der war, wie Uwe, im Stimmwechsel. Sie logen wie die Großen.

Am anderen Morgen sollte ich pünktlich bei Willy sein. Auch er hatte Urlaub. Wir wollten gemeinsam verreisen. Rose und Hedwig sollten mitkommen. Vor dieser Fahrt mit Rose hatte ich Angst. Ich kam ins Grübeln und wollte Willy anrufen, um ihm zu sagen, ich käme nicht mit. Vielleicht war's besser, mein Schwälbchen noch acht Tage zu füttern. Trotz dieser, wie mir schien, vernünftigen Gedanken, trieb mich die Hoffnung, sie würde allein mitfahren und Patricio zurücklassen. Je mehr ich grübelte, um so sicherer wurde dieser Gedanke und völlig unsinnig der andere, sie könne mit zwei Männern reisen. Darum nahm ich die Schwalbe von meiner Schulter zwischen beide Hände und ging durchs Vorhäusel auf die Kinderspielwiese vor dem Stadtwald. Auf dem Telefondraht, der unser Kinderhaus mit der Welt zusammenhielt, saßen andere Schwalben. Meine war stabiler als jene, schien mir, denn ich wußte nicht, daß Schwalben in der Freiheit oft Hunger leiden, meine aber hatte Fliegen, Schrecken und Mücken nach Belieben, bis zum Sattwerden bekommen. Ihre Federn glänzten metallisch. Ich klappte meine Hände auseinander. Sie taumelte niedrig über die abgetretene Wiese, stieg vor dem Stadtwald steil bis auf Baumwipfelhöhe, fiel wie ein Schatten ab und flatterte im Bogen zu mir. Ich wunderte mich, wie sie das konnte. Uwe stand neben mir, noch immer in Tischlerschürze und schwarzarmig. Ich zeigte ihm die Schwalbe. Sie flog einen Kreis über den anderen, wurde nur vom Stadtwald gestoppt, stieg vor ihm auf und fiel danach in spitzen Haken zurück. Jetzt setzte sie sich weit von den anderen Schwalben auf den Telefondraht.

Uwe schrie: Schwälbchen, mein Schwälbchen!

Wieder flog sie auf, diesmal über den Stadtwald hinaus, höher als die Berge unserer Stadt. Ihren großen Flug teilte sie in weite Haken. Sie jagte und fraß. Uwe weinte. Als sie zum zweitenmal wiederkehrte, drängte sie sich zwischen die anderen Jungschwalben. Wir konnten sie nicht mehr rausfinden. Uwe jammerte, wir hätten einen Ring um ihren Fuß klammern müssen. Ich sagte: Sie kommt durch, da kannst du sicher sein.

Uwe aber hatte an meiner Stimme gemerkt, daß ich etwas sagte, was ich nicht genau wußte. In seinem Gesicht war Haß.

Ich gab ihm meine Abschiedshand, er wollte nicht, sie blieb in der Luft. Ich sagte böse: Na, dann eben nicht!

In meiner Dachkammer sah ich meine Papiere durch, dann reinigte ich Schreibtisch, Sofa, meine wenigen Bücher und die Leselampe vom Schwalbendreck. Bevor ich meine Reisetasche nahm, legte ich meine Scheckvordrucke in meinen Reisepaß, der für alle Staaten und Westberlin gültig war. Ich hörte im stillen Haus ein Kind losschreien. Ich horchte. Der Schrei dauerte. Ich lief die Bodentreppe hinab, fiel, stieß mir das Knie, stand und horchte wieder. Der Schrei kam aus dem Schlafraum. Ich rannte hinein. Stefan, der freundliche Erzieher, hing vornüber aus einem Fenster. Ich sprang zu ihm und sah hinab. Mit beiden Händen umklammerte er das Handgelenk Uwes, er war dabei, das Übergewicht zu kriegen und nun mit Uwe hinauszufallen. Ich packte die Schulter des Jungen, dann konnte ich seinen Oberarm umfassen. Während Stefan schimpfte, überschrie ihn Uwe. Wir zerrten den Jungen über die Fensterkante in den Schlafraum zurück. Der Kerl brüllte: Laßt mich los! Ihr Faschisten! Laßt mich fallen! Ich will gar nicht mehr leben!

Wie wir den tobenden Uwe über das Fensterbrett zogen, das war schwer, denn er sträubte sich, weil er mit aller Kraft in die Tiefe unter uns auf den Beton wollte, stieß er mit den Füßen die Blumenkiste mit den Knollenbegonien fort. Sie schmetterte auf den Zement und zerbrach. Die roten und lachsfarbenen Kelchblätter lagen zwischen schwarzer Erde breit über den Zementweg hingestreut. Während Stefan weiter schimpfte, überschrie ihn Uwe: Laßt mich los, loslassen!

Er stieß mit seinen Füßen nach uns, wir ließen ihn los. Er sprang aber nicht, wie ich zunächst dachte, durchs Nebenfenster, sondern riß Bilder von den Wänden, schmiß sie auf uns und begann danach Betten zu kippen. Dabei brüllte er schon weniger, weil diese Arbeit Kraft fraß. Stefan zitterte und fragte mich, was ich mit dem Jungen angestellt hätte. Ich erzählte ihm, daß ich die Schwalbe hatte fliegen lassen müssen. Dann ist alles klar, sagte er.

Als Uwe das vierte Bett nicht hochbekam, warf er sich drauf und drückte seinen nassen, verzerrten Mund in das Kopfkissen. Stefan nahm ihn auf. Uwe hing schlaff in seinen Armen. So trug er ihn in sein Dienstzimmer, dabei murmelte er, halb singend, halb sprechend, irgendwelche Worte. Neugierig reckten die anderen Kinder ihre Hälse. Doch Stefan krachte hinter sich die Dienstzimmertür zu. Weiter nichts.

Ich holte meine Urlaubstasche, verschloß zum erstenmal meine Dachkammer und verließ eilig das Haus der Kinder. Dabei und auf der Fahrt zum Hause meiner Rose war Üwchens Wimmern in meinen Ohren.

9

Das Auto stand vor der offenen Garageneinfahrt zu Willys Haus. Auf dem hinteren Sitz zwischen Rose und Hedwig saß Patricio. Willy wartete neben dem Wagen. Rose rief: Endlich, und beide, Hedwig und sie, lachten, als wären sie seit tausend Jahren befreundet.

Ich reichte Patricio meine Tasche. Er klemmte sie zwischen seine Füße. Er war unrasiert.

Rose wollte wissen, wo mein anderes Gepäck sei. Ich antwortete nicht. Ich stieg ein und verstellte den Innenspiegel. Rose drückte sich an Patricio, wie vor Tagen noch an mich. Der Herr Ballettmeister aus Kuba konnte kaum seine Augen offen halten. Ich hätte mit meiner Faust auf beide einschlagen können. Sie bekam es fertig, mich im Spiegel anzulachen, aber ich sah, wie sie die Hand Patricios streichelte. Das war zuviel für mich. Ich kroch aus dem Auto und ging zur Seite.

Im Vorgarten wuchsen Pflanzen zwischen den Steinen, sie klemmten sich aus jeder Ritze, verzweigten sich, wuchsen zu Kissen und Ballen und schoben sich über die Garageneinfahrt. Aus meinem Schädel wollten die Worte nicht raus: Ich werde dich ewig lieben!

Willys Frau kam aus der Villa. Sie gab Rose ein polnisches Kopftuch, dann küßten sie sich mehrmals auf den Mund. Jetzt ging sie zu Willy, und wie sie die Lippen spitzte und er seinen klugen Kopf reckte, drehte ich mich um, zu diesen Steinpflanzen. Als ich mich umsah, war Hedwig aus dem Wagen gestiegen. Ich hörte Willys Frau zu ihr sagen, und sie ging mit ihr ein Stück zur Seite: Also, liebe Hedwig, für zwei Wochen. Dann küßten sie sich, nicht auf den Mund, sondern auf die Wangen, aber sie küßten sich. Solche Zärtlichkeiten sind mir peinlich. Die Menschen, scheint mir, betreiben sie wie alles andere, obwohl es wohl doch was Besonderes ist. Beide, sah ich, waren sich zugetan. Ich war verblüfft, wie kaum ein Unterschied zwischen dieser Chemiearbeiterin und jener Frau zu sehen war, höchstens in ihrem Alter. Ich fragte mich, wie Willys Frau das konnte, auch noch freundlich zu sein. Das war schon eine Leistung. Obwohl ich Willy sehr verehrte, nichts wie man so dahinsagt, auf ihn kommen ließ: der Leistung seiner Frau gegenüber war er in diesem Moment ein kleiner Wicht. Denn Willys Frau hätte doch mindestens das Recht gehabt, laut aufzuschreien. Aber sie drückte Hedwigs Hand, und herzlich. Man weiß bei den Leuten nie, woran man ist: heucheln sie, bewegen sie sich wahr, oder tun sie nur, als ob sie sich wahr bewegten, weil sie vom Kopf her wissen, was unbedingt getan werden muß? Das andere lassen sie weg. Und Hedwig war verwirrt.

Auch Willy sah auf die beiden. Dann sahen wir uns an, sahen, was für eine elend schlechte Haltung wir hatten, und schauten in die Luft.

Willys Frau kam auch zu mir. Sie drückte mich leicht und flüsterte mir zu: Toll seid ihr geworden, alle, habt keine Lebensart, keine Dankbarkeit, und du bist mit deiner Solidarität der Schlankste!

Gemächlich ging sie fort, zog ein buntes Tuch und stellte sich zum Abschiedwinken bereit. Ich hörte ziemlich erschrocken, wie mit den Wagentüren gekracht wurde.

Wir fuhren langsam aus der Stadt heraus, ich wagte nicht zu überholen, weil die Fahrzeuge, die von der Autobahn kamen, sich erst für die Landstraße einpendeln mußten. Rose fragte, was mit mir los sei. Ich erzählte, wie die Geschichte mit ihrer Schwalbe zu Ende gegangen war. Willy wollte alles wissen, auch wieviel Bonbongeld ich hingelegt hatte, und das Telefongespräch mit dem Münchner Ingenieur ließ er sich zweimal erzählen. Patricio schlief. Rose schien ärgerlich. Willy fragte: Was denkst du, Paule, ist das richtig mit Hedwig?

Ich wußte, daß ich nur zu bestätigen hatte, weiter nichts, wollte aber auch nicht aus Sturheit widersprechen, weil ich Hedwig im tiefsten Innern recht gab, wenn sie sich den Willy hernahm. Mir schien sogar, sie liebte ihn, so verschlossen sie war. Da hing ja allerhand dran, und Hedwig war nicht irgendeine schamlose Punzi. Das dachte ich.

Na, fragte Willy, du sagst doch immer, was du denkst, sprich!

Es kann dir und uns schaden, die Zeiten sind noch nicht so!

Willy sagte nur: C'est la vie!

Ich parkte Willys Wagen in Berlin-Weißensee vor einer alten

Villa. Im Garten vor diesem grauen Haus sah ich zwischen zwei Lärchen einen Mann. Er zerrte einen Wasserschlauch über die weite Rasenfläche, befestigte ihn an einem Sprenger, ging gemächlich den Schlauch entlang zu einem Wasserhahn an der Hauswand, drehte ihn auf, und der Sprenger begann Wasser zu klatschen. Jetzt erst hielt er es für richtig, uns zu sehen, die wir am Zaun warteten und wie in eine Zirkusarena auf Mann, Haus und Rasen sahen. Er öffnete seinen Mund und trat schnell, aber nicht zu schnell, daß seine Schritte Hast verrieten, zum Gartentor und öffnete es mit Schwung. Willy und dieser Mann begrüßten sich ohne ein Wort. Dann griff der Mann Rose bei der Hüfte, hob sie aus und schmatzte ihre Backen ab. Sorgsam stellte er sie hinter sich auf den Gartenweg. Hedwig sah er sich genau an, aber keine Sekunde länger, als es ihm schicklich schien. Willy sagte zu Hedwig: Das ist mein einziger Freund, Kapitän zur See außer Dienst, hier, mein Hannes, siehst du meine liebe Hedwig. Hedwig zuckte unter der kaschierten Freundlichkeit des Kapitäns. Der sagte: Ich bin Junggeselle, aber Willy ist ein Schuft. Verzeihen Sie! Er schob sie sachte hinter sich, zu Rose. Willy war zufrieden, mehr konnte er vom Bruder seiner Frau, wie ich wußte, nicht wollen. Nun sagte er schnell: Hier, das ist Paule, heute unser Fahrer, sonst Transporter und mein Skatbruder, und der hier, dieser müde Herr, ist Patricio, Ballettmeister aus Havanna. Deine Patin kann sich nicht für den einen und nicht für den anderen entscheiden. Rose zischte: Du redest zuviel, Vater! Hannes, der Kapitän, zog nun auch uns auf den Weg zum Haus, und je nachdem, wie der Wind in den Sprenger fuhr, sprühten uns Tropfen in die Gesichter. Willy schwatzte fort: Paule bockt, der andere spricht nicht. Hannes, ich bin ein alter, gramgebeugter Mann!

Hannes schob uns alle in sein Haus, als wäre er ein Planierschild. Willy erzählte unnatürlich viel. Mir schien, daß Hannes immer ärgerlicher wurde.

Dann standen wir in seinem Grünen Salon und hielten jeder eine Winzigkeit Schnaps in schönen Gläsern in den Händen. Hannes sprach: Seid alle herzlich willkommen in Berlin! Zum Wohle! Wir tranken aus, er schenkte wieder eine Winzigkeit ein. Willy sagte: Ich freue mich, dich wie immer wohlauf zu sehen. Prost! Wir tranken aus. Hannes goß den dritten Tropfen Schnaps in die Gläser und sagte: Ich freue mich, daß ihr nicht vorbeigerollt seid und mich dadurch auszeichnet, daß ihr einige Stunden meine Gäste sein wollt. Prost!

Wieder tranken wir. Hannes sammelte die Gläser auf einem Holztablett ein, stellte alles hinter sich in die Luft, und ein Glas zerbrach.

Das war deins, Hannes!

Hannes besah sich seinen Willy und erwiderte: Wie du dich irrst. Es war dein Glas, mein Lieber!

Patricio und mich steckte er in sein Traditionszimmer. Hedwig und Rose führte er in die obere Etage des Hauses, blieb ein Weilchen, und mir schien, als er herabstieg, war sein Gesicht etwas heller als vorhin im Kreis. Er stand auf dem Flur und rief für alle: Das Bad, meine verehrten Damen und Herren, wird sauber verlassen. Meine Hilfe, die Genossin Harms, ist krank. In einer Stunde essen wir im Salon. Ich habe dann alles bereit. Herr Patricio und Hedwig helfen! Dann riß er die schwere zweiflüglige Eichentür zu dem Raum auf, den er als Salon bezeichnete und wo ich Willy in einem Sessel kauern sah, zog sie hinter sich zu, drehte sogar den Schlüssel um, und ich hörte im stillen Haus, wie sich zwei Männer anbrüllten. Mal unterdrückt, mal so jäh, wie ich das nie gehört hatte. Das tobte eine Weile hin, bis das Telefon auf dem Flur schnarrte. Ich ging zur Eichentür, schlug mit der Faust dagegen und rief: Das Telefon! Hannes kam rausgeschossen, hob den Hörer ab und sagte: Sind alle hier, Schwester, wir unterhalten uns. Er legte den Hörer zurück, sah mich an und ging wieder zu Willy rein. Diesmal verschloß er die Tür nicht. Wir hörten auch nichts.

Ich wagte es endlich, mich waschen zu gehen. Als ich mich geduscht und auch rasiert hatte, war Patricio dran. Er flüsterte: Das ist ein schrecklich seltsames Haus. Es ist nicht zu fassen! Er kam zurück und bat um mein Rasierzeug. Ich grübelte, wo mein Haß auf ihn geblieben war. Über uns, auf dem Treppenaufgang, hörte ich es kichern. Mal stand Rose, mal Hedwig im Bademantel auf dem Treppenabsatz, um sich zu erkundigen, wie lange wir das Bad noch vollspritzen wollten. Jetzt war aus dem Salon Klaviermusik zu hören. Da ich wußte, daß Willy nicht damit umgehen konnte, mußte es dieser Kapitän sein. Ich entdeckte, daß ich kein Hemd eingepackt hatte. Patricio gab mir ein sehr schönes von sich, auch Manschettenknöpfe dazu. Er sagte: Wenn ich zu

Hause eine Wohnung kriege, nehme ich Rose mit! Ich meinte, daß er völligen Unsinn rede, weder ihn noch mich würde sie nehmen, sondern irgendeinen Burschen, den sie sich noch hinkneten könnte.

Patricio beschwerte sich, wie es möglich wäre, daß ich auf alles eine Antwort wüßte, und er fragte mich, ob ich eine Ahnung hätte, wie man in Kuba tanze. Er hob sich vom Sofa, schlug mit den Händen einen Rhythmus, sang dazu und tanzte. Er tanzte zwischen den Wänden dieses Raumes, die mit Bücherregalen zugestellt waren: von Bismarck, ich zog ein Bändchen Liebesbriefe an seine Verlobte, als er erst Leutnant war, bis Pieck, Aufsätze zur demokratischen Erneuerung Deutschlands. Stalin, sah ich, hatte zwei Meter. Gorki war unübersehbar; dann Bücher über die Hanse, Bücher zur Taktik und Strategie des revolutionären Kampfes der Arbeiterklasse und der Bauern, Bildbände von Breughel und Barlach, es war alles da: wo Patricio auch tanzte, Bücher über Bücher, so fünftausend!

Von der hölzernen Zimmerdecke hingen Segelschiffe herab, so niedrig, daß ich sie mir gut besehen konnte, ohne mich auf die Zehen stellen zu müssen. Als Patricio quer durch dieses Zimmer tanzte, kam er mir vor wie ein Riese, der sich in eine ziellos schwimmende Flotte verirrt hat. Einmaster und Vollschiffe bewegten sich im Luftzug. Nirgendwo fehlte ein Segel. Die gesamte Segeleinrichtung jedes Schiffes war sauber nachgebaut. Und wie ich in das Takelwerk eines Vollschiffes pustete, fand ich, daß kaum ein Stäubchen fortzupusten war. Die schönen Schiffe waren alle von einer Hand nachgebaut, eine richtige große Lebensarbeit, wert, für immer aufgehoben zu werden. Patricio brach seinen Tanz ab, von Neugierde geplagt, was das wohl für Schiffe waren, mit denen Matrosen und Sträflinge ohne Dieselmotoren über den Ozean gefahren waren. Er pfiff. Patricio fand an der Zimmertür eine eingerahmte Tabelle unter Glas. Während ich, vor einem Einmaster stehend, den Namen Dorothea auf einem Messingschildchen las, entzifferte er auf dem Code die Bezeichnung Schaluppe. Unter diesen Code war ein Takelriß, unter den Takelriß ein Segelriß geheftet. Bis zum Essen hatten wir unsere Beschäftigung und Patricio einen Grund, nicht in der Küche helfen zu müssen. Patricio rief: Hilde! Ich suchte alle zwölf Typen durch und fand sie: Hilde war ein Anderthalbmaster, eine Galiott mit zwei Klüvern, an jedem Mast ein Großsegel und darüber je ein Toppsegel. Komplizierter wurde es mit der Mathilde, einer Brigg mit zwei Masten. Ihr Fockmast allein trug fünf Segel und vier Klüver, ihr Großmast nicht nur fünf Segelflächen übereinander, sondern noch, wie wir mit eigenen Augen sahen, vier Royalsegel, die am Fockmast festgemacht waren. Am Heck dieses guten Schiffes, damit ja kein Hauch ungenutzt über Mathilde wegzog, noch der Besan. Patricio bat mich, die Clothilde zu suchen. Ich stand vor ihr, einem gewaltigen Vollschiff, alle Segel gebläht, als wehe hier im Traditionszimmer wirklicher Seewind, aber hier war kein Lufthauch, nur Stille, weiter nichts. In meinem Tischlerkopf dachte ich, wieviel Seeleute, Hurensöhne und Galgenvögel über die Reling der Clothilde ihre Seele in das Meer hatten kotzen müssen, um ihr Takelwerk ein paar Monate lang auch nur einigermaßen in Ordnung zu halten, denn davon hing ihr Leben ab. Ich stieß die Clothilde am Heck an. Sie schwang ein wenig, pendelte aus und döste dann wieder vor sich hin. Die Arbeit selbst, so ein Schiff nachzubilden, bewunderte ich sehr. Ich merkte nicht, wie Patricio das Traditionszimmer verlassen hatte und Rose hereingekommen war.

Wir essen, Paule!

Ich drehte mich von der Clothilde fort und fragte Rose, ohne etwas zu fragen. Sie sagte: Du hast einen Fehler, du grübelst zuviel. Wen von euch beiden sollte ich denn zu Hause lassen, ohne den anderen zu kränken?

So redete sie, meine Rose, aber vielleicht hatte sie nur Angst, einem von uns beiden adieu zu sagen. Da weinte sie auch schon und hielt ihr Gesicht so lange hoch, bis ich alles sah und froh war, so eine wunderbare Frau vor mir zu haben. Sie ging mit mir in den Grünen Salon. Mir war, als schiene die Sonne herein, Willy und Patricio kosteten vergnügt von der Suppe, Hedwig tuschelte Hannes den neuesten politischen Witz zu, und er sah vergnügt an die Zimmerdecke. Selten habe ich einen Menschen so lachen hören. Hannes, der Kapitän zur See außer Dienst, sagte: Was es doch für schlechte Menschen gibt, die solche Witze erfinden. Nein, diese schlechten Menschen! Dann sah er wieder an die Zimmerdecke, stellte sich wohl alles neu vor und lachte wieder. Dabei schmiß er die Suppe vom Tisch, und seine Patin, meine Rose, mußte ihm die Hose und seinen Teppich reinigen. Dann sagte er: Den nächsten! Mir aber schien, doch ich kann mich irren, daß Willy leise den Kopf schüttelte, unmerklich, worauf dann Hedwig sagte: Ich erzähle täglich nur einen Witz. Das ist mein Prinzip.

Solange wir aßen, war's still, und als wir gegessen hatten, sagte Patricio: Ich fahre nachher in die Stadt, ich muß zwei Bücher holen! Hedwig und Rose räumten den Tisch ab, und der Kapitän sagte: Feuer frei! Wir rauchten. Hannes besah sich den munteren Willy wie eine satte Katze eine surrende Fliege: Als ich vierunddreißig in der Schweiz ein halbes Jahr sitzen mußte, bevor Hilde mich nach Paris holte, hab ich den Faust auswendig gelernt:

Du darfst auch da nur frei erscheinen,
Ich habe deinesgleichen nie gehaßt.
Von allen Geistern, die verneinen,
Sei mir der Schalk am wenigsten verhaßt!

Willy sagte: Ist, Hannes! Hannes meinte, er habe halt eine andere Übersetzung gehabt. Ich fragte blöde: Wieso? Der Faust ist doch ein deutsches Stück!

Das ist dein Irrtum, Paule, ich habe ihn nicht in Deutsch gelesen, sondern französisch!

Willy grinste. Nun erzählte Willy gemächlich, wie er Hilde, als sie und andere Genossen in Mexiko zu einem hohen Berg reiten wollten, vor einer Herde junger Stiere gerettet habe. Die Tiere waren ausgebrochen und wollten Hildes hellrotes Kleid stürmen. Sie konnten sich nur fliehend retten, und das auch nur, weil er, Willy, die glänzende Idee gehabt hatte, daß Hilde während dieser seltsamen Flucht das Kleid abwerfen mußte.

Hannes erwiderte, daß ihm jenes Ereignis von Augenzeugen anders erzählt worden sei. Denn wie auch Hilde ihm berichtet habe, sei Willy nie mitgeritten, weil er weder reiten noch Pferdegeruch vertragen könne!

Kannst du dich erinnern, Hannes, fragte Willy, wie du katholische Bilderchen maltest, um das Geld für deinen Tabak zusammenzukratzen?

Hannes meinte, daß Willy sich da wohl wieder irren müßte, denn er hätte schon zu dieser Zeit auf den Rat eines Freundes hin, der sich dann später als nicht sauber erwiesen habe, aber ein Arzt war, wie es keinen zweiten gab, das Rauchen aufgegeben!

Hannes fragte: Wie geht's denn deinem Dichter?

Willy sagte, er solle ihn in Ruhe lassen, das sei seine Hochzeit! Hannes aber meinte, er solle ihm genug zum Leben geben, etwas mehr als zum Leben. Willy sagte: Was du nicht alles weißt!

Patricio stand auf, bedankte sich für das Gespräch und sagte, er würde noch vor Mitternacht zurück sein. Hannes brachte Patricio zur Tür. Als er wieder zu unserm Tisch trat, er saß kaum, legten beide wieder los. Einer immer besser als der andere. Mir war, als hätte ich sie nie brüllen gehört. Hedwig sah mal auf den Kapitän, dann auf ihren Willy. Sie hatte erschrockene Augen, mir schien, daß sie ihren Ohren nicht traute, was sie an diesem Plaudertisch hörte. Mir aber kam der Gedanke, hier auszubrechen. Als ich eine vage Andeutung wagte, war Hannes ärgerlich. Er fragte mich, wie das Leben im Werk sei, bot mir einen Kognak an, danach eine gut aussehende Zigarre. Ich sagte: Das Leben geht voran. Im Werk essen wir Vanilleeis mit Himbeersaft, und auch die Frauen können nicht klagen. Sie arbeiten wie die Männer.

Willy grinste wieder, aber beide waren froh, als Rose und ich um den Hausschlüssel baten. Hedwig ließen wir zwischen Kapitän zur See und Berufsrevolutionär zurück. Verlegen spielte sie mit den Ärmelaufschlägen ihrer Bluse.

Rose und ich gingen durch den Vorgarten. Durch das halbrunde Balkonfenster sahen wir im Stubenlicht den Kapitän. Er trat an das Verandafenster und ließ die Jalousien herab. Wir aber stiegen in eine Straßenbahn und verließen sie in der Schönhauser Allee, dort, wo die Bornholmer Straße beginnt.

Ich erinnerte mich, wie ich diese Bornholmer Straße vor Jahren für immer verlassen hatte. Einer Frau wegen, versteht sich. Ich hatte in meiner Berliner Holzbude, das war ein kleiner Betrieb, nur hundertdreißig Tischler, für alle Mitglieder unserer kleinen FDJ–Gruppe ein Fest gegeben. Als dieses Fest leider zu Ende war, setzte ich mich in den Zug und fuhr vom Ostbahnhof in meine Stadt am Fluß. Doch als ich dort ankam und diese Frau mich nicht abholte, dafür aber ihre Mutter geschickt hatte, war mir klar, daß ich hier nicht alt werden konnte. Zwischen Wollen und Können ist schon ein Unterschied. Zum Wollen gehört der Zufall und natürlich auch die Leistung. Natürlich mochte ich diese Stadt sehr, mehr als Berlin, aber sie schien mir zu sehr in sich abgeschlossen, um noch zu werden. Ich rechnete mir keine Chance aus. Mit Berlin war das anders, aber ich wollte trotzdem nicht länger bleiben. Berlin war mir zu groß und viel zu unorganisch. Dieser Steinhaufen drückte nicht nur, das gab es woanders auch; ich hatte aber Wochenenden erlebt, wo man zwischen diesen vielen Menschen hätte sterben können, ohne das einem sagen zu müssen.

In Berlin lernte ich auf der Abendoberschule für Berufstätige, wo ich, ein Tischler, neben einer Sekretärin aus der Staatlichen Plankommission saß. Ich trug ihr im Winter zwischen meinen Büchern manchmal ein Stück Holz zu und hoffte, daß, wenn mein Holz in ihrem Ofen verbrannte und Hitze gab, sie an mich denken würde. Das habe ich nur gehofft, mehr nicht.

Nun stand ich mit Rose vor dem Haus meiner Untermieterjahre. Sparkasse und Friseur waren noch da. Rose zog mich auf die Bornholmer Brücke zu. Nichts, schien mir, hatte sich verändert. Auch die kleine Hecke vor der Post war kaum gewachsen, an die ich den dicken schwarzen Hund meiner Wirtin, er hieß Medi, sein Geschäft kratzen ließ. Hier wurde der Mann meiner Wirtin, als er wie üblich in der Frühe zur Arbeit wollte, von der Straßenbahn überrollt. Er war in Pankow geboren, erzählte meine Wirtin, und hieß der schöne Fritz von Pankow. Ihr einziger Sohn, ein in jungen Jahren schon bekannter Kanufahrer, war westlich von Afrika mit seinen Kameraden an Bord eines Unterseebootes in den Atlantischen Ozean gebombt worden. Ich schlief in seinem Bett und schleppte seitdem Heinrich von Kleists Sämtliche Werke in vier Bänden mit mir rum. Das war ein Geschenk meiner Wirtin. Einst hatte ihr Sohn Joachim darin gelesen. Auf dem zweiten Blatt dieses Buches stand geschrieben:

Meinem Mündel Joachim zur freundlichen
Erinnerung an seinen Vormund. 3. 3. 1934
(Unterschrift unleserlich)

Und auf der Seite dreiundachtzig des zweiten Bandes hatte ich gelesen:

Und dann – nach Rom selbst mutig aufzubrechen!
Wir oder unsre Enkel, meine Brüder!
Denn eh doch, seh ich ein, erschwingt der Kreis der Welt
Vor dieser Mordbrut keine Ruhe,
Als bis das Raubnest ganz zerstört

Und nichts als schwarze Fahne
Von seinem öden Trümmerhaufen weht!

Kleist war schon gut. Ahnung hatte er.

Die rechte Front der Bornholmer war vor Jahren abgeputzt worden, an der linken hingen jetzt die Maurergerüste. Als ich die Häuser sah, wo die Gerüste schon gefallen waren, dachte ich mir im Weitergehen, was ein paar Tonnen Putz und einige Eimer Farbe hergeben können. Aber die Kollegen renovierten in die Hinterhöfe rein, brachen sich durch. Ich erzählte Rose, wie nur der Arme, der nicht wirtschaften kann, vorläufig kauft und baut und glaubt, er habe es billig. Ich sagte: Wir sind dabei, die Sache in den Griff zu kriegen. Arbeit und Brot für Jahre. Ich redete auf Rose ein, weil einem ja schwummrig wird, geht man in so einer Straße. Es ist ein Irrtum: der an das vorläufige Denkende kommt aus den primitivsten Arbeiten nie raus und steht in Sorgen bis zum Halse. Hier ein Flick und da ein Flick!

Im Straßenlampenlicht sah ich die mit neuem Putz bespritzten alten Haustüren. Sie waren nicht ausgewechselt worden, vielleicht hoffte man, mit Farbe auszukommen. Meine gute Stimmung war fort, ich fühlte mich zu Hause.

Rose langweilte sich schrecklich. Mir schien für einen Moment, als habe sich zwischen uns nun ernstlich etwas verändert. Ich war traurig. Rose zog mich zum Grenzübergang. Hier war die Straße für uns zu Ende. Ich dachte, Rose wollte nun zurück, aber sie stand und sah darauf, was die Menschen, die über die Eisenbrücke zu uns kamen, für Klamotten auf ihrem Leib hatten. Sie horchte, wie diese Menschen sprachen. Rose hatte Glück. Ein Mann, dessen schwere Hände den meinen glichen, fragte mich, und er sah Rose dabei an, nach irgendeiner Straße. Ich erklärte ihm die Richtung, derweil er sich eine lange Zigarette aus einem bernsteinbesetzten Etui anbrannte. Er bot mir keine an. Ich fragte: Wo arbeitest du, Kollege? Er antwortete: Bei Siemens!

Was zahlt er dir?

Er sagte wörtlich: Mark die Stunde!

Dann bedankte er sich und trabte, vorbei an den Gerüsten, in Richtung Schönhauser Allee. Ich war an die Zeit erinnert, als hier noch keine grüne Polizei stand. Damals lungerte immer ein Mann auf der Brücke vor den S-Bahntreppen herum. Er rief: Drei Meter wasch- und kochfestes Gummiband! Einemarkzwanzig

West oder Dreimarksechzig Ost! Das war damals, als ich diesen Händler zum erstenmal rufen hörte, ein guter Kurs. Ich fuhr diese Strecke nur am Sonnabend, da hatte ich keine Abendschule, und vielleicht sah ich deshalb nie, daß hier je Gummiband mit Westmark gekauft wurde. Vielleicht kassierte er am Montag Westmark, oder am Mittwoch. Ein Jahr später, da war ich, neben meiner Abendschule, auch in der Kampfgruppe Friedrichshain, kostete ein Meter Gummiband Vierachtzig. Ein Jahr weiter, unsere tschechischen Karabiner waren durch sowjetische Maschinenpistolen ersetzt worden, wir schossen recht ordentlich damit, kostete ein Meter mehr als sechs Mark.

Doch das Beste war die blinde Alte, die im Tunnel Gesundbrunnen an ihrer Zither zerrte. Sie saß auf dem grauen Beton, auf dem die eiligen Berliner ihre Hacken schiefliefen. Ihr schwarzes Umschlagtuch mit vollem Troddelbesatz lag immer neben ihr. Sehr oft kam ich nicht an ihr vorbei. Nur wenn wir Kampfgruppenübung hatten, war diese Strecke günstig für mich. Ich gab ihr jedesmal fünfzig Pfennige. Sie dauerte mich, weil sie auf dem kalten Tunnelboden kauerte. Ich gab ihr auch dann noch den Fünfziger, als ich sie einmal in meiner Kneipe in der Bornholmer Straße ihr Geld häufen sah: einen Westhaufen und einen Osthaufen. Sie war nicht blind, sondern vergnügt wie ein Junger Pionier, der froh sein blaues Halstuch trägt, weil er schon nicht mehr zu den ganz Kleinen gehört.

Auf dem Untergrundbahnhof passierte mir einmal ein politisches Mißgeschick. Ich setzte mich in meiner Kämpferuniform neben eine Frau mit Hut. An meiner Hose waren Blutspritzer, weil mein Freund Kujus beim Sprung über einen Wassergraben mit seiner linken Hand in eine Scherbe gegriffen hatte und ich ihn, unbequem auf der Böschung liegend, schnell verbinden und zurückschleppen mußte. Der kleine Hatschi schoß einen Gurt nach dem anderen über uns leer, weil der Offizier sagte: Gib den Kämpfern Feuerschutz! Mit dieser Hose saß ich neben der sauberen Berlinerin und öffnete mein Neues Deutschland und begann, wie üblich, im außenpolitischen Teil zu lesen. In diesem Moment stand die Frau auf. Alle wußten, warum sie aufstand. Ein Zeitungsverkäufer kam durch den engen Wagen zu mir und wollte mir den Vorwärts verkaufen. Ich mußte den Wagen wechseln und vermied es seitdem, über Westberlin zu fahren.

Letzter Bahnhof im Demokratischen Sektor! Ich konnte noch so müde sein, das hörte ich.

Einmal weihten wir in der Samariterstraße ein Gedenktafel für einen Antifaschisten ein, den die Kettenhunde in der Nähe gehenkt hatten. Eine halbe Stunde vor Schulbeginn stand ich mit meiner Büchse immer noch angetreten. Ich zitterte davor, was Doktor Boru sagen würde, käme ich zu spät in seinen Unterricht. Ich flüsterte meinem Kommandeur zu, daß ich sofort wegtreten müsse. Er nahm eine Maschinenpistole an sich, mein Hintermann rückte in die Lücke, dann dessen Hintermann und so fort.

Da saß ich nun neben den anderen berufstätigen Schülern. Doktor Boru trat in die Klasse, sah mich und blieb vor mir stehen: Ich unterrichte vor keinem Militaristen. Niemals! Ich hasse den Krieg!

Ich reagierte nicht, hatte aber Angst, ich könnte die Stunde schmeißen, wenn er meine Uniform zum Anlaß nähme, über Philosophie zu schwatzen, obwohl er uns einen Tag vorher eine Mathematikarbeit angekündigt hatte. Er begann: Wissen Sie, was das ist, Ihre Dialektik?

Ich lief vor das Haus und bekam tatsächlich sofort ein Taxi, fuhr in meine Bornholmer, zog mir andere Klamotten über und saß nach wenig mehr als dreißig Minuten wieder vor ihm. Die Mathematik war gerettet. Auf dem Flur, nach meiner Stunde, nahm er mich beim Arm, er hatte viel von dem Vater, der mir fehlte, und sagte: Wenn ich Ihnen nach hundert Jahren begegne, und Sie können mir dann noch einen Bruch als ganze Zahl definieren, verneige ich mich vor Ihnen!

Man sah auf uns, und er wußte das. Da war er nur noch Grieche, ein gütiger Sokrates, der, auf und ab wandelnd, seinem Schüler die Verwandtschaft von Musik und Mathematik erläutert. Mein Kopf zitterte, ich war mit den Nerven fertig.

Als Clara Schicke, unsere Mutter und Direktorin und bereits vor Hitler in der richtigen Partei, aus ihrer Direktion zu uns auf den Flur sah, ihre Tür stand immer offen, lachte sie.

Doktor Boru sagte laut: Sie werden mich in meinem Haus im Tiergarten besuchen. Sie dürfen jemanden, er spitzte seine vollen Lippen, mitbringen!

Er ließ mich stehen, ging in die Direktion, sein Gehalt zu fassen: zwei Drittel Westmark, ein Drittel Ostmark, viele große

Scheine. Er war sein Geld wert.

Ich ging zu meiner Banknachbarin, der Sekretärin in der Staatlichen Plankommission, und holte mir das übliche Vitaminpräparat, schluckte es unter ihrer Aufsicht und erzählte von der Einladung. Sie sagte: Ich komme mit. Hast du ein Glück! Dann fragte sie mich mein Pensum Vokabeln für die Lateinstunde ab. Die saßen fest drin. Dann sagte sie: Cum bellum imminebat, templum Jani patebat!

Ich antwortete artig: Jedesmal, wenn Krieg droht, steht dein Janustempel offen!

Sie korrigierte sofort: Drohte! Das ist Vergangenheit, Paule, nicht Gegenwart! Auch nicht: steht dein Janustempel offen, sondern: stand der Janustempel offen! Das war die dreizehnte Lektion, wir waren in Latein blutige Anfänger, und sie wollte nicht begreifen, warum ich schluderte, sie stellte sich stur.

Doktor Sack betrat den Raum: Heute wollen wir mal nicht arbeiten. Ich erzähle Ihnen eine kleine Geschichte. Sie betrifft Cäsars Frau.

Ein paar Tage später trat ich dann doch allein auf den samtblauen Läufer in Doktor Borus Villa. Meine Nachbarin war in der Nacht vor meinem Auftritt bei ihm in ihr Ministerium geholt worden. Ihre Arbeit würde sich hinziehen, sie käme vielleicht nach, hatte sie mir am Telefon gesagt.

Doktor Boru erwartete mich am Ende dieses Läufers, wunderte sich, warum ich mich mit keinem Mantel vor dieser Berliner Kälte schützte, beschrieb mir den Verlauf einer Kopfgrippe bis zum Exitus und öffnete die Tür zu einem gewaltigen Raum. In ihm sah ich einen weißen und einen schwarzen Flügel stehen. Er sagte: Ich habe die Musik mein Leben lang geliebt, so sehr, daß ich schon ziemlich früh wußte: ich darf mich nie von ihr nähren. Von da an betrachtete ich mich als einen Menschen, der zu begreifen beginnt, was das heißt, erzogen zu sein: nämlich, neben sich selbst stehend, das eigene Ich zu kontrollieren! Deshalb studierte ich in Bonn und Heidelberg zunächst fünf Jahre Philosophie.

Und die Politik?

Ich habe mich keiner der Farben, die ich stets als barbarisch empfand, verschreiben können.

Und Karl Marx, er war doch wohlerzogen?

Sie irren sehr, das sagt man heute, er war es durchaus nicht. Trotzdem las ich ihn. Die rechte Philosophie versteht man sicher nur durch das Leben selbst. Doch wer hat schon die Übersicht? Wenige nur verstehen viel. Ich habe mich vergnügt. Lassen Sie sich von mir um Gottes willen die Lust nicht stehlen, viel zu fassen. Mal sehen, wie weit Ihr Motor reicht!

Mein Doktor hatte nichts von Resignation an sich, jedes Wort schien ein fester Punkt zu sein: Dank Frau Clara Schicke darf ich in Ostberlin Mathematik lehren, was im Gesamtgeschehen dieser Stadt vielleicht das unschuldigste Tun ist. Wesentlich sind Sie mir geworden, jeder von Ihnen. Achtundvierzig Stunden sklavisch unter der Fabrikmaschine, ich kenne das, oder sechzig Stunden im Ministerium und jeden Tag diese Stunden auf der Schulbank, davor habe ich Respekt! Völlig unsicher ist, ob Sie später mit diesem Fleiß je Ihre Brieftasche füllen werden!

Ich wollte wissen, wodurch er zum besten Mathematikpauker Berlins geworden war. Er freute sich über mein ungeschicktes Kompliment: Meine Mutter schrieb einen Satz in ihr Tagebuch: Wird's ein Junge, soll er an den Männern zweifeln, die haben den männermordenden Krieg erfunden, wird's ein Mädchen, soll sie zweifeln, ob es gut ist, Kinder zu bekommen. Ich habe zwei Dinge beherzigt, die sich aus diesen bitteren Sätzen ergeben: Zweifel an allem, was fest erscheint. Daraus folgt: da die Mathematik sich als etwas Festes ausgibt und doch auf Angenommenem steht, zweifle ich, während ich zu Ihnen spreche. Seltsam ist, wie ihr Ostberliner, die ihr nie zu zweifeln scheint, sofort und genau diese feinen Töne heraushört. Das zweite: ich zeugte nie Kinder und werde nie welche zeugen.

Ich wurde rot. Er klappte den Deckel des weißen Flügels hoch, der schwarze stand unbeachtet im weiten Raum.

Ich habe beschlossen, für Menschen wie Sie ein Mathematiklehrbuch zu schreiben, damit, wenn ich einmal über kurz oder lang nicht mehr bei Ihnen sein darf, meine bescheidenen Erkenntnisse nicht vergessen werden! Doktor Boru schämte sich, ich sah es daran, wie er die Hosenröhren hochzog und an den Sockenhaltern fummelte.

Ihre Freundin arbeitet in einem Ministerium. Ihr Chef muß einen klugen Kopf haben. Versprechen Sie mir, ein Wort bei dem Herrn Minister für mein Manuskript einzulegen? Hier sind fünfzig Mark. Die sind für eine Flasche Sekt für Sie beide, wenn Sie Erfolg hatten! Die Mißgunst ist groß, jeder glaubt, das einzige Buch geschrieben zu haben. Ich nicht, das müssen Sie mir glauben.

Ich nahm den Schein, ich sah, wie seine Hand zitterte. Ich dachte: ein Westberliner Doktor schiebt dem Chef der Staatlichen Plankommission ein faustdickes Manuskript auf den kahlen Schreibtisch, und die didaktischen Erkenntnisse irgendeines Doktor Boru sind vielleicht mit dem Programm der zuständigen Abteilung im Ministerium für Volksbildung gar nicht zu vereinen. Aber, dachte ich, Verstand geht seltsame Wege!

Ich nahm einen zugeklebten Schriefumschlag aus seiner nun wieder ruhigen Hand.

Er fuhr fort: Da ich, als Folge dieses Krieges, keinen Menschen habe und ich fühle, daß ich mein Testament machen muß, hier ist die Adresse des Züricher Notars, durch den Sie mein schmales Buch ausgehändigt bekommen. Ich bin kein blöder Demokrat, der euch nicht von Herzen zugetan sein kann, nur weil ihr so schrecklich viele Dummheiten anstellt.

Ich öffnete mein Oberhemd und schob diesen Brief über die Haut bis zum Hosenbund.

Doktor Boru erklärte: Auf jenem schwarzen übe ich an Wochentagen, da heute ein Sonntag ist, nur deswegen, setze ich mich an den weißen. Wenn Sie einmal erzählen werden, wie ich für Sie auf dem weißen Flügel gespielt, vergessen Sie nie zu sagen, daß das an einem Sonntag geschah. Daraus folgt: Herr Schüler, es geschieht Besonderes und doch auch wieder nicht!

Ich wußte um das Besondere, von Doktor Boru eingeladen zu werden, auch daß man, wenn er sein Konzert auf dem schwarzen Flügel runtertobte, sich nicht hinsetzen durfte. In Panik stand ich nun vor dem weißen Flügel. Und wie er sachte eine einfache Melodie zu spielen begann, daß ich sofort alles hörte, legte ich mich auf seinen dicken Teppich und stützte mein Gesicht in beide Hände. Er sagte: Sie sollen nie denken, Herr Student, daß jenes Mädchen Sie nicht liebt. Auf jeden Topf paßt ein Deckel. Gehen Sie nur forsch ran. Was nützt Ihnen Zurückhaltung, wenn in zwanzig Jahren mit dem Alter Glut zu Asche wird!

Von da an vergaß mich der Doktor. Er spielte und spielte. Nach zwei Stunden ging ich wieder über den samtblauen Läufer.

An einem frühen Morgen stand ich neben meinen Kameraden, den Kämpfern der Arbeiterklasse, und mit meiner Maschinenpistole über der Brust wie ein Ast im Brett quer in Berlin. Vor uns, in gehöriger Entfernung, erregte Menschen. Eine Frau kroch auf uns zu. Ihr verschmiertes Gesicht haute sie wieder und wieder in den Asphalt. Die Stirn blutete, und sie schrie: Ihr kommunistischen Schweine! Ihr Handlanger Moskaus! Sie wollte zwischen unseren Stiefeln durch. Als sie das nicht schaffte, sackte sie zusammen. Endlich sagte unser Kommandeur: Nehmt sie auf! Wir rückten wenige Zentimeter auseinander, unsere Sanitäter hoben sie in einen neuen Krankenwagen, und wir schlossen die Lücke wieder. Über unsere Schultern ragten die Rohre der Panzer, hinter unseren Panzern verharrte die Volksarmee.

Als ich wieder geradeaus sah, drückte sich durch die Menschenansammlung Doktor Boru auf uns zu. Ich erschrak. Nicht weit von mir entfernt, vielleicht so fünfzehn bis zwanzig Meter, blieb er stehen. Ich weiß heute nicht, ob er mich damals erkannte, aber ich war mir ziemlich sicher, daß er wohl wußte, wen er vor sich hatte. Er sah auf uns und weinte.

Genossen, sagte mein Kommandeur, unser Ökonom aus der Planungsabteilung, unsere Sache ist gerecht.

Neue Flüche fielen auf uns. Doktor Boru klammerte sich an seine Unterrichtstasche. Er hatte andere Schüler, ich hatte mein Pensum hinter mich gebracht. Er suchte, so schien mir, keine Lücke zwischen uns, denn er war klug. Als er so stand und unter Tränen lächelte, schien mir, er hoffte trotzdem auf eine Möglichkeit für sich, daß wir vielleicht nur ein schlimmer Gedanke an seinem Kopf wären. Aber er sah: wir waren eine schlecht rasierte Realität. Er hatte nur eine schlechte Haltung, sein Rücken krümmte sich zu einem Buckel, über seine alten Backen rollten Tränen und Tränen. Ich schloß meine Augen zu einem ganz feinen Schlitz, durch den sah ich meinen verehrten Doktor nur noch im Aufriß.

Unser Kommandeur sagte: ’s ist alles eins, Genossen, wir haben allen Grund, uns wohlzufühlen.

Bevor wir, die erste Reihe, von den Köpenicker Kampfgruppen, den Genossen vom KWO und TRO abgelöst wurden, drängten einige junge Leute meinen Doktor brutal hinter sich. Was sie riefen, vergaß ich sofort.

Ich fragte Rose: Weißt du, wie man einen Bruch als ganze Zahl definiert? Sie antwortete: Das interessiert mich nicht, das war in der fünften Klasse dran. Ich fragte wieder, aber Rose zog mich in Richtung Schönhauser Allee zurück. Sie wollte von mir wissen, ob Patricio ihr was Schönes mitbringen würde. Ich meinte, sie würde sicher zu ihrem Plunder kommen. Sie sagte aber, daß er ihr noch nie etwas mitgebracht habe. Da versprach ich ihr, ihn zu überzeugen, daß er ihr ein Parfüm im Intershop kaufen müsse. Damit war sie zufrieden.

An der Schönhauser Allee wollte sie plötzlich, als wir vor einem Kino standen, wo gleich der Film »Paul und Paula« beginnen sollte, Berliner Nachtleben kennenlernen. Ich wollte mir den Film zum zweitenmal ansehen, sie aber sagte: Wir sind alleine Paul und Paula. Komm! Hilflos sagte ich: In Berlin gibt es kein Nachtleben. Die Berliner arbeiten, essen, schlafen, fahren auf ihr Grundstück, und dann, schließlich, sterben sie. Die, die noch nicht tot sind, besuchen am Totensonntag ihre Toten in der Invalidenstraße. Ein Mann hatte mir zugehört. Er sagte: Ihr müßt in die Möwe, zu den Künstlern, oder in den Johannishof, aber das kostet was, Kollege! Rose reckte sofort den Hals nach einem Taxi, hatte, wie oft, mehr Glück als Verstand und bat den Fahrer, er solle uns schnell zur Möwe fahren. Der Taxifahrer sah uns schief an. Als wir an der Möwe hielten, eine Straße, finster, daß man hier erschlagen werden durfte, ohne Aufsehen zu erregen, war Rose auch schon drin. Als der Fahrer sein Geld kassierte, er gab zunächst das Kleingeld, dann die Scheine raus, sagte er: Na, die ist schärfer als ein Rasiermesser!

Rose stritt schon mit der Garderobenfrau. Die wollte ihr das Kopftuch nicht abnehmen. Mißtrauisch sah sie uns an. Hier kommen nur Klubmitglieder rein. Haben Sie einen Ausweis? Rose antwortete: Ich komme überall rein. Wenn Sie mich nicht reinlassen, sage ich das meinem Vater! Schnell war ich neben Rose, als ich sah, wie die Frau zusammenzuckte. Sie schimpfte: Ich werde meinem Bruder telefonieren, der kommt heute aus'm Ochsenkopf, der legt Sie übers Knie, Frolleinchen, haben Sie überhaupt einen Vater, und wenn sich einer gefunden hat, konnte der nichts Besseres tun, als Sie zu zeugen? Das war neu für Rose. Ich schob sie zum schäbigen Sessel neben den Wartetisch und sah hilflos auf diese Autorität. Die Garderobenfrau tat, als besorgte sie eine Arbeit, winkte mich endlich zu sich: Sind Sie Schauspieler von außerhalb? Ich schüttelte meinen Schädel: Ich bin Transporter, leider!

Also, ein Transporter sind Sie nicht, und die, gehört die zu Ihnen?

Sie ist meine Braut!

Sie grinste: Dann kann ich Sie nicht reinlassen, wenn Sie sich nicht ausweisen wollen, das ist ein Klub für Kulturschaffende.

Ich drehte mich zu Rose um. Ein Männlein küßte ihre Hand. Ich wollte ihn anfauchen, schon weil ich nicht zu meinem Bier kam. Als ich genau hinsah, ließ ich's. Er hatte Ähnlichkeit mit dem Mann, den ich vor Tagen gesehen hatte und der mundharmonikaspielend scheinbar aus dem Fluß gestiegen war. Nur, dieser Mann war kleiner, höchstens ein Männlein, ein Strich. Mir schien, ich kannte ihn lange. Kurz, ein richtiges sympathisches Stück Mist mit einem Schuß Eleganz unter seinem offenen Mantel. Ich bin Müle! Kennt Ihr mich? stellte er sich vor.

Ich fragte ihn, ob er meiner Rose und mir das Berliner Nachtleben vorführen könne. Und er sah mich an wie jene Garderobenfrau drei Meter weiter. Also wie einen, der sich blöde stellt oder tatsächlich beschränkt ist. Müle gab seinen Mantel über die Barriere: Diese Dame, er zeigte auf Rose und mich, und jener Herr sind meine Freunde aus Chicago und kommen direkt aus einem ihrer Schlachthöfe. Er sprach nun englisch zu mir, umarmte und küßte mich: Sie sind meine Gäste! Und jetzt lief die Maschine. Rose wurde ihr Kopftuch los, und wir schrieben uns in ein großes Buch ein. Hinter Beruf schrieb Rose: Kunststudentin aus Boston, zur Zeit Berlin, Altes Museum bei Professor unleserlich. Ich schrieb: Transporter. Nichts weiter. Die Frau hinter der Barriere beachtete uns nicht mehr. Sie mahnte unseren Gastgeber: Du mußt heute zahlen, sonst geh gar nicht erst hoch. Kredit ist alle! Seine Hände zitterten, solche kleinen, verhutzelten, nikotingedörrten Finger. Ich sagte: Ich zahle alles für diesen freundlichen Herrn! Es war arg viel, was ich hinlegen mußte, aber für einen Rückzug war's zu spät. Wir stiegen hoch. Das war auch schon das Beste vom ganzen Klub: seine Treppe mit den Bilderchen immer links und einem Läufer, der auf den Treppen aller unanständigen Häuser der westlichen Welt liegt, wenn man von den Filmen aus urteilt, die wir zu sehen kriegen. Rose schien glücklich, denn Müle besorgte uns einen wunderschönen Platz zwischen Spiegeln, Bildern und Wänden, die mich an unser Schauspielhaus erinnerten. Das Essen war gut, vielleicht sogar sehr gut. Der Kellner war freundlich, er vergraulte uns die Mahlzeit nicht. Zwischen Essen und Bier tanzten wir nach einer sauberen Tanzmusik. Die Rhythmusgruppe bestand aus Klavier, Schlagzeug, Baß; die Melodie aus Trompete und Klarinette. Jedes Instrument war beim Vortrag genau rauszuhören, und der Trompeter sagte nach jeder Runde: Das war'n wieder drei Stück Lieder, mehr als dreimal kann wohl keiner, hier setzte er eine Pause,...tanzen!

Er schien mir der interessanteste Mann der Truppe. Wenn er nach den drei Titeln jenen Schlußvers hersagte, indem er ein bißchen mit der Zunge anstieß, lächelte er verschämt. Auf diesen Trompeter mußte ich zweimal sehen, so dünn war er. Seinen feinen Kopf schaukelte er pfiffig über uns. Ob er ein begabter Trompeter war, konnte ich nicht entscheiden, aber immer hörte er liebenswürdig auf den leidenschaftlichen Bassisten, lauschte konzentriert den Einfällen der Karinette und schmetterte danach scheinbar unbekümmert seinen Ton aus dem Blech heraus. Ab und an sah er schnell zu uns runter, die wir Arme und Beine schlenkerten. Dieser Mann war in dieser Truppe genau richtig, für den Raum, in den er blies, nicht zu klein und nicht zu groß, auch sein Ton war weder zu laut noch zu leise. Mit dem Gedichtchen besorgte er sich sein Image, wie man so sagt. Mir war klar, daß dieser Mann seine Familie nähren konnte, obwohl er sich, und das begriff ich wohl, von diesem Schuppen distanzierte, in den er reinpaßte. Ich war neidisch.

Müle saß am Tisch und lebte. Die Hauptlast, Hunger zu haben und nichts zu essen, Durst, aber nichts zu schlucken, war von ihm genommen. Die ersten Gläser Wein stauten sich in seinem Mund und flossen über die Mundwinkel auf sein hergerichtetes Hemd. Kaum, daß er richtig aß. Denn wenn er aß, sah er zum Glas, das Rose nachfüllte, trank er, verschlang er mit den Augen sein Essen. Das dauerte nicht, denn bald erkannte er, schien mir, daß in den nächsten zwei Stunden für genug gesorgt sei. Sein Genick wurde gerade. Ein Mädchen kam vorbei. Er griff sie sich, tanzte, hielt sie, stopfte Essen in sich hinein, schluckte Wein, doch sachter. Sein Glück machte uns fröhlich, auch Menschen an anderen Tischen sahen seine Freude. Und doch, schien mir, war Unruhe in ihm.

Auf der Toilette bat er mich um Geld, ich gab ihm was. Am Tisch rief er unseren Kellner, streichelte Roses Hand, bestellte schweren Wein und ließ uns hochleben.

Ich war ein bedeutender Mensch. Ich hatte das nicht nötig, so wie jetzt aufzutreten. Aber jetzt geht's wieder bergan. Und wenn ich mich noch so bücken muß, ich werde einen Auftrag unterschreiben. Man wird wieder von mir hören! Nicht ich war faul oder dumm, diese Zeit hat mich zermahlen, alles aus mir rausgeschrotet, und den Rest an die Schweine verfüttert, aber, die Menschen im spiegelnden Raum horchten: jetzt werde ich mitmahlen. Einbauen werde ich mich in die Zeit, unübersehbar!

Als er das gesagt hatte, schien Müle erschrocken. Er kratzte mit seinen gelben Nägeln die weiße Tischdecke und schrie: Ich komme! Dann schluchzte er, sah lange auf mich und meinte, ich hätte ein Gesicht zum Reinschlagen. Und Müle ging fort, aber wie einer mit dem Strick in der Hand zum nahen Wald.

Ich konnte Rose nicht ansehen. Ich wollte auch nicht denken, daß ich ja keine Schuld hatte. Rose lief ihm hinterher. Die Schönheit am Tisch sagte: Er hat für heute genug, der kommt nicht wieder!

Ich sah, daß er tatsächlich fort war, ehe Rose ihn überreden konnte zu bleiben. Als ich bezahlte und Rose mich fragte, wo die Fernsehschauspieler wären, und mir das kein bißchen leid tat, keinen zu sehen, sagte Rose: Aber gut war's doch! Wie ich meinen Kopf hob, sah ich tatsächlich eine berühmte Schauspielerin hereinkommen, aber der Ober klärte uns auf, dieser Raum sei nun geschlossen. Trotz der eisigen Freundlichkeit dieses Kellners wollte ich meinen Platz behaupten, aber meine Rose huschelte sich an mich: Paule, ich bin betrunken! Heb mich sofort in mein liebes Bett! Ich hob Rose hoch, so wie Stefan, der freundliche Erzieher, seinen Uwe, trug sie die Läufertreppe runter und setzte sie in diesen wanzigen Sessel. Der gleiche Fahrer, der uns gebracht hatte, wartete schon: Wir sind pünktlicher als unsere Kunden, sagte er. Die Frau zwischen den vielen Mänteln hinter ihrer Barriere gab mir Roses Kopftuch ohne Marke, denn ich bat sie, mich nicht zu zwingen, in Roses Handtasche zu wühlen. Für die fehlende Marke zahlte ich zwei Mark.

Müle stand wieder da, wie ein Flußufergestrüpp nach Hochwasser mit Zeug zwischen den Zweigen. Er wollte neues Geld. Das Schlimmste, was ich von meiner Mutter lernte, ist, nicht nein sagen zu können, hatte ich doch fast das halbe Geld, das ich für die kommenden Urlaubstage vorgesehen hatte, schon hier verpulvert. Ich besaß nur noch Scheckvordrucke. Müle war einverstanden, ich sollte unterschreiben. Rose riß mir den Block aus der Hand. Ich bat den Taxifahrer um zwanzig Mark und schenkte sie ihm.

Ich war ziemlich froh, im Wagen zu sitzen. Rose schlief sofort weg. Der Taxifahrer fragte: Ein tolles Nachtleben, Lord Habenichts?

Ich fragte ihn, ob er Müle vielleicht kenne. Er sagte, daß er diesen Vogel gut kenne, zu gut. Nassauer werde es immer geben. Da könne keiner was dran ändern: Ich habe ihn gekannt, als er mich nicht kannte, wenn er saß, wo du sitzt.

Ich fragte, ob Müle in seiner großen Zeit was gekonnt habe. Er antwortete: Man erzählt, er sei immer noch gut, aber wie soll das gut sein, von anderer Leute Arbeit leben, wie soll das gut sein?

In der Weißenseer Villa stand immer noch Zimmerlicht überm Vorgartenzaun. Der Taximann wunderte sich, daß ich tatsächlich kein Bargeld besaß. Meinen Scheck wollte er nicht, fragte, was ich wohl von ihm denke. Ich bat ihn, einen Moment zu warten und wollte meine müde Rose ins Haus tragen. Er aber versperrte mir den Weg: Die läßt du schön hier, in solchen Kisten wohnen und sich dazu Geld pumpen! Ich lief zu Willy. Verwundert gab er mir die nötigen Scheine. Fremd sah der Kapitän auf mich. Ich zählte dem Fahrer ärgerlich jeden Pfennig hin. Er sagte, bevor er mir unverlangt eine Quittung schrieb: Du mußt verstehen, es gibt sone und solche. Hier hast du meine Karte, wenn du wieder hier bist, zeige ich dir was Besseres.

Ich sackte Rose auf und trug sie über den Vorgartenweg. Hedwig war gekommen und öffnete mir die Türen. Sie tat erschrokken. Rose legte ich aufs Bett, zog ihr die Schuhe runter und deckte sie leicht zu. Ihre Tasche stellte ich auf das Schränkchen neben ihrem Kopf. Einen Moment lang schien mir, daß sie lachte. Unten wollte Willy wissen, was mit Rose sei. Ich sagte ihm: Von einem Glas Bier und dem Berliner Nachtleben beschwipst! Hedwig fügte über meine Schulter hinzu: Besoffen ist sie! Mir war, als haute sie mir eine Hammerspitze auf die Schädeldecke.

Willy führte mich vom Flur her in das Traditionszimmer zwischen die Schiffe zu meinem Nachtlager. Er wartete, bis ich mich ausgezogen und hingepackt hatte.

Hör zu, Paule, ich hab einen Plan für dich. Du wirst Rose einstweilen lassen und meinen Hannes nach Saßnitz auf sein Seegrundstück begleiten. Er wird dort für deinen Uwe ein richtiges Schiff organisieren, du hilfst ihm dabei, verschaffst ihm eine Freude in seinen Jahren.

Der Kapitän war in das Zimmer gekommen: Wenn es glückt, und ich bin ja noch wer, kriegen deine Kinder ein richtiges Torpedoboot. Und er fügte hinzu: Mein Junge... Ganz fein wollte er wieder einen Satz einfädeln.

Ich bin Ihr Junge nicht. Was sollen die Kinder mit so einem Boot? Vielleicht eine Seeschlacht führen?

Doch er ließ sich nicht unterbrechen: Mein Junge! Warst du vielleicht in Spanien, wo von fünfen von uns vier blieben, weil wir das nicht hatten, was wir haben mußten? Und vor allem, weil wir ungeübt waren!

Ich sagte: Wenn's an der Zeit ist, werden wir alles lernen.

Willy lächelte wieder und ging mit Hannes hinaus.

Rose hüpfte die Treppe herunter und rief: Ist mein Patricio schon zurück? Warum gehst du schon in dein Bett? Plaudern wir noch, bitte!

Willy sagte: Sie ist also nüchtern! Dachte ich doch. Nachtruhe, Allons!

Rose tappte auf der Holztreppe nach oben. Auf dem Absatz schrie sie: Was habt ihr ausgeheckt, ohne mich zu fragen? Aber ich weiß Bescheid!

Sie schmiß zweimal was Schweres in den Flur, vielleicht Blumentöpfe, trampelte heulend höher und wurde still wie ich. Ich hörte leise Männerstimmen, im Klang so gleich, daß ich zunächst nicht wußte, wer sprach.

Du bist, was du immer warst, zu ungeniert, zu lässig.

Ich habe meine eigene Meinung. Zwei Könige und zwei Ässer!

Heute hab ich kein Glück. Und daß du dich nicht schämst, verbiegst dieses einfache Mädchen, wie soll ihr Leben gehen?

Wieviel willst du?

Danke, meine reichen vollständig. Und rede du bloß nicht von Moral! Du hast die Moral nicht gepachtet. Ich lege drei Mark rein. Ich spiele ehrlich, fünf Mark dagegen, wirst sie verlieren. Da, alle vier Damen.

Drei Buben, zwei Könige, du bist natürlich besser. Ich gebe!

Das Mädchen ist stabil, denk nicht, sie weiß nicht, was sie will, die ist uns beiden über. Sie sind heute in manchen Sachen weiter. Du gibst nicht. Ich bin dran, gib her!

So ging es fort, mehr und mehr konzentrierten sie sich auf die Karten, ihre Einsätze gingen selten bis fünf Mark. Die Tür zu meinem Traditionszimmer bewegte sich. Leise Schritte schlichen dicht zu meinem Bett: Ich bin das, Paule, die Hedwig! Ich will dich um Entschuldigung bitten. Hörst du? Ich griff ins Dunkle und faßte ein Bein. Es zitterte.

Und wirst du fahren?

Ich sagte: Ja, verdammt noch mal, ja, ich fahre.

Das Bein zitterte nicht mehr. Ich danke dir, wenn irgend mal was ist, da kannst du zu mir kommen, immer! Hedwig ging leise fort.

Ich schlief schlecht ein und hatte schlimme Träume, die ich vergaß.

Halb vier Uhr früh saß der Kapitän auf meiner Bettkante: Die Aktion beginnt, Paule! Zeig, was in der Arbeiterklasse steckt!

Er hielt eine Ruhlaer Taschenuhr auf seiner flachen alten Hand: Drei Uhr dreißig mitteleuropäischer Zeit, in zweieinhalb Minuten Frühstück in der Küche! Ich schrie: Hilfe! Der Kapitän sah mir zu, wie schnell ich in meine Lumpen kam. Ich konnte das von der Frühschicht her gut. Als ich in der Küche am Frühstück würgte, meinte der Kapitän, er habe viel Geld verloren, fast achtzehn Mark. Er goß mir Tee nach. Ich mußte zwei Eier essen, drei Toastscheiben mit rohem Schinken und ein Pärchen Wiener Würstchen. Ich kam richtig ins Essen rein. Hannes, der alte Kapitän, meinte, indem er mir auf den Mund sah, wenn ich ebenso gut fahren würde, wäre er mit mir zufrieden. Ich war satt und wäre am liebsten erst mal ins Bett zurückgekrochen. Hannes sagte: Hör zu, mein Junge. Die Rose ist ein blutjunges Ding. Bis sie achtzehn ist, bin ich für ihr Gesicht verantwortlich. Dann soll sie's treiben, wie sie mag. Das mußt du einsehen, oder auch nicht. Der Willy hat natürlich keine Ahnung, will nur dem Ärger ausweichen, aber ich nicht. Sie ist mir, mein Junge, noch reichlich zart für eure rauhen Hände. Wir verstehen uns?

Ich sagte: Nein!

Liebst du sie? Verstehe ich schon, sie ist nicht nur ein sehr schönes Mädchen geworden, auf die ein jeder fliegen wird, sondern sie hat auch einen praktischen Verstand. Aber, sie muß erst die Schule hinter sich haben, das muß sein! Er goß mir wieder Tee nach. Fährst mit nach Saßnitz. Bist du einverstanden?

Wir gingen ins Traditionszimmer. Patricio war immer noch nicht da. Hannes erzählte, er habe ihn in ein Hotel verfrachtet. Rose blieb bei Willy und Hedwig.

Das mit Hedwig geht hin?

Hannes sah mich ziemlich erstaunt an. Er sagte, indem er ein Regalsegment mühsam von der Wand wegdrehte, Hedwig sei in Ordnung, sie liebe Willy, habe aber auch genug Disziplin in sich.

Hinter der Regalwand hing ein Admiralsmantel. Hannes erzählte, dieser Mantel sei ihm leider nie zugekommen. Mir reichte er eine Matrosenuniform, dazu die Mütze mit den Bändern. Ich half ihm, seine Uniform anzulegen, und fragte ihn, als die Jacke saß: Wie alt bist du, Opachen?

Ich bin Kapitän zur See außer Dienst, Sie sind ab sofort mein Fahrer, abgestellt für einen besonderen Dienstauftrag. Ich befördere Sie zum Stabsmatrosen!

Mein Kapitän zur See hatte eine gute Figur, vor allem, im Gegensatz zu vielen anderen älteren Offizieren, keinen Bauch. Auch ich gefiel mir sehr gut.

Ich sehe, sagte er, indem er die Regalwand zur Wand drückte, du trägst, was auf dich gepackt wird, wie ein Seemann. Denke nie, ich hätte etwas gegen einen Mot.-Schützen, aber wenn ich dich sehe, nie würde ich dich gegen eine ganze Gruppe Schützen setzen, und wenn ich ein volles Haus auf der Hand hätte!

Mein Kapitän ging raus, ich besorgte mein Bett und steckte meine übrigen Kleider in die Reisetasche. Meine Stiefel trugen sehr leicht. Sie waren in einem guten Zustand.

Wie ich wartend hin und her ging und mir zum Abschied die Modelle der Segelschiffe besah, gern hätte ich eins mitgehen lassen, öffnete sich das Regalsegment von allein wieder. Ich ging, um es zurück in seine Lücke zu drehen. Auf dem Hutboden sah ich eine volle Pistolentasche. Ich knöpfte sie auf und zog aus dem Leder eine blaue Makarow. Meine Hände entnahmen dem Griffstück das Magazin. Wie unschuldige Kinderköpfe blinzelten mir acht Projektile aus grauen Hülsen zu. Das erste sagte: Nimm mich mit, nimm mich mit! Das zweite sagte: Du bist wohl verrückt geworden! Die dritte Kugel sprach: Sieh an, der olle Zausel! Was der alles hat! Die vierte Patrone flüsterte: Mach'n Spaß mit mir, und die fünfte, uns brennt das Pulver im Genick! Aber die sechste sagte frech: Warum soll der Alte uns haben, du aber nicht? Sind wir nicht auch für dich ein hübsches Spielzeug? Die siebte fragte: Angst hast du vor dem Knast, Paule. Wenn es um Beträge geht, ziehst du den Schwanz ein! Die achte rief hastig, schien mir, als ich das Magazin zurückschob und den kühlen Stahl auf meinem Bauch unter der Bluse spürte: Endlich ein Entschluß gefaßt. Ich gratuliere dem Dieb!

Ich schloß die Regalwand. Hannes stand hinter mir. Was hast du hier gesucht?

Ich erzählte ruhig, wie ich das Bett besorgte, die Reisetasche gepackt und die Regalwand, die sich unversehens öffnete, wieder geschlossen hatte. Er nahm ein Schlüsselchen zwischen Büchern hervor, betätigte ein verstecktes Schloß, gab mir Garagen- und Autoschlüssel und sagte, daß wir in acht Minuten führen. Draußen sortierte ich die vielen Schlüssel, öffnete die Garage, probierte das Licht, beim Rausfahren die Bremsen und sah auch nach den Reifen. Sie schienen mir neu. Ich parkte den Wagen an der Vorgartentür, stieg aus und lehnte mich wie ein müder Stabsmatrose an das kalte Autoblech.

Willy kam im Schlafanzug vor die Haustür, streckte sich, gähnte wie ein Wolf und atmete die gute Luft. Dann stand Hedwig neben ihm, und schließlich kam Rose. Rose trug ihr einziges Nachthemd aus blauem leinenartigem Stoff, der bis auf den Treppenboden hing. Sie hielt es vorn mit der Hand zusammen, mit der anderen kratzte sie verschlafen ihren Nacken.

Der Kapitän rief mich heran. Ich gab allen die Hand, eine Armlänge Abstand. Hedwig zwinkerte müde und ungeduldig. Rose beschimpfte mich. Was sie leise sagte, vergaß ich, ihre Hand, mit der sie ihr Hemd zusammenhielt, nicht. Willy drückte mich an seine Brust: Wir sind zwei getrennte Segel am Wind. Kommandieren müßte man können. Ich hab ihm gestern in zwei

Stunden einhundertachtzig abgepokert. Allons, Paule!

Hannes packte mich hinten am Koppel und zog mich von Willy weg. Er verneigte sich vor seinen Gästen: Haltet alles sauber und fühlt euch wohl, denkt, das ist alles euch!

Hannes führte mich sachte auf seinen Wagen zu. Was blieb mir weiter als die roten Ohren, die ich nun bekam.

Ich öffnete die Wagentüren, der Kapitän stopfte meine Urlaubstasche auf den hinteren Wagensitz und setzte sich in die andere Ecke. Wie ich einsteigen wollte, sah ich über das Wagendach und den Vorgarten hinweg Willy und die beiden Mädchen stehen. Sie hatten sich an ihn gelehnt, vielleicht, weil sie unter der Frühkälte zitterten. Willy hielt beide um die Schultern gefaßt. Mir schien, daß er spürte, wie's ihnen kalt wurde, und er drückte sie fester an sich. Mit der Linken tat er dann eine Geste, ähnlich einem Staatsmann, der sein jubelndes Volk begrüßt. Der da stand, dem war's überall wohl: nicht mehr ganz jung, aber gewiß kein Kind von Traurigkeit. Ich aber saß vor dem Armaturenbrett und bewegte meine Hände im Zeitlupentempo. Ich verwechselte absichtlich den Türschlüssel mit dem Zündschlüssel, würgte zweimal den Motor ab, nur weil ich die vage Vermutung hatte, Rose hole schnell ihren Mantel und stiege zu. Ich sah durchs Gartengatter, da kam nichts als die verfluchte morgendliche Stille.

Der Kapitän hinter mir sagte leise: Los geht's, Paule!

Als wir Berlin lange verlassen hatten, schlief Hannes ein. Ich fuhr den Wagen in ein Kiefernwäldchen, verließ den schmalen sandigen Weg und überfuhr ebenen Waldboden. Weit öffnete ich die Wagentüren, holte die Reisetasche raus und packte seinen Kopf auf meinen dicken Pullover aus Schnellstrickwolle. Ich nahm meine Reisetasche und ging dreißig Schritte vom Auto fort, stellte die Tasche vor meine Füße, griff unter die Matrosenbluse, faßte die Makarow und zog den Verschluß zurück. Die Pistole war geladen. Ich stand da in diesem kargen Wald und schämte mich, daß ich zu feige war, mir eine Kugel in meinen Tischlerschädel zu schießen. Als ich die schöne Waffe entlud, war ich ein Mann, der sich getrost ins eigene Gesicht spucken durfte, wenn er das Geschick dazu gehabt hätte. Ich nahm die Reisetasche, ging zum Wagen zurück, legte sie über den Nebensitz und brannte mir eine Zigarre an.

Der Pensionär atmete still wie ein kleines Kind. Seine Backen waren sogar etwas gerötet. Als ich lange auf dieses seltsame Gesicht gesehen hatte, klappte der Alte die Lider von den Augen und schluckte Speichel. Was ist? fragte er. Ich sagte: Die Freunde haben hier irgendwo in der Nähe einen Schießplatz. Er fragte unschuldig wie einer, der von keiner Kenntnis belastet ist: Hab ich lange geschlafen? Nun war ich ziemlich sicher, daß er nichts wußte.

Er sah auf die Uhr: Weiter geht's! Für die selbständige Entscheidung, auf halbem Weg eine Rauchpause eingelegt zu haben, befördere ich Sie zum Maat! Er lächelte, klappte die Augen zu und streckte sich.

Wieder rollten wir. Er hatte meinen Wollpullover über seine spitzen Knie gelegt. Er sah nur auf mich, mir schien, er grübelte über Dinge nach, die ihn nichts angingen. Ich sah die zwei senkrechten Falten, die zu seinen Mundwinkeln führten, tiefer werden. Ich schlug mit der Handkante auf den Innenrückspiegel. Er fragte: Sag mal, Junge, was hab ich getan, daß ich einen Maat so kränken konnte?

So sehr ich grübelte, mir fiel keine Antwort ein.

Haben wir nicht alles getan, was wir konnten? Dein Vater, das hat mir Willy erzählt, hat auf der falschen Seite der Front ins Gras gebissen, und ich, ich hatte das Glück, durch richtige Freunde auf der anderen Seite der Front zu sein. Und daß ich lebend hinter Ihnen sitze, Genosse Maat, ist Zufall. Was stachelt Rose und schließlich auch Hedwig, ihr mögt euch verstellen oder lügen, ich weiß alles.

Ich dachte, wie ich auch hier keine Antwort wußte. Meinen Vater holt mir keiner aus dem Grab. Er, ein ostpreußischer Landarbeiter, war viel zu unbedeutend, um heute seine Fehler herzuzählen. Er soll Ruhe geben, der alte Herr, dachte ich.

Mir fiel ein, was meine Mutter immer erzählt hatte, wie sein Vater und Onkel Bogdan nur beim Skat einig waren und wenn es um fremde Weiber ging. Sie sprengten die Landarbeiterhochzeit meiner Mutter mit ihren endlosen Diskussionen. Draußen, vor den hellen Fenstern, lungerten inzwischen die Nazis herum und lachten sich eins ins Fäustchen.

Am anderen Morgen, nach einer Schlägerei, wurde ich geboren. Mein Vater entschied, er soll dabei seine Vorderzähne in die hohle Hand gespuckt haben, daß Bogdan, der Skatbruder, mein Pate würde. Beide, dachte ich, sind nicht mehr, der eine unter einem Baum irgendwo, der andere Asche in der Umgebung eines Konzentrationslagers. Und ich dachte, wie unsinnig das war, darüber nachzudenken. Man weiß nur das Äußerliche, kennt nur die Schale. Und ich sagte, und drehte mich halb zu dem Alten herum und stellte den Radiojazz lauter: Kannst völlig zufrieden sein, Alter, hast gekämpft und Erfolg gehabt, warst verflucht und rehabilitiert, und schließlich, wird unsere Republik auf zwei oder zweihunderttausend Herzen Rücksicht nehmen? Aus welchem Grund werden ausgerechnet wir keine Fehler verzapfen? Ich denke, wir sind nicht aus Zucker, daß wir uns unterm Regen auflösen werden. Ich hab sogar gelernt, Alterchen, die Zähne zusammenzubeißen, auch da, wo ich schreien möchte!

Und doch, nun grinste der Alte und huschelte seine Knie in meinen Pullover, hat ein gewisser Mann einen Schuß nicht gelöst! Da hatte ich meinen ersten Wutanfall und verbrauchte ziemlich viel Zeit, bis die rote Welle aus meinem Kopf raus war.

Ich sah auf die geschälten Kornfelder links und rechts von der Straße. Sie waren so sauber, daß man von ihnen essen konnte.

Einmal zählte ich vierzehn Traktoren, die gleich einem blaugrauen Taubenschwarm über den Acker strichen. Vor ihren Rädern Stoppeln, hinter ihren vielscharigen Pflügen geschältes Feld, präzise hingelegt, eine Arbeit, wie wir sie im Möbelwerk gewohnt waren, nur freier, nicht eingeengt. Ich erinnerte mich an die Worte eines mecklenburgischen Großbauern aus Teschow hinter Schwerin, der seine zweihundert Morgen Land verludern ließ, weil er zwei linke Hände hatte.

Wenn die Kolchose kommt, hatte er zu mir gesagt, als ich seine liederlichen Distelhafergarben zu Hocken stellte, werden die Kommunisten im Unkraut stehen bis zum Hals!

Daran dachte ich in meinem Tischlerschädel, als ich mit Hannes nach Saßnitz fuhr, und meine Wut war verraucht.

Die Hecke um Hannes' Besitz war höher als das Häuschen, auf das wir einträchtig zugingen. Willys Frau öffnete die Tür. Sie bekam ein fremdes Gesicht. Ich grübelte, wie das zusammenkäme. Heimlich besah ich sie mir im Garderobenspiegel. Der Kapitän sagte: Ich bin mit Ihnen zufrieden, Genosse Maat. Meine Schwester kennst du! Ich stand wie naßgeregnet vor ihr. Sie lächelte verächtlich, nahm mir die Wagenschlüssel ab und fuhr den Wagen auf das Grundstück. Ich legte leise die Makarow auf das Garderobenschränkchen neben das Telefon und versteckte mich im Bad. Ich drehte den Wasserhahn auf, und es kam genug heißes Wasser, was mir bewies, daß Willys Frau vorgeheizt hatte, und packte mich in die Wanne. In der Wanne liegend, konnte ich über den Rand hinweg zur Ostsee sehen. Auf dem vielen Wasser war ein großes Schiff. Das sah aus, als hätte es eine gewaltige Hand raufgestellt. Links über der Badewanne hing neben einer Rükkenbürste ein altes Fernglas. An manchen Stellen war die schwarze Farbe abgescheuert, und Messing blinkte. Ich nahm das Glas und sah mit ihm auf das Schiff. Ich las den Namen Völkerfreundschaft.

Ich hörte, als ich das Wasser abstellte, Hannes auf dem Flur telefonieren, er verlangte nach einem Taxi. Die Badetür wurde aufgestoßen. Ich dachte, das wäre Hannes, zeigte zum Schiff, doch als es still blieb, drehte ich mich um. Willys Frau stand mit dem Badetuch neben mir. Sie lehnte an der Wand, sah auf mich und wollte wissen, wie lange der Genosse Maat zu baden wünsche. Dann legte sie das Badetuch bereit und fragte, ob ich Grog, Kaffee oder Tee wünsche. Als ich mich für Tee entschied, wollte sie die Sorte wissen, grusinischen, Malventee oder echten englischen. Ich wünschte Malventee, und sie ging endlich raus. Während ich kochendheißes Wasser in die Wanne zum lauwarmen zulaufen ließ und auf die erstaunliche Ostsee sah und das Schiff mein Badefenster sachte verlassen hatte, hörte ich Hannes auf dem Flur: Ich sag dir ja, ich hab die Pistole eingepackt. Ja doch! Und beim Pokern habe ich einhundertachtzig Mark gewonnen!

Willys Frau schimpfte auf ihren alten Bruder ein.

Paule, habe ich gewonnen oder nicht?

Ich rief: Einhundertachtzig und Pfennige!

Hannes rief: Paule, ich fahre nach Rostock und komme nur mit Schiff zurück!

Danach tuschelten beide, kicherten, die Haustür klappte, und eine Stille, die mir den Kopf auseinanderreißen wollte, war im Haus. Über dem lebenden Meer jagten Möwen. Ich hätte mein restliches Leben, und den größeren Rest hatte ich vor mir, in dieser Wanne vor der Ostsee liegen können. Aber ich war ein Mensch mit Wünschen. Darum stellte ich mir vor, wie das wäre, wenn statt Willys Frau meine Rose, ihre Tochter, mit den Dielen knarren würde.

Als ich das Bad verließ, hatte ich mich rasiert, das gewaschene Haar mit einem Fön getrocknet und meine Matrosenuniform über dem Leib. In der großen Stube, der einzigen wohl in diesem Haus, denn ich rechnete mir unterm spitzen Dach nur noch ein oder zwei Kämmerchen aus, stand ein runder Tisch voller Essen. Hinterm Tisch, zwischen zwei mannshohen Myrtensträuchern, an gardinenlosen Fenstern, solche mit vielen Sprossen und wenig Glas, stand ein schwarzlackiertes Klavier. In geputzten Messingleuchtern brannten vier weiße Kerzen. Zwischen dem Klavier und dem runden Tisch stand ein Sessel, in dem Willys Frau saß und in der Humanité las.

Der Tisch ist für den Herrn bereit, er mag sich bedienen.

Zunächst aß ich mit langen Zähnen vom geräucherten Schinken. Dieser Schinken war durchweg blau, ähnlich der Oberfläche eben gehärteten Stahles. Zum Schinken, an dem ich in Schwung kam, trank ich roten Wein aus einem Glas, das angenehm in der Rechten lag. Was ich danach aß, vergaß ich, denn ich kaute hastig. Zum Ende reichte Willys Frau eine flache Kiste über den Tisch: Diese siebzehn Sorten Käse habe ich von einer alten Freundin aus Paris bekommen. Ich mußte mich beherrschen, nur in Maßen davon zu essen, während sie mir auf den Mund sah. Willys Frau goß Likör in ein rotes kantiges Glas, es glich einer auf die Spitze gestellten schlanken Pyramide. Der Likör schmeckte, wie Jasmin im Frühling duftet. Als ich den zweiten Likör aus diesem, wie sie sagte, zweihundert Jahre alten Glas trank, war ich müde, nach dem dritten packte ich die Arme auf den Tisch und auf die Arme meinen Kopf. Mein letzter Gedanke war Ärger darüber, daß ich am ersten Urlaubstag von drei Likören umgeworfen wurde.

Ich wachte unter der Dachschräge in einem alten Bett auf. In das Kopfstück über meinem Gesicht waren Blütenzöpfe geleimt, zu meinen Füßen flog, auf die Füllung des Bettendes geleimt, ein hölzerner Engel. Er lachte mich an. Eine Bettlänge weiter stand das Fenster offen. Zwischen den Zweigen eines Baumes, der sehr dicht vor dem Fenster wuchs, mir schien, das sei ein Apfelbaum, sah ich richtige Sterne. Der Windzug wehte vom offenen Fenster über den hölzernen Engel bis zu meinem Gesicht unter den Blütenzöpfen. Ich grübelte über die Sterne zwischen den Zweigen nach, dann, wie ich dieses Bett gefunden hatte, danach darüber, was das wohl für ein Baum vorm Fenster sei. Sterne, dachte ich, sind schon gut, wenn man Urlaub hat.

An der Wand, rechts, hing ein weißgrauer Filzteppich. Ein Weizenkorn, groß wie ein Mensch, füllte als einziges Motiv seine Fläche. Mir schien, um seinen schwarzen Schlitz tanzten dickschenkelige Frauen, die Oberkörper lang, hoch wie Giraffenhälse. Sie umtanzten einen goldenen Stier. Er klebte wie ein Auge in diesem Schlitz und stand auf starken Füßen über einem Gitter. In seinem Rücken und Bauch steckten Speere. Sein Blut tropfte zwischen dem Gitter hinab auf eine einzige Frau, die ihre Arme und Hände hochhielt. Dieser seltsame Stier empfing von den rasenden Frauen immer neue Speere, überall hin. Sie tanzten, wie Teufel tanzen, dachte ich. Ich sah weg.

Die Dielen links neben meinem Bett waren sauber, wie geschliffen. Mein Kopfkissen roch nach dem Parfüm der Hausherrin. Nicht weit von meinem Bett fand ich im milden Nachtlampenlicht meine Klamotten, ordentlich geschichtet. Ich sah auf die vom Nachtwind kaum bewegten Zweige neben den Sternen und schlief weg.

Als ich zum zweitenmal aufwachte, sah ich am Baum dicke Äpfel, solche, die ich als Kind stahl und aß, wenn sie noch grün waren. Die vorm Fenster glänzten reif über alle Backen. Ich lief zum Kammerfenster, riß mir einige von den nahen Zweigen und kroch mit diesen kühlen Früchten meiner Kindheit unter die Bettdecke und aß. Ab und an besah ich mir die Frau unter jenem armen Stier, die sein Blut aufnahm.

Ich schaute wieder zum offenen Fenster hinaus. Ein Flugzeug steuerte auf mein Bett los, genau auf meinen Bauch. So ein Schweinehund, dachte ich, wenn der besoffen ist! Doch die Technik klappte durchaus, denn die Maschine stieg direkt vor meinem Apfelbaum steil in den Himmel. Ein Apfel war aus meiner Hand unter das Bett gerollt, wie ich das Flugzeug auf meinen Bauch zujagen sah. Ich kroch ihm nach und wollte den Apfel fassen. Die Maschine überm Haus zerschnitt aber eben jetzt alles: Gehirn, Rücken und den sauberen Fußboden unter mir. Ich kroch unter meine Bettdecke zurück. Ich hatte die Nase voll.

Wieder kam die Maschine auf mein Fenster zu. Diesmal wußte ich, was sie tun würde, und sie stieg dann wirklich. Mir war klar, dem Mann im Himmel über mir war's egal, daß ein Mann unter ihm nicht darüber nachdenken konnte, wie er in diese schöne Dachkammer gekommen war. Er kam prompt und millimetergenau, ich sah ihn einen Luftsack schleppen. Wenig später rollte hastig die Flak.

Ich wusch mich, zog mich an und erwartete zwischendurch diesen Mann aus der Luft. Dann dachte ich an die Kollegen bei den Flakgeschützen, die sich über die Angst ihrer Offiziere eins lachten: daß sie ja nicht das Flugzeug abschossen. Ich war recht froh, friedlich meine Zivilschuhe anziehen zu dürfen, und stieg die Treppe zum Flur hinab, horchte wieder auf das unregelmäßige Feuer der Anfänger an den Geschützen, trat in das große Zimmer und sagte fröhlich: Guten Morgen!

Die Frau des Hauses erwartete mich am runden Tisch, das Frühstück stand vor ihr. Ich dachte, als ich aß, sie habe sich im Gesicht geändert, sei jünger geworden, aber ich mochte sie nicht lange ansehen, auch nicht fragen, wie ich die Treppe hinauf in dieses Bett vor dem Wandteppich gekommen war.

Ich ging in den Garten, sah einen Schuppen, fand eine Leiter, Korb und Fleischerhaken und beschloß, den Apfelbaum leerzupflücken. Der Baum war so gewachsen, daß ich fast alle Früchte mühelos greifen konnte, und immer wenn ich vorsichtig die Äpfel, ich aß während der Arbeit keinen einzigen, in den Waschkorb unter mir legte, kam der Offizier aus dem Himmel. Er hatte sich eine neue Anflugschneise gesucht, stürzte sich flach auf das Meer und klappte danach in den Himmel zurück. Ich freute mich über seine Präzision. Ab und an schleppte ich den vollen Waschkorb in den kleinen Keller, setzte sorgfältig die Stiegen voll und freute mich über das saubere und gut geführte Haus. In anderen Stiegen lagen sortiert Dahlienknollen. Ich dachte mir, sie wären zu zeitig ausgegraben worden, aber die Leute da haben ihre Erfahrungen. Die Kellertreppe hatte genug Licht, die Pumpe für das Grundwasser, das sich zwischen den Fugen des Ziegelsteinfußbodens sammeln mochte, funktionierte.

Willys Frau holte die Äpfel, die ich aussortierte, in ihre kleine Küche und kochte Apfelmus. Ich ließ nach altem Brauch einige Äpfel im Baum, auch weil ich mir nicht das Genick brechen wollte. Der Offizier flog nicht mehr. Er hatte wohl Feierabend. Auf meinem Meer war Stille. Endlich.

Wieder las Willys Frau in der großen Humanité, wieder saß ich vorm Tisch, aß, trank dazu reichlich Milch, worüber ich mich selbst wunderte, schluckte aus dem zweihundert Jahre alten Pyramidenglas den ersten, zweiten und dritten Likör, der heute in mir flimmerte wie Luft auf einer heißen Sommerblumenwiese, wurde müde, legte die Arme auf den Tisch, über die Arme meinen Schädel und schlief weg.

Als ich das erstemal aufwachte, lag ich wieder im breiten Bett unter der Dachschräge. Mir schien, der Holzengel grinste über meine Zehen hinweg in mein Gesicht. In meiner Zeit war wie gestern ein Loch, von dem ich nicht wußte, was ich da getan hatte. Lange schmiß ich mich von Bettkante zu Bettkante, würgte das Laken zu harten Falten, stieg aus dem Bett, zog mich leise und schnell an, griff die Reisetasche, tastete die Treppe runter und suchte die Haustür. Irgendwas, dachte ich, läuft im Dreck. Aus der großen Stube rief Willys Frau: Suchst du die Toilette? Ich stand, hörte Dielen ächzen, Licht schlug in den Flur. Sie lehnte im niedrigen Raum der offenen Tür, klug und angenehm verschlafen: Wohin willst du in dieser Nacht? Kannst du nie bleiben, wo du bist? Da tappte ich willenlos wieder hoch und sah zwischen die Zweige meines Baumes. Mir kam es vor, als flüsterten sie mich an: Was juckt dich, Paule? Was fehlt dir noch? Was zieht dich aus diesem Gehäuse? Da zerrte ich das Laken glatt, legte mich lang und sah übers Fußende zum Baum. Wie seine Schattenzweige hin und her strichen, fiel mir ein, was Willy einmal vor sich hin geflüstert hatte: Ich werde sterben und nicht wissen, was die Weide im Abendwind sagt. Endlich trat Schlaf in meinen Schädel.

Früh, ich kam in das große Zimmer, stand Willys Frau zwischen Tisch und Myrtensträuchern im Gegenlicht der kleinen Fenster. Uninteressiert hielt sie in spitzen Fingern ihre Humanité, wünschte mir laut dieses Guten Morgen der Herr und lobte meinen Fleiß vom Vortage. Mir war ziemlich klar, daß sie nicht meine Rose war, denn sie hatte, schien mir, keine Ähnlichkeit mit ihr, außer wie sie ihr linkes Bein schräg setzte und nach innen knickte. Sie sagte: Meine Freundin von nebenan möchte, daß du auch ihren Baum leerpflückst. Ich meinte, ich wäre gewiß nicht hergekommen, einen oder zwei Apfelbäume abzuernten, es wäre ja bisher auch ohne mich geerntet worden, und fügte hinzu, wie mich dieses Flugzeug am Himmel störe. Willys Frau telefonierte: Er wird deinen Baum abpflücken, aber das Flugzeug stört ihn. Ich bringe ihn trotzdem.

Als ich mein Ei köpfen wollte, aber mich vor seiner Sauberkeit ekelte, ging ich vor die Haustür unter das überhängende Strohdach und sah zum Wasser. Über ihm, noch geräuschlos, wieder die schnelle Maschine. Ich wartete auf das Geräusch, aber der Mann in der Maschine drosselte seine Triebwerke, wandte sich mir zu, flog leicht über mich fort, und mir wurde klar, daß es Menschen gibt, die mehr können als Brot essen.

Da sagte ich zu Willys Frau hinter mir: Pflückt euch eure Äpfel allein. Ich bin doch nicht blöde.

Willys Frau sagte nur: Den Kaffee, der Herr! Und wie ich hinter ihrem Rücken ging, dann meinen Kaffee schluckte, rauchte meine Stinklaune dem Flugzeug nach.

Genau im richtigen Moment sagte sie: Am Baum meiner Freundin hängen keine Äpfel, sondern Birnen. Alle sind reif. Möchte der Herr eine nächste Tasse Kaffee?

Sie bediente mich.

Eine schöne Frau war sie schon, das mußte ich denken und ich war geplättet wegen Willy, dem ich, so dachte ich, nicht mehr meine Hand reichen könnte. Als ob ihm das was ausgemacht hätte, dachte ich wenig später. Aber ich war zu blöde, wurde rot und stand auf.

Wünscht der Herr nichts weiter?

Ich quetschte aus engem Halse hervor: Wenn die Äpfel Birnen sind, sieht die Sache vielleicht anders aus! Lief zum Schuppen, griff Leiter, Körbchen, Fleischerhaken und Obstpflücker und klingelte nebenan wie ein Schornsteinfeger.

Die Nachbarin, ihr Haus war aus Klinkern gemauert, auch mit hoher Hecke davor, aber zwischen Hecke und vorderer Fensterwand ein Schwimmbecken, sicher für Kinder, dachte ich, war, im Gegensatz zu Willys dunkler Frau, sehr blond. Ihre Hände schienen mir grob. Allerdings überraschte mich ihre Stimme sehr. Sie war weich, wie eine Umarmung meiner lieben Rose.

Ich fragte nach dem üblichen Guten Tag und Guten Morgen, wo der Baum stünde. Sie sagte, und sie besah mich wie einen, der vielleicht etwas stehlen könnte, ich solle erst mal meine Gerätschaften wegtun. Sie führte mich in ein Zimmer, das vollstand wie irgendeine Möbelabteilung in einem beliebigen Konsumentwarenhaus, mir kam es vor, als hingen die Preiskarten noch an den Sesseln. Aus unserm Möbelwerk stand kein Stück dazwischen. Sie goß mir und sich einen braunen Schnaps aus einer Karaffe ein, woran ich nur kostete, weil ich keine Lust hatte, vom Baum zu fallen, um mir vor der Zeit mein Genick zu brechen. Ich setzte dieses Massenschnapsglas auf die nachgemachte Zwiebelmustertischdecke, dachte, ich hätt's gewiß austrinken können, so wenig war drin, und fragte wieder: Wo, junge Frau, schwingt der Baum? Und plötzlich sah ich den Teppich, auf dem meine Füße standen. Das war ein gewaltiger Fischerteppich. Ich beugte mich sofort runter. Ich habe, sagte sie, nur diesen Teppich gekauft, das andere nicht. Ist auch nicht mein Reich, das findet man hier! Sie zeigte mir ein Zimmer neben diesem großen. Man konnte sich darin niederlassen, ein Zimmer, das man schwer verläßt. Die blaue Frau Picassos mit dem langen Hals und der schönen Hand sah mich an, neben wenigen Büchern, vor einer

Stereoanlage. Die Wände aus Kiefer, gehobelt und geschliffen, etwas lasiert. Eine kurze rote Liege unter einem dunklen Abendmahl, dazu ein Schreibpult, im Stehen zu benutzen. Ich übersetze neuere englische Dramatik.

Dann führte sie mich hinter ihr Haus. Der Baum wuchs kaum über das Dach hinaus, gut unter Schere und Baumsäge gewachsen, die Früchte, schien mir, waren alle gesund.

Ich stieß die Leiter in die Erde unterm Baum, nahm Haken und Körbchen und kletterte über die vielen Sprossen zur ersten Birne unterm Himmel vor der blauen Ostsee. Sie lag froschgrün und kühl in meiner Hand. Beinahe hätte ich sie abgerissen, besann mich aber auf die Vögel, stieg ab, ließ mir von der Frau einen Faden bringen und befestigte die erste Birne, so gut es ging, zusätzlich zum Stiel, damit sie nicht vorzeitig fiel. Sie würde, wußte ich, sowieso faulen, aber ich hatte guten Willen gezeigt. Dann legte ich los. Unter mir warteten die beiden Frauen, ein dunkler und ein seeblonder Punkt, hoben ihre Arme wie jene einzelne unter dem blutenden Stier auf dem Wandteppich und nahmen volle Körbe entgegen. Und wenn sie nichts zu tun hatten, packten sie sich ins Gras, tuschelten und rauchten.

Am Abend war alles wohl gearbeitet, der Tisch vor dem Klavier für drei Menschen eingerichtet. Die Frauen aßen kräftig und tranken mir, mal die eine, mal die andere, freundlich zu. Aber ich hütete mich, mehr zu trinken von dem weißen Wein, als mir gut schien, schon gar nicht aus dem Zweihundertjahreglas, das meine transportgewohnte Hand immer wieder fassen wollte. Die Frauen reichten Salz und Pfeffer über diesen Tisch, obwohl ich nie andeutete, daß ich's haben mußte. Ich faßte vorsichtig zu, das Hergereichte zu empfangen, und vermied, daß unsere Finger sich trafen, es geschah trotzdem. Und zwischendurch faßte auch meine Linke das Likörglas und mußte zurück, denn im Kopf wußte ich, der erste Schluck hebt mich aus. Ich holte mir vom Flur meine Zigarren. Wie ich ging, glaubte ich Löcher im Rücken zu spüren. Als ich mit meinen Zigarren zurücktrat, hatte ich ziemliche Mühe, auf meinen bequemen Stuhl zu kommen. Ich schnitt eine Zigarre an. Die Frauen interessierten sich für meine Handgriffe. Obwohl mirs leid tat, bot ich jeder eine Zigarre an. Sie nahmen. Ich mußte die Zigarren zwischen meinen Lippen anrauchen. Beide qualmten die Zigarre wie Zigaretten. Willys

Frau fragte, warum ich heute nichts von dem Likör wolle. Ich sah auf die Flüssigkeit in diesem geschliffenen Zauberglas.

Keine Sache ist auf der Welt, die man nicht erkennen kann, wenn man nur will. Aber das kostet Kraft. Verläßt sie einen, ist eine Niederlage gewiß. Und ich dachte dazu, man darf über das Unvermeidliche nicht jammern. Ein bißchen Energie bleibt, Schläge mit Würde zu empfangen. Ich trank drei volle Gläser aus. Nach dem ersten dachte ich, die Birnbaumnachbarin sei klüger, und glaubte, ihr blondes Haar schimmre rot. Nach dem zweiten Glas schien Willys Frau ihr ebenbürtig, weil sie mit halboffenen Lippen atmete und Härchen über ihrer Oberlippe wuchsen. Ich fluchte diesem Likör, trank aber auch das dritte Glas leer. Nun sahen sie mich gleichermaßen seltsam an, die Frau meines Freundes und die Birnbaumnachbarin. Die Birnbaumfrau fragte, wenn ich, gesetzt den Fall, wählen dürfte, wen ich von ihnen beiden als erste aus dem Feuer der Liebe retten würde. Ich überlegte tatsächlich, tanzte zunächst mit Willys Frau, danach mit der Frau von nebenan. Dann sagte ich: Eine Wahl in so einer Situation ist eine Illusion. Ich mag das nicht, hätte ich jedoch zu retten, dann beide.

Willys Frau meinte, das wären nur Worte, solche Männer gäbe es nicht. Die Birnbaumfrau gab ihr recht. Ich hatte noch die Übersicht und ließ mir in der Stille des Abends den vierten Likör eingießen, trank, glaubte plötzlich zu explodieren, stand auf, trat in die Mitte des Zimmers und taumelte. Sie haben mich also vergiftet, dachte ich und suchte die Richtung, wohin ich zu fallen hätte.

Als ich am nächsten Tag in der Früh vor dem Apfelbaum unter dem hölzernen Engel zu denken begann, wagte ich nicht, die Augen aufzubehalten. Ich blieb erst mal, wo ich lag, den ganzen Tag neben dem blutenden Stier vor den ihn umtanzenden Frauen. Hinter dem offenen Fenster hörte ich mein Meer, die kleine Ostsee. Ihr leichter Hauch kam vom Wasser wie eine Hand über meine Stirn. Hinterm Meer schoß unsere Luftabwehr ihr Pensum in den Himmel, nicht besser und nicht schlechter als vor zwei Tagen.

Ich sah auf meinen Stier, darunter die Frau mit den offenen Armen. Und ich dachte in meinem Tischlerschädel, daß die Menschen, seit ihren vielleicht vierzigtausend bewußten Jahren, also von da an, wo Berichte wie der über diese tanzenden Frauen auf uns gekommen sind, in sich ziemlich stabil geblieben seien. Allerdings gibt es Andeutungen von Sagen aus dunklen Zeiten, wo alles friedlich gewesen sein soll. Nur wer kann das beweisen? Ich dachte an den Prometheus, ein Mensch wie ein Gott, seine Eisenketten verrostet, aber er mag nicht los von diesem Gebirge aus Kot hinter sich, hat sich gewöhnt an das Viehzeug, das, auf Befehl seines ehemaligen Chefs, dieses Zeus, der auf durchaus unreelle Art die Macht kassierte, an seiner Leber herumhackt.

Damals, als ich in Berlin auf der Abendhochschule war und davon hörte, interessierte es mich nicht. Heute dachte ich daran, und mir wurde nicht besser. Ich wollte hoch.

Füße traten auf der Treppe zu meiner Kammer. Man klopfte, ich reagierte nicht. Die Tür pendelte mit der Klinke gegen die Wand, blieb, wo sie war, und die Nachbarin kam mit einem Tablett. Hinter ihr sah Willys Frau über die Schulter der Birnbaumfrau zu mir. Ich drückte die Augenlider zusammen und spürte, wie sich beide auf das Bett setzten und das schwere Tablett auf meinen hungrigen Bauch stellten. Beide fragten, ob der Maat krank sei oder irgendeinen unerfüllbaren Wunsch habe. Sie befühlten meine Stirn. Ich sagte, indem ich meine Arme übers Gesicht packte, ich wäre nachdenklich, weiter nichts. Woran man an einem so schönen Abend denken müsse, fragten beide.

Da gehört wohl ein Haufen Mut dazu, sich Schlimmes, was man genau weiß, bestätigen zu lassen und mit der Bestätigung alles sehen zu müssen, ohne ein Quentchen Illusion. Trotzdem fragte ich, die Augen immer schön zu, was gestern um diese Zeit gewesen war, wie ich unter diese Bettdecke vor dieses Fenster gekommen sei. Sie sagten erst mal nichts.

Ich begann, beide von unterm Arm her zu belauern. Sie schauten sich an, ähnlich wie die Chefin der Bezirksrevisionskommission den Sekretär der Partei unserer Möbelbude vor ihrer Tausendgenossenbelegschaft, völlig einig, die eine ernst, die andere mit würdigem Lächeln. Sie begriffen meine Frage natürlich nicht. Von unten hoch in ihre dunklen Nasenlöcher wiederholte ich: Ich fiel nach vier Likören um, als wäre Gift drin gewesen, selbst vom Unfall weiß ich nichts. Die Birnbaumfrau meinte, ich solle zunächst essen, meine Apfelbaumfrau fragte, ob ich das tatsächlich noch hören wolle, was da passiert sei. Ich blieb stur.

Einander ablösend, in aller Ruhe, als geschähe alles noch einmal, schwatzten sie drauflos: Der Herr Tischler habe wohl umfallen wollen, sei aber von ihnen aufgefangen, aufs Sofa getragen worden und bald wieder lebendig gewesen, habe ihnen danach die Karten gelegt, Glück in der Liebe zugesichert, hinterher in ihren Händen gelesen, sie hoben sie mir als Beweis vor meine Augen, anschließend versichert, daß sie zu den schönsten Frauen in der Umgebung von Saßnitz und in der ganzen Republik gehörten, und dann geküßt. Sie drehten ihre vier Handrücken vor mein Gesicht. Endlich habe sie der Herr Transporter in diese Kammer gelotst, um ihnen Äpfel zu zeigen, die Sternen ähnlich seien, indem er die eine links und die andere rechts von sich auf dieses Bett hier geschwungen habe, und tatsächlich wäre dieser Blick gut gewesen, denn, obwohl beide jahrelang unter diesem Himmel lebten, hätte erst ein Holzwurm kommen müssen, ihnen das zu entdecken. Dann habe der Transportkollege, also ich, zunächst seinen Obermeister, hier begann ich ihnen zu glauben, danach seinen Betrieb verflucht, aber nachgewiesen, daß ein Tischler, der sich nicht zu helfen wisse, kein Tischler sei. Wie, das habe man vergessen. Als man gemeinsam, immer zwischen die Zweige des Apfelbaumes auf den Nachthimmel sehend, auf diesem Bett lag, habe der Holzwurm zwischen ihnen behauptet, lieber gesund und reich sein zu wollen, wie jetzt, als arm und krank. Weiter habe man zwischendurch über Karl Marx und die Welt gesprochen, Goethes Liebschaften durchgehechelt, und als kalte Frühluft das Zimmer ausfüllte, sei man friedlich weggeschlafen, sie beide aber seien vor mir aufgestanden, weil durch die reiche Ernte viel zu arbeiten wäre. Dies sei nun besorgt. Ich möge mich stärken, mir keinen Kopf machen, und sie fragten, ob ich, wenn nichts dazwischen käme, nachher mit beiden am Wasser entlanggehen, anschließend aber frisch geräucherte Fische essen möchte. Ich sagte sofort ja, und sie gingen. Ich überlegte, daß ich meinen Kollegen diese Geschichte nie erzählen dürfte, sie würden mich einen doppelten Lügner heißen, auch dachte ich, wieviel in drei Tagen geschehen kann, wenn sonst die Dinge sich dahinschleppen!

Aus unserm Spaziergang und dem gemeinsamen Fischessen wurde nichts, denn ich hörte nach einer Weile Hannes, den pensionierten Kapitän, im Flur reden.

Für die Kinder habe ich ein Boot ergattert. Auf dem kannst du, Paule, einen Urlaub erleben, angeln, Menschen empfangen und dir Gedanken über den Lauf unserer Welt machen.

Heimlich suchte ich die Birnbaumfrau. Ich fand sie nicht. Willys Frau, der ich freiwillig den Apfelbaum abgeerntet hatte, stichelte, sie könne sich erklären, warum er tagelang fortgeblieben sei. Dann bat sie uns zum Essen. Still aßen wir. Immer wenn ich den Kopf hob, sah ich den Blumenbusch genau auf der Mitte des runden Tisches. Hannes schlürfte seine Suppe aus einem angeschlagenen Emailletopf. Je weniger Suppe darin war, um so lauter klapperte sein Löffel gegen das Blech. Er leckte diesen alten Löffel ab, dünngegessen die Spitze der Metallwölbung, rieb ihn mit seinem Taschentuch und schob ihn geübt in die Gesäßtasche.

Wir haben einen Gast, Hannes!

Hannes sagte: Tschuldigung, Schwester, brenn mein Klavier an.

Willys Frau legte, als die sechs weißen Kerzen im Messing über dem schwarzen Klavierlack flammten, Notenpakete um und stellte ein zerfleddertes Papierbündel auf den Notenhalter. Hannes griff einen Drehhocker, setzte sich links von seiner Schwester und fing an zu spielen. Der Löffelstiel blinkte starr aus seiner Hintertasche.

Willys Frau begann zu singen:

> Einsam wandelt mein Freund
> im Frühlingsgarten,
> mild vom lieblichen Zauberduft umflossen,
> das durch schwankende Blütenzweige zittert

Hannes fiel ein:

> Adelaide!
> In der spiegelnden Flut,
> im Schnee der Alpen…

Ich sah die Alpen richtig, obwohl ich nie dort gewesen war, auch die kleinen Wellen der Flut sah ich rasch dahinrollen.

> … in des senkenden Tages Goldgewölken,
> im Gefilde der Sterne…

Gefilde der Sterne und Goldgewölk, das hörte ich nur

> strahlt dein Bildnis,

ich dachte an Rose, nichts weiter, aber Hannes sang nachdrücklich:

Adelaide!
Abendlüftchen im zarten Laube flüstern,
Silberglöckchen des Mais im Grase säuseln,
Wellen rauschen,
und Nachtigallen flöten,

Hannes wiederholte leise:

Wellen rauschen und Nachtigallen flöten,
Wellen rauschen!

Hannes: Nachtigallen flöten! Er riß den Löffel aus der Gesäßtasche, ganz schnell, warf ihn und schmetterte:

Adelaide!

Hannes legte ein wunderbares Zwischenspiel hin, gekontert von der Schwester, vielfaches Wiederholen bis zur Unerträglichkeit.

Einst entblüht auf meinem Grabe...

Ich sah mein Grab!

... eine Blume der Asche meines Herzens...

Ich sah, nicht hoch, taubnesselartig mit gesägten Blättern, die Blume,

... deutlich schimmert
auf jedem Purpurblättchen,

Hannes: auf jedem Purpurblättchen,
auf jedem Purpurblättchen...

welches Wort ich auf jedem roten Blatt sah, wagte ich nicht zu denken,

Adelaide!

Ich saß seitlich von beiden, traurig, und wenn es nicht finster im Zimmer gewesen wäre, Willys Frau hätte mich, als sie sich zu mir hindrehte, weinen sehen können. Hannes aber, in Schwung, versteht sich, herzlich rücksichtslos, forderte mich auf: Paule, jetzt bist du dran!

Ich rieb mit den Handrücken meine Augen, stand auf und sagte, daß ich nur singen könne, wenn Maschinen mich begleiten. Mein Rhythmus sei einer Kreissäge vergleichbar. Meine Stimme, meinte ich, drücke wie eine Walzenschleifmaschine.

Hannes sagte: Und wie ich das kenne! Wir sangen, wie unsere Dieselmotoren tanzten, und den Takt dazu schlugen unsere klopfenden Herzen! Aber gesungen, Paule, haben wir!

Nun hoffte ich mich zu retten, als ich sagte, daß ich nur schweinische Lieder könne, aber die recht gut. Hannes, die rechte Hand schon auf seinen Tasten, das offene Gesicht der Apfelbaumfrau voll auf meinem, schlenkerte seine linke Hand, als wolle er was abwerfen.

Alles, Paule, ist menschlich, der Klassenfeind nicht.

Da suchte ich mir eine Stelle im Zimmer, sah auf meine schweren Hände, dachte an meinen Kranhaken, konnte das nicht und sang trotzdem:

Ein Hobel, der nicht pfeift,
ein Tischler, der nicht säuft,
ein Mädchen, das nicht stille hält,
gehört nicht rein in diese Welt!

Ich dachte, als beide still blieben, jetzt bin ich voll reingelatscht, Hannes aber kicherte: Das Lied ist gut, das Lied ist sehr gut, dieses Lied singen wir!

Willys Frau ging vom Klavier fort, setzte sich abseits, trank einen Likör, das war schon peinlich, aber benimm dich mal, wenn man sich nicht benehmen kann!

Dann singen wir eben allein, Paule!

Ich ließ das und setzte mich auch irgendwohin, hatte meine Augen weit auf und sah doch nichts.

Hannes versuchte nun das Lied von Madrid unter uns zu bringen, das gelang auch nicht.

Was ist los mit euch? Da ist doch etwas!

Willys Frau holte, ohne zu antworten, eine Flasche Sekt, Hannes trug drei Schalen herbei. Sie goß den Sekt so lange in die Gläser, bis sie voll waren. Auf dem Flur klingelte das Telefon. Hannes sagte, er versuchte den Plastkorken in den Flaschenhals zu stoßen, ich solle zu diesem Telefon gehen. Vor dem vierten Klingeln hob ich den Hörer. Da weinte ein Mädchen. Die Stimme begann zu sprechen. Ich hörte, es war Rose. Sie gurgelte: Unser Vater ist tot.

Was?

Wieder gurgelte sie: Gestern früh schon, aber bei euch geht ja keiner ans Telefon! Sie heulte. Ich packte den Hörer neben den häßlichen Kasten, um Hannes zu holen oder wen. Was ich gehört hatte, war nicht in meinem Schädel drin.

Hannes wollte wissen, was mit mir los sei, ich solle gerade stehen, wer habe da angerufen! Ich wagte nicht zu erzählen, was Rose mir eben am Telefon gesagt hatte. Ich flüsterte vor mich hin: Geht einer an dieses Gerät!

Hannes lief auf den Flur, kam zurück und rief seiner Schwester zu: Dein Mann ist gestern früh kaputtgegangen! Sie grinste spöttisch, vielleicht nicht spöttisch, aber etwas davon war.

Das wirst du erleben, rief Hannes und lief auf den Flur zurück und rasselte in der Stille mit dem Telefon. Was er sprach, hörten wir im Zimmer nicht.

Als er wieder reinkam, flüsterte er seiner Schwester zwischen den Myrtensträuchern zu: Das ist schon so, Willy, unser Wirrkopf, ist gefallen. Rose war dabei. Jetzt, Schwester, sind nur noch wir beide.

Ich sah die Beine der Frau. Sie hatte sie zusammengepreßt, zwischen die Knie beide zusammengelegten Hände. Ihre Stirn war nach unten gebeugt, das Haar rutschte vornüber, und ihr Nacken war bloß.

Ich tappte schnell in den Garten, lehnte mich an den abgeernteten Apfelbaum, und als mir das Stehen schwerfiel, rutschte ich ins Gras und streckte mich lang. Mein Hirn war dumpf. Obwohl ich schon lag, hatte ich den Drang, vornüber zu kippen.

Ich habe ihn ja kaum gekannt, dachte ich, er ist nicht mein Vater, mein Bruder auch nicht. Und nach ziemlich viel Zeit dachte ich von vorn: Ich habe ihn nicht gekannt, höchstens daß er mit mir gesprochen hat, und das nicht mal.

Mein Bauch wurde kalt. Diese Kälte erzeugte Übelkeit in mir, diese Übelkeit kroch aus dem Gras. Trotzdem hatte ich keinen Willen aufzustehen. Und hier war mir's zum erstenmal, daß ich wünschte, der Boden, über dem ich atmete, möge aufklappen und schnell wieder zuklappen. Dann hob ich mich auf und ging zur Haustreppe unter das niedrige Strohdach.

Die Apfelbaumfrau stand im Finstern auf dem Zementabsatz, zog mich hinauf und drückte meine schlaffe Hand. Im überhellen Flur sah ich auf ihr Gesicht. Das war wieder so wie damals, als ich es kennengelernt hatte, am Tisch zwischen Patricio und Willy, weder niedergeschlagen noch fröhlich, weder gefaßt noch unbeherrscht, ihr Gesicht war so ohne Ausdruck, daß ich keinen Grund fand hineinzusehen. Ich irrte immer wieder von ihm fort. Und das war ihr Gesicht nun aber doch nicht. Das ist ihr zweites, dachte ich, wo sie kein Mensch ist.

Sie sagte: Hannes und ich fahren beide nach Berlin, du fährst zu deinem Schiff nach Barhöft. Man wird dich dort erwarten.

Ich holte meine Reisetasche, nahm Abschied von einer Stelle, die mir, wie üblich, nicht egal gewesen war, auch von dem Stier. Rasend umtanzten ihn die Frauen. Er zitterte, schien mir, vor diesem Tanz. Die Frau unter ihm hielt breit die Arme hoch und besah mich mit ihren schrägen Augen. Auf dem Flur wartend, sah ich, wie Hannes die Flammen über dem Klavier ausdrückte. Ich nutzte die Gelegenheit und griff mir aus dem Bad sein altes Fernglas. Auf dem runden Tisch standen noch die vollen Sektgläser. Ich starrte sie an. Willys Frau sagte: Trinken wir. Das hat Willy nie gemocht, etwas umkommen lassen. Jeder, der hier trinkt, soll dem anderen, solange er lebt, beistehen, egal, was passiert!

Und wir standen und tranken. Die Schwester des Bruders weinte bittere Tränen, während sie den Sekt schluckte.

Vorbei sind acht Tage Urlaub in Barhöft. Acht Tage lang ist nichts geschehen, außer daß ein leichter Sturm rollende Wellen an die Bootswände klatscht, zwischen denen ich vegetiere.

Sehe ich von meinem Boot aus über das flache Ostseewasser, träume ich von Rose. Meine schöne Zeit ist vorbei. Rose würde noch mehr schöne Zeiten haben, ich nicht. Und wie das so ist, wenn eine Sache sich von einem entfernt, ich vergesse ihre schlimmen Seiten und denke an die guten Stunden, die mir meine Stadt manchmal gewährt hat. Wie soll man, voll von bösen Erinnerungen, weiterleben? Das geht nicht.

Auf diesem Boot liegend, denke ich, daß Willy einer der Hellenen in unserer Zeit gewesen ist, die das Gute und Schöne begonnen haben, die Barbarei zu bekämpfen. Mit jeder Stunde Urlaub, die für mich völlig nutzlos vergeht, macht sich in mir eine schreckliche Sehnsucht breit. Wenn ich die Kraft dazu hätte, ich würde sie niederschlagen. Je weiter ich mich innen von meiner Stadt wegdrehe, um so lieber wird mir jener geordnete Steinhaufen. Ich stelle mir vor, daß sie einem dunklen Brunnen gleicht, in dem man ziemlich tief die Wasser hört, die aus Erdrinnen und Spalten hineindrücken. Ein dumpfer Schauer kriecht von unten hoch, fährt kühl übers Kreuz, und man hat nicht übel Lust hineinzufallen, ganz sachte, aber für immer.

Ich mag jene Stadt so wie jene alte Weide zwischen zwei Dörfern in Mecklenburg auf einer Kuhwiese vor einem See. In ihrer breiten Krone hatten wir allerlei Unfug getrieben. Diese Weide steht immer noch, sie wird noch hundert Jahre sein, und wir hatten, versteht sich, noch andere Stellen. Heute werden wieder Kinder Unfug treiben, nicht besser und nicht schlechter als wir.

Meine Stadt, an die ich zurückdenke, hat diese festen Punkte auch, aber ich bin mir nicht sicher, ob ich dorthin zurückfahren werde.

Ich habe Angst, das Barhöfter Ufer zu betreten. Darum lege ich selten am kurzen Steg an und warte vorher immer auf den Enkel jenes Opas, damit er sein Boot zum Angeln einrichtet. Er kommt, schöpft ein bißchen Wasser aus dem Kielraum, ordnet zwei Angeln, und der Opa sieht vom Zaun aus zu. Das Haus hinterm Zaun ist niedrig. Ich hätte in die Regenrinne greifen können, das Dach ist spitz und mit roten Ziegeln bedeckt. Die Hauswand ist aus blauroten Klinkern gemauert. Das ist gut wegen des salzigen und feuchten Windes. Das Fenster unter dem Giebel steht offen. Der Enkel des Alten bindet seinen Angelhaken los und rudert fort. Der Opa tappt mit Zentimeterschrittchen in sein Haus zurück. Das alles sehe ich ziemlich genau durch mein Fernglas.

Schnell rudere ich zum Steg, schlinge mein eisernes Beiboot am wackligen Stegpfahl fest, betrete vorsichtig das Ufer und laufe in die Kneipe. Ich will Zigarren kaufen. Kaum habe ich den stickigen Raum betreten, ruft mir ein glücklich betrunkener Alter entgegen: Das Klamet!

Ich kaufe meine Zigarren. Wie ich den Raum verlassen will, kommt der Alte zu mir, umarmt mich, aus seinen roten durchbluteten Augen kommen wäßrige Tränen, und wieder ruft er: Mein Klamet. Die Wirtin, gut im Fleisch wie eine volle Heringstonne, meint, er soll mich rauslassen, nicht fremde Gäste belästigen, und besieht mich.

Ich bin recht froh, wieder in meinem Beiboot zu sitzen und rudere schnell fort. Hinter mir brüllt ein Mensch. Der Alte, sehe ich, als ich mich umdrehe, steht am Ende des Steges und rudert mit den Armen. Offensichtlich brüllt er nach mir. Aber ich habe keine Lust umzudrehen, er ist zu besoffen, auch habe ich keine Lust, in den Mittelpunkt gerückt zu werden. Und was soll ich schon einem Alten erzählen? Da denke ich, es würde ihm reichen, ich säße neben ihm und er tränke auf meine Kosten ein Bier und den üblichen Korn. Der Alte fuchtelt. Unentschlossen halte ich mein Boot. Da reißt er sein Hemd vom Leib, seine weißen Brusthaare sind gut zu sehen, auch sehe ich, daß er einen gut gebauten Körper hat. Er hechtet vom flachen Steg steil in das Wasser und kommt erst mal nicht hoch. Da rudere ich zurück, es ist ja nicht weit. Auch etliche Matrosen und die Wirtin treten ruhig aus der Kneipe. Einer der Matrosen läßt sich sachte vom Steg herab, greift in das Wasser und hebt den Alten heraus. Ich lasse meine Ruder wieder und sehe durch mein Glas. Der Alte, obwohl er aus einem Loch im Kopf blutet, scheint zufrieden, als ihm ein anderer Matrose eine schneeweiße Binde um Stirn und Hinterkopf legt.

Die Wirtin steht mit seinem Hemd neben ihm.

Wie ich mich abwenden will, sehe ich den Opa am Zaun.

Er hat seine Schiffermütze weit in den Nacken geschoben und kratzt seinen Bauch. Als ich wieder mein ruhiges Torpedoboot sehe, gefällt mir sein Grau nicht. Ich beschließe, alles rot zu streichen, und rudere schnell zurück.

Natürlich betrachte ich mich mit Mißtrauen. Drei Entschlüsse nach acht Tagen Untätigkeit sind zuviel. Der Entschluß, Zigarren zu kaufen, war der erste Unsinn, denn ich mußte diese Kneipe betreten und wurde schließlich gezwungen, mich zu entschließen, den Alten aus dem Wasser zu heben, was mir aber die Volksmarine abnahm. Die Folge davon ist, daß mir die Farbe grau nicht mehr gefällt. Trotzdem suche ich Drahtbürste, einen Kupferhammer und Spachtel und arbeite wie ein Blöder, in der Hoffnung, daß dieser Übereifer mal nachläßt. Doch ich irre mich. Als die Sonne ins Meer wie in einen aufgehaltenen Sack rutscht, will ich eine Pause, bleibe auf dem harten Bootsdeck liegen und wache schließlich von der Frühkälte auf.

Ein Patrouillenboot der Volksmarine liegt neben meinem Boot im Wasser. Vor mir steht ein Matrose, er riecht frisch wie das Meer.

Vor mir schäme ich mich, denn ich habe mich in den letzten acht Tagen nicht gewaschen, nicht rasiert, die Wäsche nicht gewechselt, und stinke. Schlimmer als ein Vieh lebe ich diese Tage dahin: ein Tier reinigt sich. Er nimmt aus seiner Kommandeurstasche einen Brief, fragt, wer ich bin, besieht flüchtig meinen Personalausweis und gibt ihn mir zurück. Bevor ich den Brief öffnen darf, bestätige ich den Empfang, auf dem schönen Leder seiner Tasche schreibend. Ich öffne und lese: Überführung der Inventarnummer sechshundertsiebzehn von Barhöft aus in zwölf Tagen. Ziel: Haus der Jungen Pioniere i. A. Hannes P. Kapitän zur See a. D.

Ich steige unter Deck. Als ich den Motor des Bootes jenes Kuriers nicht mehr höre, warte ich immer noch, bis ich mir ziemlich sicher bin, daß ich, wenn ich wieder hochkomme, nicht mehr von jenem lächelnden Matrosen gesehen werden kann. Ich klettere hoch, setze mich auf das Eisen und wünsche, die Sonne möge hervorkommen. Auch sehe ich durch mein Glas heute weder den Enkel noch den Opa am Zaun.

In einem Arztauto sehe ich einen Mann und eine Frau langsam zu diesem roten Haus fahren. Sie steigen aus. Der Mann im weißen Kittel trägt eine koffergroße Tasche in das Haus. Sie bleiben nicht lange drin und rollen dann wieder fort.

Am Abend treibt im Landwind ein Faltboot in meine Richtung. Ich sehe eine Frau darin sitzen. Ich schätze ihr Alter. Ich denke, sie ist nicht jünger als fünfundzwanzig, aber auch nicht älter als dreißig. Mir fällt ein, wie sie vor zwei Tagen in Barhöft erschienen, aus einem Taxi gestiegen und zusammen mit dem Opa zwei Koffer und einen Reisebeutel in das Haus geschleppt hatte. Seitdem war das Fenster unterm spitzen Giebel geöffnet.

Während ich mein Glas von ihr fortnehme, ich will nicht, daß sie bemerkt, wie ich sie anstarre, fällt mir ein, daß ich sie mit einem Buch auf einem großen Stein überm Schilfgürtel rechts von Barhöft gesehen habe. Links und rechts war der Stein von hohem Busch geschützt, nur die Sonne überm Wasser, und ich konnte in diese grüne Schlucht hineinsehen. Sie saß auf dem Stein und drehte mal ihre Schultern, mal den Rücken dem Seewind zu. Ich sah nicht wieder in ihre Richtung. Ich hatte keine Lust, dieser Frau den kurzen Jahresurlaub zu vermiesen, obwohl mich das Buch interessierte, in dem sie unentwegt las.

Der Landwind treibt ihr Faltboot, das ihr der Enkel im Garten unterm Pflaumenbaum zusammengesteckt hat, auf mich zu. Sie sieht auf mich, und ich will fortkriechen.

Heimlich wünsche ich, ich könnte sie länger ansehen oder sogar mit ihr sprechen. Nach vielen Tagen Stille ist das kein Wunder. Doch ehe ich mein langsames Hirn zu einem Entschluß bringen kann, schwimmt ihr kleines Boot schon neben meinem großen. Sie sieht hoch. Die Brille, die sie auf ihrer Kindernase trägt, ist schmal und schwarz. Ich sage, und bin froh, daß mir das einfällt: Liebes Fräulein, darf ich's wagen, Ihnen Arm und Geleit wohl anzutragen? Der Spruch zeigt keine Wirkung. Von oben sehe ich auf ihren dunklen Kopf. Sie hat Mühe, von meinem Boot nicht abzukommen, der Treiber schlägt hin und her. Da werfe ich ihr einen Strick in die Hände, und sie bindet das Faltboot fest. Sie reicht mir zunächst eine Decke hoch, danach einen Plastesack mit einer Konservenbüchse und einem dicken Buch darin. Ich lese den berühmten Titel: Krieg und Frieden. Unterm Buch schöne Äpfel, dazwischen eine winzige Kosmetiktasche.

Ich lege diese Dinge von mir weg. Sie zieht sich an mein Deck, legt sich auf den Bauch, den Oberkörper aber über die Bordkante, so, daß sie das Faltboot zuzerren kann. Das ist eine ziemliche Mühe, eine richtige zähe Frauenungeschicklichkeit. Aber als sie vor mir steht und ich sehr froh bin, daß ich endlich zu einem Menschen sprechen kann, ist meine innere Lust vorbei, mehr zu unternehmen.

Wie einfach das geht, sich auf dem Boot eines anderen einzurichten, ohne Frage und alles. In mir ist sofort der Gedanke, auf der Steuerbordseite in mein Beiboot zu springen. Es ist gut von ihr, daß sie weit von mir steht und der Seewind zwischen uns die Luft reinigt.

Wie ich meinen Schädel in meine übliche Augenrichtung drehe, wo ich nichts sehe als mein liebes lebendes Wasser, fragte sie, ob sie auf meinem Schlachtschiff schlafen dürfe. Ich nicke und grüble darüber nach, daß in ihrem Urlaubshaus etwas nicht stimmen müsse. Ich fürchte, sie könnte denken, ich wäre aus Bosheit unhöflich, oder daß sie den Gedanken habe, ich dächte, sie dränge sich mir auf. Ich führe sie mit ihren wenigen Dingen unter Deck, stelle zum erstenmal den Jockel an, damit mein Schiff Elektroenergie hat, was mühselig ist, denn ich habe nur eine kleine Taschenlampe. Ich zeige ihr die Stelle, wo sie schlafen kann.

In meinem Boot ist für alles gesorgt, selbst Bettwäsche liegt bereit, und ich beziehe ihre Decke. Sorgsam, aber automatisch klopfe ich das Kopfkissen locker. Ich sehe, wie schmutzig der Fußboden ist, will ein Schokoladenpapier aufheben, aber als ich es gebückt in der Hand halte, lasse ich es sofort wieder fallen und haue es mit dem Fuß in eine Ecke. Ich habe keine Lust, in der Kommandeurskabine zu schlafen, steige an Deck und zerre eine Schutzplane über mich. Ich höre ihre Schritte auf dem Stahldeck. Sie fragt: Hab ich Ihnen Ihr Bett fortgenommen?

Als sie wieder unten ist, denke ich: klug ist sie, sicher verheiratet. Sie hat nichts, was dagegenstehen könnte, einen ausgezeichneten Mann für sich zu haben. Zur Zeit ist sie aber ohne. Warum?

Das denke ich dann wieder von vorn, doch zum Abschluß meinen letzten Satz, wie unleidlich alles ist, wenn man vom Leben die Schnauze gestrichen voll hat.

Die Frühkälte packt mich im Kreuz, und ich wünsche mir eine

Rippenfellentzündung mit Punktieren und Schwestern und allem, so wie ich als kleiner Junge dachte: Jetzt bringe ich mich um, und da werden sie dann stehen, alle, und sagen: Unser Paul, nun ist er tot!

Ich bin froh, als ich im Metall ihre Schritte spüre und dann ihre Hand auf meinem Oberarm. Ich glaube zu sehen, wie müde sie ist. Genau richtig, und das ist der reinste Honig, sagt sie: Wie kann ein Mensch sich so gehenlassen!

Hilflos folge ich ihr, aber ich schäme mich, so schmutzig wie ich bin, in ihr sauberes Bett zu kriechen. Ich bitte sie leise, sich umzudrehen, wasche mich lange sauber, jede Stelle am Körper, und reibe mit eiskaltem Wasser nach. Sie reicht mir aus meiner Reisetasche Unterwäsche, meinen dicken Pullover und meine zweite Hose. Sie will wissen, wer ich bin, woher ich komme und was ich auf diesem Blechkasten anstelle.

Mir scheint aber, sie interessiert sich nicht für die Antworten, sie will was anderes wissen, aber sie fragt das nicht. Weil mir immer noch jämmerlich kalt ist, der Rücken, die Füße, die Hände, krieche ich unter ihre Decke. Sie will wissen, ob man auf diesem Kriegsschiff einen Grog kochen dürfe. Ich ziehe meinen rechten Arm aus der Wärme zwischen Decke und Laken. Sie beginnt, Grog zu kochen: sie stellt die Flasche mit kubanischem Rum, die mir Hannes geschenkt hat, in einen Wassertopf. Nach einer Weile gießt sie den dampfenden Rum in zwei Gläser, auf etwas Zucker, sie stellt vorher Löffelchen rein, damit das Glas nicht springt, und trägt das heiße zu mir. Aber ehe wir trinken, kehrt sie den Fußboden, lüftet den kleinen Raum, und ich denke, daß sie, ähnlich wie ich, zwischen zu großer Unordnung nicht leben will.

Während all ihrer Tätigkeit kann ich sie gut besehen. Ich fühle mich wohl, wie man sich eben fühlt, wenn ein Mensch ohne einen sichtbaren Grund etwas für einen unternimmt. Als sie, das heiße Glas mit beiden Händen haltend, vom heißen Rum schluckt, will ich mit Gewalt wach bleiben. Sie hebt das schwere Glas von meiner Brust und trinkt auch meinen Grog fort. Dabei will sie, zwischen Schluck und Schluck, scheint mir, unter meine Schädeldecke sehen. Das ist schon gut, grüble ich, wieviel ein Mensch von einem anderen wissen muß, um das nur bißchen zu können. Diese Mauer der Unkenntnis schützt und beruhigt mich.

Darüber höre ich ihre Stimme: Sie werden ausgezeichnet schlafen. Sie schlafen schon, und Sie wissen, wie normal unser Leben ist! Ich lache mir eins ins Fäustchen und sacke weg.

Als ich, leicht wie ein Hobelspan, wach werde, sitzt sie anders vor mir und riecht nach Ostsee. Ihre Kindernase ist rot, Stirn, Wangen und Hals wie von Pergamentpapier überzogen.

Was ist? frage ich.

Ihre Arme pendeln schlaff. Sie hängen wie ein nasses Wäschestück.

Als ich gestern auf dieses Schiff kam, wollte Oma Kupke sterben. Sie stirbt, seit ich das Haus betreten habe. Wie ich gestern unters Dach wollte, rief sie über den kleinen Flur nach ihrem Enkel. Er angelte noch. Und sie wartete, bis der Enkel vom Wasser her in den Flur kam, rief, bis er ihr seine toten Fische ans Bett trug, betastete jeden, freute sich und starb. Ich weiß nicht. Soll ich abreisen, oder was?

Ich drehe mich zur Bordwand, schwer, wie ein von Grundwasser vollgesogener Eichenpfahl, und verfluche diese Frau in meinem Rücken. Daß sie nicht leben und sterben können, ohne einen zu belästigen.

Sie tappt an Deck. Ich horche wachsam auf diese Geräusche und schlage meine Faust gegen die Backbordwand, von der sie ihr Faltboot abstößt. Sie schlägt von draußen zurück. Ich erschrecke.

Im Bauch meines ausrangierten Torpedobootes, unter dem blauweiß gewürfelten Bettzeug, demselben, das ich für die fremde Frau über zwei Decken gezogen habe, die eine Nacht darunter geschlafen und die mich vor dem Morgen vom Deck in dieses Bett geschleift hat, denke ich darüber nach, wie wieder ein Mensch gestorben ist. Ein Glück, daß ich jene alte Frau überm schmalen Wasser nicht gekannt habe.

Ich tappe, das Fernglas des Kapitäns um meinen Hals, auf Deck, hebe es und schaue auf das Barhöfter Ufer. Opa Kupke steht nicht am Zaun. Der Fischerkahn des Enkels liegt schräg auf dem Ufer. Im Garten unterm Pflaumenbaum glänzt umgekippt das Faltboot.

Ich habe Angst, es käme das schwarze Auto, und zwei Männer trügen einen Sarg, benagelt mit silbernen Rosetten und goldenen Palmwedeln aus Preßpappe, in dieses stille Haus.

Ich drehe meinen Schädel fort, sehe jetzt nur mein Meer, die kleine Ostsee.

Ich stehe lange auf Deck, dieses Todeshaus im Rücken, und suche mit meinem Glas den gehenden Wellen hinterher. Ein leichter Wind drückt das Wasser, als rollte meine Mutter Kuchenteig mit einer schweren Buchenholzrolle.

Im Fernglas sehe ich diese Wellen von meinem Boot schwingen. So viele von mir kommen, so viele saugt der Bodden an.

Dort, wo ich mit meinem Glas kaum sehen kann, ob das noch Wellen waren oder starrer Schiefer, finde ich zwischen Himmel und Wasser eine Insel. Nicht hoch, vielleicht ein oder zwei Meter. Daß das eine Insel sein muß, erkenne ich an einem sicher schilfgedeckten Schuppen, der wie ein verlorener Hut auf diesem Strich liegt.

Ich schätzte, daß diese Insel, da sie nicht groß sein kann, man hat ja die Inseln, die vor unserer Küste zur Republik gehören, im Kopf, ebenso klein wäre wie die im Fluß meiner Stadt. Mal scheint sie größer, mal kleiner, was daran liegt, daß mein Boot gehoben und gesenkt wird. Wie fast alle Menschen mag auch ich mit Gras bewachsene und von Vögeln beschlafene Inseln.

Mein Kollege Augustin sagte einmal, mitten in der besten Arbeit: Jetzt eine Insel, kein Schwanz auf ihr, ich liege im Gras und auf alles zwei Sonnen, und jede vierzig Grad!

Meine Wünsche von einer Insel sind kleiner, denn ich habe sie vor mir und muß sie mir nicht ausdenken. Mir reicht der Wind, der zwischen meinen Beinen hinweg zu ihr zieht. Ein Hund läuft an einem Ende der Insel. Er rennt, mit der Schnauze dicht überm Gras, bis in den rechten Anfang des Striches überm Wasser. Lange hoppelt er nicht. Nach einer Weile finde ich diesen Hund nicht wieder.

Plötzlich sehe ich linker Hand einen Treiber, ein kleines Segelchen über einem Faltboot, winzig, daß ich nicht zu lachen wage. Dieses bleiche Tuch nahe dem Wasser ist so winzig, es lohnt sich kaum hinzusehen. Es treibt aber unglaublich schnell mitten in meine Insel hinein und verschwindet. Meinen Wunsch, dieses flache Land im Wasser zu betreten und an das Tor des Hauses im Wind zu pochen, kann nichts mehr aufhalten, denn ich sehe, als ich mich zum Garten des Opa Kupke drehe, kein Faltboot mehr unter seinem Pflaumenbaum.

Ich hole meinen grauen Pullover, ziehe meine Badehose unter, greife die Flasche mit dem Rum und suche mein Klappmesser. Ich finde es natürlich nicht, wie ich meistens Dinge, die ich sofort haben muß, erst finde, wenn ich sie nicht mehr brauche. Das ist auch ein Grund dafür, warum ich nie zu den ausgezeichneten Arbeitern in meiner Möbelbude gehören werde, weil ich zwar viele Dinge im Kopf, doch nie die nötigen zur Hand habe. Wenn ich trotzdem nicht zu denen gehöre, die eigentlich bei jeder Lohnzahlung rot werden müßten, liegt's nur daran: ich kann nie stille stehen. Das ist die alte Schule von meinem alten Tischlermeister aus Schönberg: wer auf der Arbeit sitzt, sich anlehnt oder langsam bewegt, daß man denken muß, der faule Hund holt versäumten Schlaf nach, der ist kein Tischer, und es gibt für mich nichts Schlimmeres, als kein Tischler zu sein.

Trotzdem waren wir Lehrlinge schon um die Mitte der Lehrzeit klug genug, nicht ausgepumpt aus der Werkstatt rauszugehen.

Heute ist das anders: In der Möbelbude Siebenter Oktober ist bester Arbeiter der, der Initiative zeigt. Initiative haben, immer, das ist eine andere Sache, zeigen reicht. Wer wird auf die Barrikaden gehen, wenn die Produktion dahinschleicht? Die jedoch tatsächlich Initiative besitzen, bleiben nicht lange bei uns. Entweder sie steigen, oder sie ziehen sich nach einer gewissen Zeit in einen Winkel der Halle zurück und schimpfen, von Hoffnung geplagt, wie unser Bobbi.

Wenn von denen, die steigen, hin und wieder einer zurückfällt, zeigen wir ihm unsere Schokoladenseite. Aber wir wissen, lange kann unsere Freude nicht dauern, wenn er tatsächlich Initiative hat. Denn die steigen wieder und dann steil.

Ich finde endlich mein Messer, klappe es hoch und sehe, wie stumpf es wieder ist. Ich hätte es in meiner Bude leicht schleifen und abziehen können. Als ich mit dem Daumennagel über die Schneide streiche, denke ich daran, was ich einmal zu meinem Schieber Heinz gesagt habe: Ein Tischler muß dumm sein und stark.

Ich werfe das Messer fort, stecke aber alles, was nicht naß werden darf, in einen Plastesack, steige in mein Beiboot, richte sein stumpfes Ende auf das stille Haus des Opa Kupke, drehe mich um, ob die Bootsspitze auf diese Insel zeigt, korrigiere und schaufle los, den Wind auf Brust und Gesicht, im Rücken den Schuppen im Wind.

Das Wasser gefällt mir nicht. Die Wellen schwingen hoch und grau. Mißtrauisch sehe ich weiße Zahnreihen auf ihnen. Sie schnappen gierig. Der Wind, nun fast ein leichter Sturm, greift sich ein paar, schneidet sie ab und klatscht sie schräg übers Wasser.

Eine Ahnung tatsächlicher Gefahr fährt über mein Kreuz. Viel muß ich nicht rudern, nur das Bootsende auf Barhöft auspendeln, der starke Wind und die Wellen heben mich schnell zur Insel. Als ich wieder hinter mich sehe, also in Treibrichtung, ist sie nicht weit, aber ich weiß, um Entfernungen auf dem Wasser zu schätzen, da muß man was können. Einer vom Land wie ich muß rechnen, daß alles doppelt so weit ist, wie er denkt. Man weiß auch das nur theoretisch, und es langt nicht.

Um nicht vorbeizutreiben, muß ich meinen Kahn etwas quer zu den Wellen lavieren und nun richtig rudern, denn ich habe keine Lust, über das offene Wasser an der Insel vorbei zehn Stunden in Richtung Schweden zu treiben.

Als ich noch einmal beidrehe, die Richtung zu prüfen, sehe ich drei Wellen zu mir kommen. Sie sind größer, als ich erwarten konnte. Ich staune sogar ein bißchen, woher sie kommen. Die erste schlägt auf und schwappt über das Heck. Mein Schiffchen legt sich quer und faßt vom Rest der ersten Welle noch ein Viertel Wasser. Ich versuche sehr hastig, die Bootsspitze auf die zweite Welle zu richten, da packt sie mich. Ich bin entsetzt, wie rasch mein Schiffchen vollschlägt. Die dritte trifft mich völlig untätig, sie staucht mich und den Kahn unter Wasser. Wie ich, aus dem Wasser auftauchend, mein Fernglas vom Halse hake und weggehen lasse, wieder sacke, mit Mühe hochkomme und den dicken Pullover loswerde, empfinde ich mehr als Angst: richtiges Grauen, Verzweiflung darüber, gleich nie mehr zu sein. Da denke ich nicht viel, arbeite gegen die neuen Wellen so verbissen, daß in mir nichts anderes ist als nur: kein Wasser schlucken, keine Kraft mit Panik zerstören, mein Boot um jeden Preis finden, es kann nicht abgesoffen sein. Ich halte mich über Wasser, sehe die Stelle, die Barhöft sein konnte, und will natürlich nicht glauben, daß alles nun gewesen ist. Aber ich weiß es. Ich kann nicht sagen, ich trauere, das kann ich nicht behaupten, aber glauben will ich nicht. Mir ist nun, als hätte ich zwei Gehirne, die ich über dieses bittere Wasser halten muß. Das eine will nicht glauben, das andere weiß: finito! Das Gehirn, das weiß, was los ist, befiehlt: stillbleiben, nicht brüllen, hören hört dich keiner, also bleib still! Dieses Gehirn findet die Kante des Boots, nicht weit für normale Umstände, aber zu weit, sie noch zu erreichen. Im anderen Gehirn, das Rose vor sich sieht und das nicht glauben will, wie die Zeit nun heran ist, die Löffel abzugeben, sind die Gedanken: Schluß mit diesem Hundeleben! Sollen sie an dein Grab kommen und sagen: Er war ein guter Transporter, ein unfreundlicher Mensch, aber wir waren freundlich zu ihm! Hat dieses Leben, das wir alle als unvollkommen empfinden, nicht auf ihn gedrückt, und zeigte Transportpaule das mehr als wir? Nein! Er war ein Vorbild! Und groß dachte ich den letzten Satz: Wir werden Transportpaule nie vergessen!

Aber bevor das praktische Gehirn das andere unterdrückt, ist da meine grenzenlose Feigheit vor dem Tod. Ich hänge an meinem Atem, wie ich an Rose nicht gehangen habe, ich zittere. An dieser Naht, fast gelähmt von Feigheit, beginnt mein praktisches Gehirn mit seiner gewöhnlichen Tätigkeit: Transportpaule gibt den Löffel nicht ab. Niemals!

Es hält mich nicht nur über dem Wasser, was sowieso kein Zuckerlecken ist, es zieht mir die Hose runter, reißt sogar das Hemd vom Körper und rückt mich mit den Armen und Fußschlägen gegen die lebendige See. Und jede neue Welle rückt die Bootskante ein Stückchen näher zu mir. Meine Arbeit besteht nur darin, auf dem Punkt, über dem ich schwebe, zu verharren. Aber das frißt Zeit. Die Zeit, so nackt den Schädel über dem Wasser zu halten, pumpt Wärme aus mir. Ich entschließe mich zu vier, fünf quälenden Zügen unter den saugenden Wellen, kann im Absaufen tatsächlich mit der rechten Hand den Bootsrand greifen und kralle mich hinein. Wie ich meinen Tischlerschädel wieder oben habe, küsse ich den Bootsrand, wie mein Kollege Augustin seinen Roller, und staune einen Gedanken lang darüber, daß jemand ein Boot erfunden hat, das im Wasser schweben und dazu einen Mann halten kann. Interessiert besehe ich die Wellen, ihre trüben Zähne auf ihnen.

Der Sturm, es ist nun wirklich einer, reißt sie mit gurgelnden Blasen fort. Und noch brüllt die Angst in mir. Nie würde ich diesen Rand loslassen. So treibe ich zitternd auf die kleine Insel zu. Nach links liegt die offene Ostsee. Ich suche meine Insel nach dem Faltboot ab, finde es in einer Erdfetzennische, darüber sehe ich deutlich jene Frau stehen, die mich in der Frühkälte vom Deck geschleift hat. Unentwegt sieht sie zu mir.

Wenn auf diesem Fetzen Land Bäume wüchsen, ich könnte sie ausreißen, denke ich.

Paul Gratzik, geboren 1935 in Lindenhof (heute Gizycko, VR Polen). Lernte Tischler in Mecklenburg, arbeitete (1955/56) u. a. als Bauarbeiter im Ruhrgebiet, danach in Berlin und Weimar. In den sechziger Jahren Arbeiter im Braunkohlengebiet von Schlabrendorf und Studium am Institut für Lehrerbildung in Weimar, danach Erzieher im Erzgebirge. 1971/72 zwei Jahre freischaffender Schriftsteller, seit 1973 Kernschichter im VEB Transformatoren- und Röntgenwerk Dresden. 1977 veröffentlichte Gratzik neben *Transportpaule* einen Band mit drei Stücken *Umwege, Handbetrieb, Lisa* im Hinstorff Verlag, Rostock.

Rotbücher, Abt. Literatur

Alfred Behrens · *Die Fernsehliga* · Spielberichte vom Fußballgeschäft der Zukunft
Rotbuch 112 · 96 Seiten · 7 Mark

Thomas Brasch · *Vor den Vätern sterben die Söhne*
Rotbuch 162 · 112 Seiten · 8 Mark

Jim Burns · *Fred Engels bei Woolworth* · Gedichte
Rotbuch 173 · ca. 64 Seiten · ca. 7 Mark

F. C. Delius · *Unsere Siemens-Welt* · Eine Festschrift
Erweiterte Neuausgabe mit einem Anhang über den Prozeß
Rotbuch 102 · 160 Seiten · 10 Mark

F. C. Delius · *Ein Bankier auf der Flucht*
Gedichte und Reisebilder · Rotbuch 144 · 72 Seiten · 7 Mark

Dario Fo · *Bezahlt wird nicht!* · Eine Farce · Rotbuch 166 · 96 Seiten · 7 Mark

Miklós Haraszti · *Stücklohn* · Vorwort von Heinrich Böll
Rotbuch 130 · 120 Seiten · 7 Mark

Yaak Karsunke · *Bauernoper / Ruhrkampfrevue*
Rotbuch 158 · 128 Seiten · 8 Mark

Erich Köhler · *Der Krott* · Erzählung · Rotbuch 146 · 96 Seiten · 7 Mark

Karl Mickel · *Einstein / Nausikaa* · Die Schrecken des Humanismus in zwei Stücken
Rotbuch 116 · 96 Seiten · 7 Mark

Karl Mickel · *Eisenzeit* · Rotbuch 156 · 80 Seiten · 7 Mark

Karl Otto Mühl · *Rheinpromenade / Rosenmontag*
Zwei Stücke aus dem Westen · Rotbuch 122 · 112 Seiten · 8 Mark

Heiner Müller · *Germania Tod in Berlin*
Prosa/Gedichte/Stück · Rotbuch 176 · 96 Seiten · 8 Mark

Heiner Müller · *Geschichten aus der Produktion 1*
Prosa/Stücke/Gedichte/Protokolle · Rotbuch 108 · 160 Seiten · 9 Mark

Heiner Müller · *Geschichten aus der Produktion 2*
Stücke/Prosa/Gedichte · Rotbuch 126 · 136 Seiten · 8 Mark

Heiner Müller · *Die Umsiedlerin oder Das Leben auf dem Lande*
Stücke/Prosa/Gedichte · Rotbuch 134 · 136 Seiten · 8 Mark

Heiner Müller · *Theater-Arbeit* · Rotbuch 142 · 128 Seiten · 9 Mark